우리 시민교육의
새로운 좌표

우리 시민교육의
새로운 좌표

박병기 지음

한국시민의 교양과 윤리, 역량

씨아이알

이 책을 왜 쓰고자 하는가?

우리 교육이 흔들리고 있다. 아이들은 좌절과 분노로 학교생활을 채우고, 그런 아이들과 만나야 하는 교사와 학부모들은 어찌해야 할지 몰라 망연해하면서 검증되지 않은 주변 소문들에 휘둘리고 있다. 강남 아이들은 어떤 과외를 받고 있다느니, 돌만 넘으면 영어유치원에 다녀야 한다는 소문이 그런 대표적인 예다. 사실 이런 소문들은 새로운 것이 아니다. 고등학교 입시가 중요했던 1970년대에도 지역 명문고가 있던 도청소재지 학생들은 어떤 참고서로 공부하고, 서울 아이들은 어떤 과외를 받는지 같은 검증되지 않은 소문들이 있었다.

그 시절의 고통은 지금에 비해 훨씬 덜한 것이었다고 말할 수 있지만, 고입에 낙방하고 맛보아야 했던 열여섯 살의 좌절감은 결코 만만하지 않았다. 학교가 생긴 이후 이른바 그 지역 명문고에 한 명도 보내지 못한 면소재지 중학교 출신인 내게 일류고는 그 후 한동안 열등감의 원천으로 다가오기도 했다. 대입도 한 번에 성공하지 못하고, 재수학원을 거쳐 겨우 들어간 대학은 최소한 나보다는 나아보이는 동기들과 군부독재정권이 보낸 전경들로 가득했다.

우리 인간은 자신을 객관적으로 바라보는 데 많은 어려움을 겪는 존재자들이다. 자칫 자만심과 오만으로 이어지거나, 아니면 불필요한 열등감에 시달리면서 삶의 중요한 순간들을 낭비하기도 한다. 자신을 바라볼 수 있는 거울이 내 안에 있다는 생각을 정착시켜온 우리 전통의 성리학과 선불교는 21세기 들어와서 인지과학 등의 성과에 힘입어 그 유효성을 상당 부분 인정받을 수 있게 되었다. 우리는 몸에 근거해서 외부의 사물과 사건을 받아들이고, 그 과정이 축적되면서 세상과 자신을 바라볼 수 있는 인지적 틀을 형성한다는 것이 그 성과의 핵심이다. 그런데 그 과정이 늘 온전할 수 없기 때문에 불완전한 틀만을 가진 채 살아갈 수밖에 없는 운명을 지닌다.

우리 교육의 문제도 마찬가지다. 우리는 주로 자신이 받아온 교육경험을 토대로 교육문제를 바라본다. 그 경험은 몸소 겪은 것이기 때문에 강렬하기도 하지만, 기억이 축적되는 과정에서 상당한 정도의 왜곡과 성급한 일반화의 오류가 포함될 수밖에 없다. 보수나 진보정권을 구분하지 않고 중요한 자리를 차지하고 있는 사람들은 대체로 입시에서 성공했을 가능성이 높고, 수십 년도 더 지난 자신의 그 경험을 토대로 현재의 학교와 교육을 바라보고자 한다. 과목별로 암기한 지식의 양을 주로 측정하던 학력고사가 가장 깔끔하고 공정한 시험이라고 서슴없이 말하는 사람들이 전형적으로 그런 사례에 속할 가능성이 높다.

영어와 수학은 각각 그 시대에 유행했던 특정 참고서를 몇 번 반복해서 보느냐에 따라 당락이 결정되었고, 다른 과목들도 열심히 암기해서 어느 하루를 잡아 치르는 시험에서 잘 쏟아놓으면 그 이후의 인생은 보장되는 것이나 마찬가지였던 학창시절을 보낸 사람들이 현재의 권력층을 형성하고 있다. 나 자신도 권력과는 거리가 멀지만 다른 측면에서 그런 과성을 서쳐 혜택을 누리고 있는 사람으로 분류될 수 있을 것이다. 조금 돌아오기는 했지만 우리나라에서 가장 알아주는 대학을 나왔고, 그 학력을 기반으로 선호되는 직업 중 하나인 교수로 살아가고 있기 때문이다.

정말 학력고사 형태의 수능시험 체제로 바꾸면 대입을 정점으로 하는 우리 교육 문제가 단박에 해결될 수 있을까? 입시제도의 다양화와 그것을 통한 보다 많은 기회 보장을 이유로 도입된 수시입학이 준비를 해줄 수 있는 배경이 있는 학생들에게 유리한 방향으로 작동하고 있고, 그나마 넓혀지고 있다는 다양성도 허울뿐이라는 비판을 감안하면 수능시험 점수로만 치르는 정시입학이 대안일 수 있겠다는 생각을 해볼 수 있다.

그러나 현재의 수학능력시험은 그 자체로도 한계에 도달해 있다. 난이도 문제가 상시화되었고, 그 난이도를 맞추기 위해 출제했다는 문제는 수험생들의 실수를 유도해내는 '못된 문항'이라는 비판을 받은 지 오래되었다. 언제까지 이 시험방식을 고수해야 하는지를 놓고 회의적인 시각이 점점 더 커지고 있는 상황인데, 그 시험 점수만으로 대입을 치르자는 의견이 온전히 받아들여질 수 있을 것 같지 않다.

그러는 가운데 잊을 만하면 터지는 고교 내신 관련 부정 사건은 어느 한 곳만의 문제가 아니라는 흉흉한 소문과 함께, 학부모와 교사를 비롯한 우리 사회 구성원 모두의 마음에 짙은 어둠의 그림자를 드리우고 있다. 내신도 아니고 수능도 아니라면 도대체 어떻게 해야 이 문제를 해결할 수 있는 것일까? 물론 대입이 학교 교육의 모든 문제일 수는 없다. 아니 그것의 극히 작은 한 부분에 불과한 것인지 모른다. 우리 학교 교육의 목적은 개인적으로는 스스로의 삶을 자율적으로 이끌어갈 수 있는 품성과 역량을 길러주는 것이고, 사회적으로는 시민사회를 주체적으로 이끌어갈 수 있는 시민을 육성하는 것이기 때문이다. 대입은 그 목적을 달성하는 과정에서 만나게 되는 여러 국면 중 하나일 뿐이다.

살아가는 과정에서 만나야만 하는 문제가 얽혀서 어찌해야 할지 도무지 알 수 없을 때 필요한 자세는 어쩌면 그 문제로부터 한발 물러서는 것일지 모른다. 얽힌 문제를 계속 붙들고 씨름해봐야 점점 더 얽혀서 결국 버려야만 하는 실타래처럼 되어버릴 것이기 때문이다. 대입으로 집중된 우리 교육문제는 그 어떤 묘안을 찾고자 하고 어떤 사람을 대통령이나 교육부장관으로 데려다 놓아도 쉽게 해결될 수 없는, 심하게 엉킨 실타래 같은 것임을 직시하고 받아들일 필요가 있다. 일단 그렇게 받아들이고 나면 한발 물러서서 그 얽힘의 양상을 관찰할 수 있게 되고, 이 관찰은 다시 분석과 토론, 실천적인 대안 모색 등의 선순환 과정으로 들어서는 디딤돌이 된다.

이 책을 써보고 싶다는 열망은 꽤 오래된 것이다. 전 국민이 전문가여서 전문가로 제대로 인정받지 못하는 '교육전문가'라는 타이틀을 박사학위 명칭으로부터 부여받게 된 1990년대 중반 이후, 우리 교육을 어떻게 바라보고 실천적 대안을 모색해야 하는지와 관련된 화두話頭를 놓은 적이 거의 없다는 생각이 든다. 특히 어느 시점부터는 '인성교육 전문가', '민주시민 교육 전문가'와 같은 이름이 더해졌고, 교사나 학부모 대상의 관련 강좌를 의뢰받는 일 또한 흔한 일상이 되었다. 최근에도 어느 고등학교 교장, 교감을 비롯한 그 학교의 모든 선생님과 만나 인성교육 특강을 했고, 어느 중학교 학생들을 대상으로 '우리의 민주시민은 누구일까'를 주제로 삼아 특강을 했다. 방학 때면 그런 기회는 더 늘어나곤 한다.

그런 기회가 주어질 때마다 어쩔 수 없는 마음의 갈등을 겪는다. 도대체 이런 상황 속에서 어떤 이야기를 한들 무슨 소용이 있을까 하는 생각과 그럼에도 교육을 중심에 두고 살아가는 교사들과 만나는 일 자체를 포기할 수는 없다는 생각이 교차하며 찾아들기 때문이다. 유치원과 초등학교, 중고등학교를 포함하여 나처럼 대학에 있는 교수까지 모든 교사는 그 어느 누구도 교육 자체로부터 자유롭지 못하다. 이때의 교육은 당연히 인격체들 사이의 만남을 전제로 하는 목적으로서의 그것이다. 우리는 그것을 오랜 시간 동안 '교육敎育'이라고 생각해왔고, 어떤 목적을 달성하기 위한 수단으로써의 교육은 그 교육에 부수적인 것에 불과하다고 받아들인 것이다.

교육은 어떤 다른 목적을 위한 수단일 수 있지만, 그 자체로 목적이기도 하다. 수단으로 교육이 활용될 경우에도 어떤 방식으로든지 목적 자체로서의 교육이 전제되지 않는다면 왜곡되거나 변질될 가능성이 늘 존재한다. 왜냐하면 교육의 주체와 대상이 다른 존재자가 아닌 바로 인간이기 때문이다. 인간은 늘 목적으로 대우받아야 한다는 칸트적 의미의 정언명법定言命法은 어떤 윤리적 관점을 택하더라도 바탕에 깔아야 하는 전제이다.

그렇다고 해서 교육에 주어지는 현실적인 요구들을 무시할 수 있다거나 무시해야 한다는 말은 아니다. 인간은 먹고살아야 하고, 그 먹고사는 문제를 기본적으로는 자신이 책임져야 한다. 존재하는 모든 생명체에 부여되는 이러한 생존에의 요구로부터 인간 또한 결코 자유로울 수 없고, 그러한 요구를 받아들여 교육이 생존력을 길러주는 것을 기본목표로 삼는 것은 당연한 일이다. 문제는 인간에게 요구되는 이 생존력이 지니는 복잡성과 모호성에서 생긴다.

생존生存을 대부분 본능에 의존하는 동물들과는 다르게, 인간은 본능과 함께 이성에 근거한 사유와 실천의 영역을 통해 생존과 함께 실존實存의 차원을 확보하는 차별적인 진화의 역사를 축적해왔다. 그것이 문명으로 정착했고, 특히 자연으로부터 일정한 거리를 유지하는 도시 중심의 생존과 실존이라는 새로운 차원의 삶의 영역을 개척해왔다. 도시 중심의 생존이 자연물을 채취하거나 가공하는 수준을 배제하지는 않지만, 사람이나 공산품을 대상으로 하는 일자리를 통해 이루어지는 경우가 대부분이다. 다시 말해서 우리는 취직을 하거나 창업을 함으로써 돈을 벌어 생존하는 '도시적인 삶'을 일반적인 유형으로 받아들이게 된 것이다.

다른 한편 인간의 생존은 사회라는 형태의 공동체적 양상과 관계를 토대로 보장된다. 그 공동체가 근대를 넘어서면서부터는 '시민사회'로 정착했고, 우리도 20세기 중반을 넘어서면서 이러한 시민사회 속에서 살 수 있게 되었다. 시민사회를 이끌어가는 주인공은 시민이고, 이 시민은 다시 사유재산권과 정치적 자유를 보장받으면서 공공적 영역으로서의 사회를 보존해가는 주체라는 의미의 공화共和를 전제로 살아가도록 요구받는다. 21세기 초반 현재의 한국사회는 시민사회이고, 그 주체는 시민이다. 그는 민주주의와 공화주의 모두의 주체로서의 자격을 지녀야 한다는 요청을 받고 있다. 다시 말해서 자신이 스스로 이끌어가는 정치·경제 체제의 주체임과 동시에, 공공의 것에 대해서도 충분히 책임질 줄 아는 공화적 주체이기도 해야 한다는 기대를 모으고 있다는 것이다.

이러한 요구와 요청들은 인간의 생존과 실존의 영역에 걸쳐 있다. 생존과 실존이 온전히 분리되지 않는 것이 인간 삶의 특성이다. 먹고사는 문제가 중요하지만, 그것으로 온전한 삶이라고 느낄 수 있는 인간은 없다. 어떤 방식으로든지 우리는 자신의 삶이 지니는 의미를 물을 수밖에 없는 숙명을 지니고 있는 셈이다. 배부르게 먹고 화려한 침실에서 잠을 자면서 느낄 수 있는 행복감은 오래가지 못하고, 그 틈새를 이느세 피고드는 '이렇게 살아가도 괜찮은 것일까'라는 물음은 우리를 생존이 아닌 실존의 차원으로 자연스럽게 이끈다.

교육은 이러한 인간 삶의 고유한 특성에 기반하여 펼쳐져야 마땅하다.

교육의 일차적 목적이 먹고사는 문제를 해결할 수 있는 생존력의 획득이지만, 그 생존력이 우리 인간에게서는 가치와 당위의 차원을 포함하는 실존의 영역까지 포함하는 것임을 전제로 하는 교육이 필요한 것이다. 우리에게는 지적 지능뿐만 아니라 정서적 지능 같은 다중지능이 필요하다는 주장을 펼치는 미국의 인지심리학자 가드너H. Gadner는 '실존지능existential intelligence'이라는 개념을 사용하여 이런 교육의 필요성을 강조한다.* 다른 지능들을 포괄하면서도 삶의 어느 지점에서 의미 물음을 스스로에게 던지고 답할 수 있는 지능이 바로 실존지능이다.

이러한 차원의 실존은 다른 사람과 바람직한 관계를 맺을 수 있는 시민으로서의 능력과 직결된다. 관계를 형성하고 이어갈 수 있는 능력을 갖추지 못하면 그의 삶이 제대로 전개될 수 없고, 그런 점에서 그것은 자기 스스로와 좋은 관계를 유지할 수 있는 능력과도 연결된다. 이런 관계들을 통해서 생존문제도 대부분 해결된다는 점을 감안하면, 인간을 대상으로 하는 교육은 관계능력에 초점을 맞추는 것이 바람직하다. 시민사회에서 그것은 누구로부터도 부당한 지배를 받지 않는 비지배자유와 평등한 인격을 바탕으로 전개되는 관계망으로 이어지고, 따라서 시민교육으로서의 교육은 바로 이 관계능력을 중심으로 펼쳐져야 한다.

우리 시민사회가 21세기 초반 현재 갖추지 못하고 있다는 비판을 받는 것은 외형과 절차의 문제가 아닌 그 구성원인 시민이 자신의 이해관계를 객관적으로 성찰하는 바탕 위에서 펼치는 관계 맺기 및 유지 능력이다. 그것은 다시 시민의 교양과 윤리 문제로 구체화되고, 이 교양과 윤리의 결여

---

* 하워드 가드너, 김한영 옮김(2018), 『각성의 순간』, 사회평론, 80쪽.

는 불필요한 갈등과 불쾌감은 물론 공공영역의 지속적 악화를 불러와 시민사회 자체를 위협하는 결정적인 원인이 되고 있다. 이 책을 통해 내가 제기하고자 하는 주장의 핵심이 시민의 교양과 윤리를 확보해낼 수 있는 교육인 이유이다.

이러한 시민의 교양과 윤리는 시민으로서 지녀야 하는 관계능력의 핵심 요소이기도 하고, 그런 점에서 시민이 자신의 생존을 실존과의 미분리 속에서 확보해가고자 할 때 갖추어야 하는 역량과 직결된 문제이기도 하다. 우리 교육의 새로운 좌표는 결국 시민의 교양과 윤리, 역량으로 귀결되는 셈이고, 그런 점에서 새로울 것이 없어 보이면서도 실천적으로는 늘 새로운 '오래된 미래'이기도 하다. 우리 역사 속에서는 대한민국 임시정부가 수립된 1919년 4월 이후로 본격적으로 제기된 과제라는 점에서, 그 100주년을 넘어서는 오늘 우리가 민주공화국인 대한민국의 국민이자 시민으로서 어느 정도의 자격과 역량을 갖추고 있는가를 묻는 일은 의미심장하다.

1919년은 우리 현대사에서 저항과 희망의 주춧돌을 놓은 3.1 운동이 일어난 해이고, 그 성과 중 하나로 같은 해 '대한민국'이 임시정부의 형태로 출발했다는 점에서 충분히 주목받을 만한 해이다. 그 후 백 년 동안 우리는 일제강점기와 분단, 전쟁 같은 불행한 역사를 경험해야 했지만, 다른 한편으로는 독립운동과 광복, 정부 수립, 산업화와 민주화 등 희망의 역사를 써왔다. 그 과정에서 치러야 했던 대가가 적지 않았고 21세기에 접어든지 20여 년을 넘기고 있는 이 시점에서는 외적 풍요와 내적 빈곤이라는 말로 요약할 수 있는 혼란상이 극심해지고 있다.

그 혼란에 미세먼지로 상징되는 극심한 환경문제와 핵발전소 및 핵무기로 상징되는 생존 자체의 위협까지 겹쳐 미래세대의 지속가능성에 대한 근원적 물음과 마주해야 하는 위기를 경험하고 있기도 하다. 그것에 더해 2019년 후반부터 세계적으로 유행하기 시작한 '코로나 19 바이러스'는 서구 근대의 주도 이후로 거의 모든 인류가 그토록 갈망해왔던 경제 성장은커녕 아예 마이너스 성장을 기록하면서 후퇴하는 결과를 보여주고 있다. 적절한 백신이 개발되지 않는 한 쉽게 극복될 수 없을 뿐만 아니라, 새로운 변종 바이러스가 지속적으로 출현할 수 있는 가능성이 높아지고 있어 이른바 '뉴 노멀new normal'이라는 새로운 규범 기준을 마련하지 않으면 안 된다는 절박감으로 다가오고 있다. 모두 쉽게 해결될 수 없는 복잡하고 중층적인 문제들이지만, 그 어느 것도 방치할 수 없고 어떤 방식으로든지 해소방안을 찾아 실천해야만 한다는 당위와 일상적으로 만나고 있다. 이때 믿을 수 있는 것은 우리 자신의 자각과 실천, 연대뿐이다. 다행히 외형적인 시민사회 구축에 성공한 20세기 역사의 유산을 적극적으로 수용하면서, 그 시민사회의 내실을 기해 하나씩 해결해가야 하는 과제가 우리들에게 주어져 있다.

그 출발은 다시 말하지만 시민의 자각과 실천이고, 그것을 가능하게 하는 배경 중 가장 확실한 것은 민주시민교육이다. 민주공화국의 시민으로서 교양과 윤리를 갖추고, 우리 사회가 직면하고 있는 과제들을 객관적으로 인식하면서 해결해낼 수 있는 실천적 역량을 갖추는 일만이 마지막 남은 희망이다. 이런 토대가 마련되어야만 참여와 비판이 가능한 국내정치가 가능해지고, 국제관계에서도 대한민국의 위상을 보전하면서도 자신감을 전제로 하는 열린 자세를 보일 수 있다. 이제 100년의 역사를 지니게 된 비교적 오래된 과제이면서도, 늘 새로운 이 과제를 화두로 삼아 우리 교육의 새로운 좌표를 찾아 떠나보고자 한다.

목차

1장
우리는 지금
어디에 서 있을까?

우리는 지금
어디에 서 있을까?

교육은 그 자체로 독자적인 성격을 지니지만, 그것이 구체적으로 시행되는 장은 사회이고 같은 맥락에서 교육문제는 사회문제이기도 하다. 우리 사회에서는 교육문제가 곧 사회문제임을 확인하는 일이 어렵지 않다. 학교와 같은 교육의 장에서 일어나는 문제가 단순히 학교 안의 문제가 아니라 학부모를 매개로 하여 사회의 다른 영역과 직접적으로 연결된 문제가 된다. 예를 들어, 학교폭력의 경우는 한편으로 학생들의 폭력 성향의 문제이지만, 다른 한편으로 그것은 그 폭력 성향을 부추기는 가정과 사회의 폭력적 분위기가 반영된 문제이기도 하다.

우리 교육의 핵심적인 문제로 부각되어 있는 대입 중심의 시험체제 또한 단순한 고등학교와 대학만의 문제가 아닌 사회 전반의 맥락과 이어져 있다. 그런 이유로 어떤 정권에서든지 시도하고픈 마음을 내는 대입제도 개편만으로는 문제를 해결하기는커녕, 또 다른 문제를 야기하는 결과로 귀결될 수밖에 없었고 이 과정은 현재도 진행 중이다. 그런 점을 고려한다면 교육문제에 관한 고찰을 할 때 우리는 교육 자체의 목적과 과정, 결과 등에 관한 분석을 소홀히 하지 않으면서, 동시에 우리 사회의 흐름과 변화에 대한 관심을 기울일 필요가 있다.

21세기 초반 한반도 남쪽을 중심으로 살아가고 있는 우리는 지금 어디에 서서 어디로 가고 있는 것일까? 우리는 17,18세기부터 내부의 변화압력을 느끼면서 무언가 새로운 시대를 열어야 한다는 생각을 해야 했다. 철학적으로는 인간과 사물의 본성이 다른지 같은지를 묻는 인물성동이론人物性同異論이 본격적으로 전개되었고, 그것은 동시에 붕당에 근거한 정치적 차원으로 연결되었다. 충청도에 근거를 둔 호론湖論과 서울에 근거를 둔 낙론洛論은 각각 다름과 같음을 주장으로 내걸었고, 그것은 오랑캐라고 생각했던 여진족이 세운 국가인 청나라를 어떻게 인식하고 받아들일 것인지를 놓고 벌이는 현실적인 논쟁으로 이어졌다.

이 논쟁은 19세기 말 개화와 위정척사衛正斥邪를 놓고 벌이는 논쟁은 물론 실제적인 움직임과도 일맥상통한다. 도道의 맥이 중국에서는 끊어졌기 때문에 이제 우리가 그 맥을 지켜내야 한다는 소중화의식小中華意識에 근거한 위정척사 운동은 그러나 힘이 뒷받침되지 않은 채 문을 걸어 잠그는 소극적 대응으로 그치고 말았다. 개화운동 또한 일본 등 외세를 기반으로 전개함으로써 근원적 한계를 지닐 수밖에 없었고, 그 결과로 우리는 20세기를 일제강점기로 맞아야 하는 비극을 경험했다.

물론 이런 우리 역사 속에는 동학혁명과 한말 의병운동, 3.1 운동으로 이어지는 저항의 몸짓이 뚜렷하게 새겨져 있고, 그중에서 1919년 3.1 운동을 계기로 세워진 '대한민국 임시정부'는 19세기 말 세워진 전제군주국으로서 '대한제국'을 비판적으로 극복한 민주공화정의 출발을 알리는 신호

탄이 되었다. 일제강점기가 35년 동안 지속되어 황국식민학교^{國民學校}와 식민사관으로 상징되는 교묘한 정신적 탄압이 일정한 성공을 거두었고, 우리는 21세기가 된 지금까지도 그 질긴 그림자를 발견하고 흠칫 놀라기도 한다. 광복을 온전한 우리 힘만으로 맞지 못한 과보로 일제 잔재 청산의 천금 같은 기회를 놓쳐버렸을 뿐만 아니라. 미군 점령기라는 새로운 예속의 시대로 빠져든 탓이다.

미국과 소련의 군대가 앞장선 한반도 분단은 전쟁과 지속적인 불안을 몰고 왔고, 지금까지도 우리는 여전히 전쟁을 잠시 중단한 상태라는 의미의 정전체제^{停戰體制} 속에서 살고 있다. 다행인 것은 최근 들어 남북한 사이의 신뢰를 기반으로 삼는 북한과 미국 사이의 대화가 끊이지 않고 있고, 이 대화를 통해 한반도 비핵화와 평화체제 구축이라는 희망을 품을 수도 있게 되었다. 물론 이러한 희망은 순식간에 절망으로 바뀔 수 있는 불안을 내재하고 있고, 또 힘을 기반으로 전개되는 국제정치 상황 속에서 우리의 조정력을 얼마나 발휘할 수 있을지에 대해서도 쉽게 낙관하기 어렵다. 이럴 때일수록 우리 자신이 처해 있는 상황과 힘에 대한 냉정한 인식을 토대로 하는 희망 나누기를 포기하지 말아야 한다.

그런 가운데 맞은 2020년 '코로나 19 사태'는 자신을 총체적으로 되돌아보게 하는 결정적인 계기를 만들고 있는 중이다. 이미 방탄소년단^{BTS}이라는 이름의 아이돌이 케이팝^{K-Pop}으로 전 세계 젊은이들의 폭발적인 관심을 얻고 있었고, '기생충^{parasite}'이라는 제목의 영화가 세계적인 영화제들을 석권하면서 '한국'에 대한 인식의 대전환이 진행되는 중이었다. 그런 가운데 터진 새로운 이름의 바이러스 감염병 유행은 우리 자신과 우리 사회의 역량을 객관적으로 바라볼 수 있게 하는 결정적인 기회를 부여하고 있다.

어디서 처음 생겨났는지에 대해서는 의견이 갈리지만, 맨 처음 폭발적으로 유행한 중국 우한지역으로부터 멀리 떨어져 있지 않은 우리는 특정 종교집단의 선교 과정에서 들여온 바이러스가 그들의 독특한 예배방식 등으로 인해 특히 대구·경북 지역을 중심으로 전국적인 확산이 빠르게 이루어졌고, 그 후에도 쉽게 잡히지 않고 있다. 다행히 그에 대처하는 우리 사회의 역량은 전 국민을 신속한 진단과 분리치료의 대상으로 포용하는 의료보험정책과 의료진의 자발적인 협조, 안정적인 리더십 등이 시민들의 사회적 거리두기 참여와 맞물리면서 말 그대로 세계적인 모형이 되었다.

이 과정의 진행이 초기 단계에는 이전과 그리 다르지 않았다. 이른바 '신진국'의 대응을 모범으로 삼아 그렇게 해야 한다는 주장이 대세를 이루었던 것이다. 중국과 미국, 일본, 유럽 등 우리가 선진국이라고 추앙해온 나라들이 어떻게 대응하고 있는지에 촉각을 곤두세우며, 조금만 그들과 다른 방향으로 가면 나라가 망하기라도 할 것처럼 호들갑을 떠는, 보수를 가장한 수구세력과 언론의 모습은 그리 낯설 것도 없었다. 아니 어쩌면 이런 모습은 특정 세력만의 것이 아니라 20세기를 그렇게 살아낸 이 땅의 시민들 모두에게 일정하게는 공유된 것이었는지 모른다. 그런데 문제는 이른바 그 선진국들의 대응이 어이가 없을 정도로 실패하는 데서 생겼다. 확진자 숫자를 줄이기 위해 일부러 진단을 적게 하거나 그 숫자 자체를 감추거나 왜곡하고, 의료 체제가 무너져 길거리에 중증자나 사망자를 방치하는 경우까지 생겨나는 모습을 지켜보면서 우리는 이제 더 이상 저들이 우리의 모형일 수 없음을 온몸으로 확인할 수 있게 되었다.

물론 이런 참혹한 현상은 다층적인 분석이 요구되는 전 세계적 사회현상이다. 현실 사회주의 국가 붕괴 이후 최소한의 견제도 없이 작동하게 된 자본주의 기반의 세계화된 신자유주의 체제는 돈이 되는 것이면 무엇이든 팔 수 있을 뿐만 아니라, 최소한의 공적인 기반조차도 그 논리에 따라 파괴해버리는 일을 서슴지 않는 광란의 질주를 거듭하고 있는 중이다. 그 대표적인 징후가 공공의료체제의 붕괴와 빈부 격차의 급속한 심화에 따른 인권 보장 장치에의 접근 가능성 격차, 그러면서도 이미 되돌릴 수 없는 수준으로 세계화된 온라인과 오프라인의 연결망 등이다. 우리가 선진국으로 신봉해왔던 나라들일수록 그런 문제들에 더 심각한 수준으로 노출될 수밖에 없음을 애써 무시하거나 제대로 알려고도 하지 않았을 뿐이다.

그렇다고 해서 오래 누적된 문화식민지 상황이 단기간에 극복되지는 않을 것이다. 조금 지나고 나면 또 이전의 행태로 복귀해서 문제만 생기면 존재하지도 않는 '선진국' 사례를 들먹이면서 왜 우리는 그렇게 하지 못하느냐고 목소리를 높일, 이름뿐인 지식인들이 여전히 주류를 차지하고 있고, 역으로 '국뽕'이라는 비속어로 상징되는 과장된 몸짓으로 우리가 곧 그 가상의 신진국이라고 자부하는 사람들 또한 속출할 가능성이 높다. 우리 의식이 형성되는 시간 이상으로 그 극복의 과정에는 시간과 노력이 훨씬 더 많이 필요하기 때문이다. 이런 상황에서는 더욱더 객관성과 공정성을 염두에 두면서 자신을 관찰과 분석의 대상으로 내놓는 우리 모두의 노력이 합해져야 한다. 그 출발점은 바로 우리가 왜 이렇게까지 되었는지에 관한 객관적인 성찰이다.

우리의 정신적
위기 상황

1인당 평균 국민소득이 2018년을 계기로 3만 달러를 넘어섰다.[1] 우리 현대사의 의미 있는 성취라고 할 만하다. 1970년대 1인당 1천 달러 달성을 국가적으로 기념하며 감격했던 기억이 남아 있는 내게 그것의 30배에 달하는 성취는 실로 꿈 같은 것으로 다가온다. 드디어 그렇게 열망해왔던 선진국 대열에 온전히 올라선 느낌도 들고, 이제는 그 누구도 우리를 쉽게 보지 못할 것이라는 은근한 자부심을 느낄 수도 있을 것 같다.

그런데 어쩐지 우리는 이 성취에 대해 그런 좋은 느낌들만을 갖지 못하고 무언가 불편하거나 무감각해지기조차 하고 있다. 이렇게 된 이유 중에서 가장 쉽게 찾아볼 수 있는 것은 그 소득이 '평균소득'일 뿐이어서 실제 우리들의 삶과는 상당한 거리를 유지하고 있다는 사실이다. 다시 말해 빈부 격차가 점점 더 심해져 그 평균에 해당하는 3만 달러가 실제 우리 삶과는 관련이 별로 없을 것일 수 있다는 분석이다. 맞는 말이다. 실제로 2018년 하반기에 소득상위 20%의 월평균 가구소득은 900만 원이 넘는 데 비해 하위 20%의 경우는 130만 원이 되지 않는 통계치가 입증하는 사실이다.[2] 이 소득격차는 다시 집값 같은 재산 격차로 이어지면서 넘어설 수 없는 간극을 확장해가고 있는 중이다.

이런 상황 속에서 국민평균소득은 상당 부분 허구일 수밖에 없다. 어떤 나라나 시대든지 온전한 평등을 실현하는 일은 가능하지 않지만, 신분의 구별을 인정하지 않는 시민사회에서는 가능한 범위에서 이 차이가 최소화되어야 한다. 특히 시민이 자신의 삶을 안정적으로 꾸려갈 수 있을 정도의 소득을 보장해주는 일은 실질적인 자유의 요건이기도 하다. 그런데 우리는 외형적인 성취로서 국민소득 3만 달러 시대를 여는 데는 성공했지만, 그 격차를 점점 더 벌리게 됨으로써 소득 하위계층에게는 넘어설 수 없는 박탈감을 지속적으로 경험하게 하는 위기를 지속적으로 노출시키고 있는 상황이다.

이런 위기와 연결되어 있는 고리들은 많다. 우선 교육기회의 차별과 연결되어 있고, 나아가 시민으로서의 삶의 질 문제라는 핵심적 쟁점과 연결되기도 한다. 빈부 격차에 따른 교육기회의 차별은 다시 부의 세습과 빈곤의 대물림으로 이어지고, 그것은 사회 전반에 걸친 분노와 불안, 절망을 불러오는 원인으로 작동한다. 소득이 불안정한 가정에서 자라나는 아이가 제대로 된 교육을 받지 못한 채 방치될 가능성이 높고, 그 가능성은 아이의 분노와 좌절로 연결되면서 사회 전반의 불안정을 야기할 수 있다. 또한 부유한 계층의 자녀들은 자신들의 부를 마치 신분을 보장해주는 장치로 인식하면서 타자에 대한 무시를 체화한 '반시민反市民'으로 자라날 가능성이 커진다. 일부 재벌가의 비인간적인 이야기들이 그런 가능성이 현실로 드러난 사례이다.

시민이 누려야 하는 자유가 기본적으로 그 누구에게도 정당한 이유 없이 지배받지 않을 '비지배자유'임을 감안한다면, 빈부 격차로 인한 이런 양방향의 부작용은 시민사회를 위협하는 요인이 된다. 어떤 방식으로든지 이 격차문제를 극복하는 일이 우리 시민사회의 정착을 위한 중요한 과제인 이유다. 그러기 위해서는 먼저 시민들이 이 문제의 심각성에 대해 공유하는 일이 필요하고, 그 출발점은 다시 시민이 주인이 되어 실시하는 교육으로서 시민교육이다. 어찌 보면 순환론에 빠진 듯한 이런 해법 제시는 공허한 것으로 비칠 수 있지만, 그렇다고 해서 다른 특별한 대안이 있지 않기 때문에 바로 이 지점에서 출발할 수밖에 없다.

외형적 성장과 내면적인 빈부 격차의 확대, 그로 인한 사회 전반의 불안정 확산 및 심화라는 악순환의 고리를 끊어내기 위한 출발점으로 시민교육이라는, 다소 밋밋해 보이는 대안을 제시하면서 해결방안을 찾아보는 데 동의할 수 있다면 동시에 우리는 그 시민교육을 통해 넘어서고자 하는 정신적 상황을 점검할 필요가 있다. 시민교육은 몸과 마음을 동시에 소유하고 있는 인간인 시민을 대상으로 삼는 교육이고, 돈으로 상징되는 소득 격차 문제는 그 시민의 몸과 마음 모두에 영향을 미치는 배경요인으로 작동한다. 우리는 돈이 없으면 제대로 먹을 수도 잠을 잘 수도 없는 자본주의적 일상을 살아내고 있는 중이다.

이런 일상 속에서 돈은 일차적으로 몸을 지배하는 듯 보이지만, 실상 더 심각한 지배력은 정신 또는 마음 영역에서 발휘된다. 돈은 소유와 소비를 가능하게 하는 매개물에서 모든 것을 가능하게 하는 만능의 열쇠로 변화되고, 결과적으로 그것 자체가 삶의 목적의 위치를 차지함으로써 모든 가치전도 현상을 불러오는 근본원인이 된다. 나의 불교공부 스승이었던 가신지관 스님은 이런 현상을 "돈에는 귀신이 붙어 있다"라는 말로 표현하며, 스스로를 경계하곤 했다. 출가수행자로 평생을 살아야 했던 상황 속에서 돈이 수단의 위치를 벗어나지 못하도록 함으로써 자신의 본래 삶의 목적을 잊지 않고자 했던 일상적인 노력으로 읽혀진다.

시민은 자신의 삶을 스스로 이끌어갈 수 있는 주체성과 역량을 동시에 갖춘, 사회 속의 인간을 의미한다. 그런 점에서 시민은 시민사회의 주인공이기도 하다. 시민은 그 어떤 것으로부터도 지배받지 않은 자유와 함께 지배받지 말아야 하는 당위를 지니고 있는 것이다. 그런데 그는 온전히 독립된 존재이기는 하지만, 그 독립이 고립을 의미하지 않는다. 한 인간이 지닐 수밖에 없는 관계성을 제대로 인식하고 그 관계성에 적절하게 반응할 수 있는 능력이 시민의 역량 속에 포함된다.

시민에 관한 이러한 합의 속에서 우리는 현재의 정신적 상황에 대한 직시를 시도해볼 수 있다. 우리의 정신적 상황은 한마디로 '외형적 풍요 속 내적 빈곤'으로 요약해볼 수 있다. 국가 전체의 부와 나라의 국제적 위상은 역사상 가장 화려하지만, 그 안에서 살아가고 있는 사람들인 우리 시민들은 스스로에 대한 정당한 평가를 하지 못한 채 불만과 불안, 분노 등에 휩싸여 다른 시민들과의 관계 맺기에서 상당한 어려움을 호소하는 상황이다. 역사상 늘 자신의 시대와 사람들에 대한 불만이 있었고, 인간들이 이룬 사회에서 어느 정도의 불만과 불안은 피할 수 없는 것이기도 하다. 그런데 21세기 초반 한국의 상황은 이러한 일상적 수준을 훌쩍 뛰어넘는다.

이러한 진단은 우리 사회 구성원 모두에게 적용된다. 정신적으로 건강할 것으로 기대를 모으는 종교인 집단이 오히려 자본주의적 일상에 더 침윤되어 있고, 교사나 교수, 법조인 등 정신적 영역에 종사하는 전문직들의 일상적 타락 또한 결코 덜하지 않다. 이 땅에 더 이상은 어른이 없다거나, 선생은 있지만 스승은 없다는 말이 그런 상황을 잘 반영하고 있다. 돈이 지배하는 사회가 되어버린 현실 속에서 그 돈에 걸맞은 최소한의 도덕 수준을 유지해주기를 기대해보는 이른바 '부유층'의 정신적 혼란과 타락은 말 그대로 눈뜨고는 차마 보지 못할 수준이고, 청문회에 오르는 고위층의 초라한 몰골은 어쩌다 우리가 이렇게 살게 되었는지 하는 회한의 독백을 부르곤 한다.

언론에 오르내리는 정치인들의 막말은 과연 저들이 시민으로서 기본

교육을 받은 사람들인지를 의심하게 만든다. 가짜뉴스를 전달하는 수준을 넘어서 스스로 만들어내기도 하는 정치인의 추악한 모습은 그들이 우리의 투표를 통해 그 자리에 있을 수 있게 되었다는 점에서 자신의 자화상이자, 우리 시민사회의 자화상이다. 그들만을 향해 비난을 퍼붓는 것은 제 얼굴에 침 뱉기일 뿐이다. 이제는 그 일그러진 얼굴과 마주할 수 있는 용기가 필요하다. 그것이 나 자신의 얼굴이자 이웃시민의 얼굴임을 받아들이는 고통스러운 수용의 과정이 요구된다. 그런 다음에야 비로소 그 얼굴을 펼 수 있는 길을 찾아 나설 수 있고, 우리는 그 길 중에서도 시민교육이라는 멀고도 가까운 대안을 선택하고자 하는 것이다.

시민교육을 위협하는 것들
: 물신주의와 왜곡된 관계주의

시민교육이 제대로 작동하지 못하게 하는 요인들은 많다. 교육이 사회문화 및 구조와 긴밀하게 연계되어 있기 때문에 우리 사회 전반의 문제가 곧 교육문제로 표출된다는 점에 주목해보면, 그 요인들을 한두 가지로 정리해내는 일은 불가능에 가깝다. 그럼에도 우리는 이 작업을 멈출 수 없고, 몇 가지 기준을 중심으로 삼아 논의를 전개해보고자 한다.

우리 시민교육을 위협하는 가장 큰 요인으로 꼽을 수 있는 것은 사회 전반으로 확산되어 있는 물신주의物神主義다. 물신주의는 모든 판단의 기준을 물질에 두는 수준을 넘어서 아예 돈을 신과 같은 목적 그 자체로 숭배하는 수준의 이념이다. 우리가 필요한 것들을 돈이라는 매개체를 활용해 획득하고 소비해온 역사는 오래되었지만, 현재와 같은 물신주의가 자리 잡은 것은 그리 오래된 일이 아니다.

자본주의라는 새로운 이념이 등장해 인류사회를 이끄는 주도적인 배경이 된 것은 대체로 18세기 서구 산업혁명 이후의 일이고, 우리 역사 속에서는 17,18세기 상업의 부흥으로 인한 상인계층의 부각이 눈에 띠기는 하지만 사회 전반을 움직일 만한 이념으로 자리하지는 못했다. 그것이 일제강점기를 거치면서 왜곡된 형태의 제국주의적 자본주의로 이식되었고, 다시 그것은 광복 이후 미국의 자본주의를 수입하는 형태로 바뀌었지만 한국전쟁 등으로 제대로 정착할 수 없었다. 1960년대 들어 국민동원체제를 근간으로 삼은 박정희 정권의 공업화 정책이 시행되면서 한국적인 의미의 자본주의 체제가 조금씩 뿌리를 내렸다.

정치가 경제를 주도하면서 수출과 노동집약적 산업을 중심으로 하는 '재벌경제'라는 독특한 형태의 독과점체제가 한국 자본주의의 특징이 되었고, 이 특징은 상당 부분 원형을 유지하고 있다. 그 결과 우리는 1인당 국민소득 3만 달러 시대라는 외형적 성공과 빈부 격차의 지속적인 심화, 복지체제의 불완전함으로 인한 불안과 위험의 일상화 등의 현상과 마주하고 있다. 그런데 이런 현상의 배후에는 모든 관계와 만남을 물질적 대가 또는 돈으로 환원시켜버리고자 하는 물신주의가 굳건하게 자리하고 있다.

물신주의의 뿌리는 인간관계에서 흔히 관찰되는 관계의 수단화 또는 인격 자체의 무시를 전제로 하는 거래이다. 이러한 수단화 또는 거래는 목적 그 자체로서의 인격성을 지속적으로 파괴함과 동시에 지속적으로 그 점령 영역을 확장해감으로써 인간적 삶의 영역 소멸로 이어진다. 인간적 삶이란 말이 조금 추상적으로 느껴질 수도 있지만, 사실 그것은 다른 어떤 것으로도 환원되지 않는 관계 그 자체 또는 자신의 온전한 '홀로 있음' 등의 형식을 통해 우리가 쉽게 확인할 수 있는 영역이다.

생계를 위해 누군가를 계약관계 속에서 만나는 일을 피할 수 없지만, 그것들만으로 삶이 이루어질 수는 없다. 우리 삶은 먹고사는 문제라는 의미에서의 생존과 그 너머의 것을 의미하는 실존實存의 두 차원으로 이루어진다. 그 어느 것도 무시할 수 없지만, 그중에서도 실존의 차원을 무시하면 짐승의 삶과의 차별성을 확보할 수 없게 되는 심각한 문제가 생긴다. 오랜 시간 동서양의 사상 전통에서 주목해온 지점이기도 하다.

유교에서는 인간과 짐승의 차이가 미미하지만 그 차이를 잘 보존하면 군자君子가 되고 그렇지 못하면 소인小人이 된다는 명제로 표현했고, 불교에서는 중생과 부처의 미분리를 강조하면서도 깨달음의 가능성과 절박성에 주목하고자 했다. 이런 오랜 사상적 고찰의 축적이 있었음에도 돈을 인간과 사회의 전면에 내세우고자 하는 자본주의의 출현은 매우 강력한 형태의 물신주의를 정착시켰다. 인간의 본성을 구성하는 관계성 또는 사회성을 단순한 거래적 형태로 변질시키면서 돈을 숭배하는 새로운 종교가 서구사회에서 먼저 나타났고, 21세기 초반 우리 사회에서도 더 이상 낯설지 않은 대상이 되어가고 있다.[3]

이런 현상은 우리 자본주의가 주로 원자화된 개인을 중심으로 전개된 것과도 깊은 관련이 있다. 인류 역사에서 개인에 대한 주목은 획기적이면서도 긍정적인 진보를 가져왔지만, 그것이 추상적이면서도 사회철학적으로 요청되었던 '원자화'의 차원을 넘어 현실 속의 '고립화된 개인'으로 정착하면서 관계성과 공공성 영역을 급속히 축소시키는 결과를 초래했다. 개별성은 개성과 연결되면서 인간다움의 핵심 요소를 이룬다는 점을 떠올릴 때, 아직 왜곡된 관계성으로 고통받고 있는 우리들에게는 그 개별성이 더 확장될 필요가 있다고 말할 수 있다. 그렇지만 그 경우에도 관계성과 공공성을 망각하지 않아야 한다는 전제 조건이 꼭 필요하다.

그럼 이렇게 정착한 물신주의는 시민교육에 어떤 장애를 가져다주고 있는 것일까? 가장 큰 장애는 시민교육의 기본목표로 설정되어야 하는 인간다움에 대한 경시 내지 무시다. 인간은 그 자체로 존엄성을 존중받아야 한다는 당위적 명제는 시민사회의 윤리적 기반이자 정치적 토대를 형성한다. 이 명제는 다시 인간은 존재하는 것만으로 가치를 지닌다는 명제와 그 인간은 자신의 삶을 스스로 선택하고 그 결과에 대한 책임을 진다는 명제를 하위 요소로 지닌다. 앞의 것이 존재적 가치에 기반한 것이라면 뒤의 것은 자율과 책임의 가치에 기반한 것이다.

그런데 물신주의는 이 두 가치를 모두 위협할 수 있다. 물신주의는 이미 한 인간을 단순한 쓸모나 돈을 벌 수 있는 능력만으로 평가하는 방향으로 몰고 가고 있고, 그것은 다른 한편 한 인간의 실존적 선택, 즉 삶의 의미 물음을 물질을 기반으로 하는 소비를 중심으로 강제하는 현상이 일상화되고 있다. 이러한 경향들은 다시 한 인간에 대한 정당한 인정을 방해하여 돈을 기준으로 삼는 인정과 무시의 질서를 사회 전반에 걸쳐 형성하는 요인으로 작동할 가능성이 높다.

사회 속에서 살아갈 수밖에 없는 우리 인간들은 초기 정체성이 형성되는 아동기부터 타자의 시선에 근거해 그 정체성을 형성하게 된다. 특히 자신의 생존을 책임지는 엄마와 같은 '의미 있는 타자'의 인정이 그 핵심 요소이다.[4] 성장 과정을 거쳐 어느 정도의 정체성이 형성된 후에도 우리는 타자의 시선으로부터 자유롭지 못하다. 어쩌면 이 세상에 존재하는 동안 내내 타자의 시선으로부터의 온전한 자유는 누리지 못하는지도 모른다.

다만 우리가 할 수 있는 일이 있다면, 그 인정과 무시의 시선에 대한 일방적인 의식과 의존으로부터 어느 정도의 자율성을 확보하는 일 정도이다.

우리 도덕의식의 심층을 형성하고 있는 전통윤리, 그중에서도 불교와 유교는 타자와의 관계 설정을 존재의 핵심요소이자 윤리의 중심으로 삼는 특성을 지닌다. 윤리倫理라는 개념 자체가 인간이 무리지어 살아가는 과정에서 염두에 두어야 하는 이치理致라는 의미를 지니고 있고, 이 개념은 19세기 중반 일본 메이지 유신을 전후하여 희랍어에서 유래한 에틱스ethics의 번역어로 채택된 것이다. 그것의 의미가 관습 또는 개인의 성향 등임을 감안해보면 윤리는 기본적으로 관계적 맥락을 지닌다고 볼 수 있지만, 유교와 불교의 경우는 아예 관계 또는 연기緣起를 존재의 성립 요건이자 윤리적 당위를 이끌어내는 원천으로 보았다는 점에서 차별화된다.

유교에서 관계성은 인간을 인간으로 만들어주는 기본 요건이다. 인간人間이라는 한자어 개념 자체가 인간들 사이를 강조하는 것에서 시작해서, 하늘과 인간, 땅 사이의 관계를 존재의 근원으로 삼는다. 그 맥락 속에서 하늘의 명령, 즉 천명天命은 하늘이라는 관계적 존재에 기반하는 윤리적 당위의 원천이 된다. 그 천명이 인간에게 스며들어 있는 것이 본성[天命之謂性]이고, 그 본성을 따르는 것이 곧 도[率性之謂道]이다. 주희에 의해 우주의 운행원리를 담은 기본경전으로 확립된 『중용』의 첫 구절이다.

불교에서 연기성緣起性은 인간뿐만 아니라 모든 존재하는 것들의 기본속성이다. 다른 것에 의존하지 않고 존재할 수 있는 것은 없다는 의미의 연기성은 온전히 독립되고 고정된 본체를 가진 것이 있을 수 없다는 의미의 공성空性으로 이어진다. 연기의 양상 자체가 찰나적으로 변화하기 때문에 고정된 실체를 가진 존재는 있을 수 없다는 이 공의 명제는 무아無我로 이어지고, 그 무아에 대한 무지로 인한 집착인 고통과 그 고통 극복을 위한 깨달음의 명제로 연결되면서 불교철학과 윤리의 얼개를 이룬다.

그런데 우리가 서구의 근대 시민사회론을 수용하면서 받아들인 인간론은 이러한 전통적 맥락과 상당 부분 긴장관계를 형성하는 개인의 독립성과 개성을 강조하는 개인주의이다. 개인주의와 이기주의가 개념적으로나 철학적으로 분리되어야 하지만, 실제 사회 속에 정착해 발현되는 과정에서는 쉽게 구분하기 어렵다는 난점이 있다는 사실은 이미 서구 근대 이후의 정치철학과 사회철학에서부터 지적되었던 것이다. 실제 우리 사회에서 개인주의는 장애인이나 여성 같은 약자의 권리에 대한 인식을 촉진시키는 데 기여하기도 했지만, 관계 중심의 전통과 잘못된 만남을 거치면서 '우리가 남이가' 식의 왜곡된 이기주의로 작동하는 경우가 더 많음을 다양한 통로를 통해 확인하게 된다.

가장 일반적인 사례로 꼽을 수 있는 것은 이해관계를 중심으로 작동하는 연고주의이다. 같은 지역이나 학교, 종교 등을 중심축으로 삼는 이해관계를 시민윤리보다 우선시하는 풍조가 바로 '우리가 남이가' 식의 발언 속에 담겨 있다. 경상도 사투리로 표현되어 있다고 해서 경상도 출신들에게만 한정되는 이야기가 아니고, 다만 우리 현대사의 어느 지점에서 벌어진 한 사건 속에서 나온 발언이라는 점에서 인용하는 것일 뿐이다. 이렇게 왜곡된 개인주의와 관계주의의 결합은 시민윤리의 핵심으로서 공정성을 심하게 훼손할 뿐만 아니라, 함께 살아가기 위해 필요한 최소한의 공공성마저 해치는 결과로 이어질 수밖에 없다. 이 결과는 다시 시민교육의 성과를 현실적으로 제한하는 것으로 연결되고, 다른 측면에서 보면 시민교육의 장에서 주된 관심을 기울여야 하는 과제로 우리에게 주어지기도 한다.

1 http://news.kbs.co.kr/news/view.do?ncd=4155945&ref=A/ 20190326 검색. 이 기사에서는 정부 경제정책을 총괄하는 기획재정부 장관이 '국민들이 소득 3만 달러 시대를 체감하지 못하고 있어 국민이 몸으로 느낄 수 있는 새로운 경제정책이 필요함'을 강조하고 있다.

2 http://www.bigtanews.co.kr/news/articleView.html?idxno=2544/ 20190326 검색.

3 미국을 중심으로 서구사회에서 물신주의가 어떻게 정착해 있는가를 고찰하고 있는 신학자 하비 콕스는 "지금 시대에 우리는 새로운 창조신화, 새로운 인간을 목도한다. … 이런 진보가 진행되는 동안 시장신은 새로운 생명을 불어 넣는다"라고 말하고 있다. 그는 우리 순복음교회 방문 경험을 전하면서 교회의 거대기업화 현상을 경고하기도 한다. 하비 콕스, 유강은 옮김(2018),『신이 된 시장』, 문예출판사, 63, 142쪽 참고.

4 캐나다에서 활동하는 현대철학자 찰스 테일러는 조지 허버트 미드의 '의미 있는 타자' 개념을 활용하여 "우리 인간은 '의미 있는 타자들'과의 의사교환을 통해 언어를 습득하고, 그런 의미에서 인간의 마음은 결코 독백적으로 이루어지는 것이 아니라 상호대화의 과정에 의해 형성되는 것이다"라고 강조하고 있다. 찰스 테일러, 송영배 옮김(2001),『불안한 현대사회』, 이학사, 49쪽.

2장
민주시민교육의 전통적 기반을 어떻게 해석할 수 있을까?

민주시민교육의 전통적 기반을
어떻게 해석할 수 있을까?

민주시민교육을 위협하고 있는 주된 요인으로 이처럼 물신주의의 확산과 왜곡된 관계주의의 정착을 꼽는 데 동의할 수 있다면, 우리에게 다음 과제로 주어지는 것은 그 각각의 요인에 대한 분석과 재검토일 것이다. 그중에서도 왜곡된 관계주의의 정착은 전통윤리의 맥락 속에서 부정적으로 이루어진 것이고, 그것이 다시 물신주의를 정신적 배경 삼아 자신의 이익을 위해 망설임 없이 작동시키는 연고주의로 나타나고 있음을 감안한다면 먼저 전통윤리의 현재성에 대한 분석과 재검토가 선행될 필요가 있다.

이 필요성은 우리 학계와 교육계의 민주시민교육에 관한 담론이 지니는 지나친 서구편향성을 고려해볼 때 더 적극적으로 부각될 요청과 마주한다. 우리가 민주시민교육에 관심을 갖고 주변에서 접할 수 있는 대부분의 책과 논문, 글들은 시민과 시민교육의 뿌리와 전통을 고대 그리스의 시민과 근대 서구 계몽주의에서 찾고 현재적 논의도 그와 관련된 민주주의와 공화주의 담론에서 찾고 있다. 물론 정리된 연구물이 많고 실제로 우리의 삶이 상당 부분 서구화되어 있다는 점에서 일정한 적합성을 지닌다는 점은 인정할 수 있지만, 그것을 감안하더라도 시민교육 담론의 서구편향성은 정도를 넘어선 것으로 판단할 수밖에 없다.[1]

시민교육은 현재의 시민들이 지니고 있는 시민의식의 수준에 대한 진단에서 출발할 필요가 있고, 목표 지점을 설정할 때도 당연히 보편성과 함께 우리 시민사회의 역사가 지니고 있는 특수성을 충분히 감안해야만 한다. 이 과정에서 서구적 맥락과 일치하는 시민과 시민사회의 형성과 전개는 물론, 보다 넓은 의미의 시민과 시민사회, 시민교육의 전통에 대해서도 충분히 유념할 수 있을 때 현재 우리가 직면하고 있는 시민교육의 난제들을 제대로 바라볼 수 있다. 그런데 현재의 대부분의 시민교육 담론들이 이 부분에 거의 관심을 기울이지 않거나 아예 무시하면서 서구적 맥락의 그것을 수입하여 적용하는 수준에 그치는 한계를 보이고 있다.

물론 이러한 당위적 과제에 동의한다고 해도 실제로 탐구와 논의의 차원으로 들어가면 제대로 참고할 수 있는 연구물이 없고, 1차 자료에 대한 접근마저 한문(漢文)의 벽에 가로막혀 있어 결코 쉽게 할 수 있는 일이 아님을 확인하는 데 많은 시간이 걸리지 않는다. 안타까운 현실을 일단 현실로 수용할 수밖에는 없지만, 그렇다고 해서 이 과제를 언제까지나 뒤로 미뤄둘 수도 없다. 문제의 해결책은 두 가지인 것으로 보인다. 하나는 민주시민교육에 관한 논의를 교육자와 학생이 만나는 그 현장에서 부딪치는 문제로부터 시작하는 현장성과 실천성의 확보이고, 다른 하나는 제한된 범위에서나마 최선을 다해 불교와 유교로 상징되는 우리 민주시민교육의 전통 윤리적 기반을 탐색해보고자 노력하는 주체성 확보이다.

첫 번째 현장성과 실천성 확보 과제는 이 책 전반을 관통하여 현실화시켜보고자 하는 것이고, 두 번째 주체성 확보 과제에 대해서는 이 장에서 부분적으로나마 시도해보고자 한다. 민주시민교육의 전통적 기반 확보 노력을 그 주체성 확보의 일환으로 받아들이고자 하는 전제 속에서 우리가 할 수 있는 일은 많다. 그중에서도 특히 18세기에서 20세기 초반에 이르는 200여 년의 역사 속에서 서구의 산업혁명과 계몽주의에 기반을 둔 힘의 제국주의 물결이 몰려오던 시기에, 우리 한국인들이 시도했던 그 변화에 대한 인식과 대응 노력을 살펴보는 일은 필수적이다. 일제강점기를 맞은 이후 우리 사회의 주류가 했던 일은 대부분 그 흐름에 편승하여 일본과 미국에 유학하거나 외국인 지배층에 어떻게든 합류하고자 하는 발버둥이었고, 21세기 초반 현재까지도 크게 다르지 않다.

중국의 제후국을 자임하고자 했던 조선은 18세기에 들어서면서 명나라와 청나라 사이의 외교적 선택의 갈등 속에서 인물성동이론人物性同異論이라는 철학적 논쟁을 통해 해소해보고자 하는 시도를 했다. 그 논쟁을 통해 소중화小中華 의식, 즉 오랑캐인 청나라가 중국을 차지하게 되면서 사라진 천자天子의 정통성이 조선으로 옮겨왔다는 소극적인 인식이 자리 잡기도 했지만, 다른 한편으로는 중국 중심의 질서가 무너져가고 있다는 적극적인 인식 또한 자리 잡기 시작했다. 그 적극적인 인식을 대표하는 학자가 바로 담헌 홍대용이다. 18세기 중반에 내놓은 『의산문답醫山問答』1776이라는 저서를 통해 그는 정치가 백성을 먹여 살리는 일에 집중하는 실천성을 보여주어야 하고, 그럴 수 있기 위해서는 중국 중심의 좁은 세계관을 극복하고 과학적 사유를 근간으로 하는 새로운 세계관을 적극적으로 수용해야 함을 역설한다.

그의 생각은 실학파로 분류되는 일련의 사상가들이 지닌 공통의 지반 위에 있는 것이면서 동시에 19세기 김옥균 등의 개화파와 20세기 한용운 등 독립운동가들의 사상적 기반이 되어주었다. 이런 맥락에서 우리는 담헌 홍대용과 만해 한용운에 주목해보고자 한다. 둘은 각각 유교와 불교의 기반 위에서 개혁과 독립을 추구했던 사상가들이다. 담헌은 1731년에 태어나 53년을 살았고, 만해는 1889년에 태어나 55년을 살았다. 둘 다 충남 천안과 홍성 출신이고, 자신의 뜻을 온전히 펼치지 못한 채 생애를 마감해야 했다는 공통점도 지니고 있다. 그들의 시대가 100년 이상의 차이가 있지만, 무너져가는 구질서를 대체할 수 있는 새로운 질서를 모색하기 위해 헌신했다는 점에서는 차이가 없다.

18세기 조선사회와 담헌 홍대용의 근대의식
: 과학적 세계관과 평등의식

18세기를 살아낸 조선의 지식인으로서 담헌은 명문가의 자제로 태어난 이른바 '금수저'였지만, 그 기득권을 뛰어넘어 모두에게 교육기회를 주고 이미 시한을 다한 과거제를 폐지하고 새로운 인재 등용제도를 마련해야 한다고 주장했다. 더 나아가 객관적으로 검증된 서구의 과학기술을 토대로 당대의 과제였던 농민이탈 현상과 상인계층의 등장이라는 사회구조 변화에 적극적으로 대응해야 한다고 생각했다. 이런 생각들은 그의 주요 저서로 평가할 수 있는 『의산문답』을 통해 허자虛子와 실옹實翁의 대화라는 형식으로 제시되어 있다.

"따라서 사람의 입장에서 만물을 보면 사람이 귀한 반면 만물이 천하지만, 만물의 입장에서 보면 만물이 귀하고 사람이 천한 것이 되는 것이다. 이런 이치로 볼 때, 하늘의 입장에서 보면 사람이나 만물이나 다 마찬가지인 것이다."[2]

당대 지식인이라면 피해가기 어려웠던 인물성동이론人物性同異論의 맥락 속에서 담헌은 동론同論을 택하고 있음을 짐작하게 하는 구절이다. 그의 출신이 충청도이고 따라서 호락논쟁에서는 이론異論인 호론을 택했을 법한데도, 그는 낙론의 입장을 자신의 방식으로 지지하고 있고, 그것은 좀 더 적극적인 인물균人物均 사상으로 펼쳐졌다. 인물균 사상은 근대시민의식의 요소 중에서 평등의식과 직결된다. 신분에 따른 차별을 인정하지 않는 사상적 기반은 노비제 폐지 등 사회적인 실천으로 이어질 수 있는 토대로 작동할 수 있었고, 그것은 결국 100여 년이 지난 갑오개혁기에 노비제 폐지 선언으로 구체화되기도 했다.

당대의 당파와 철학적 논쟁 모두로부터 일정한 거리를 유지하고자 했던 담헌은 그 토대 위에서 근대적 세계관을 새로운 대안으로 생각하고 조선에 퍼트리고자 노력했다. 그 세계관 속에는 중국 중심의 사고방식의 틀에서 벗어나고자 하는 시도로서 역외춘추론域外春秋論이 포함되어 있다. 역외춘추론은 공자가 주나라 사람이었기 때문에 주나라를 기준으로 나라들을 구분했을 뿐이고, 만약 우리나라에서 태어났다면 우리를 기준으로 분류했을 것이라는 주장이다. 이 주장이야말로 21세기 초반 우리에게 꼭 필요한 과제를 제공해주는 기반이다. 미국을 중심으로 삼는 강대국과 약소국, 또는 중심 국가와 주변 국가 구분에 익숙해져 있는 우리들의 편견을 극복할 수 있는 전통적 근거가 될 수 있다는 의미이다.

그럼에도 우리가 담헌에게서 보다 분명하게 확인할 수 있는 근대적 세계관은 (근대)과학적 세계관이다. "지구의 본래 기운은 차가움인데 따뜻해지는 것은 태양의 빛 때문이다"(123쪽)라거나, "그 근본을 미루어본다면 실상 태양빛의 많고 적음에 의한 것이지 사람들의 말대로 천지 사이에 별도로 음양의 두 기氣가 있어서가 아니다"(126쪽)라고 강조하면서 태양계 중심의 자연과학적 사고를 전개해가고 있다. 근대적 세계관의 구성요소를 다양하게 꼽을 수 있지만, 공통의 요소로 빠지지 않은 것은 개인에 기반한 민주주의와 시장 중심의 자본주의, 자연과학을 근간으로 하는 과학적 세계관 등 셋이다.[3] 그중에서 홍대용에게서 가장 분명하게 찾아볼 수 있는 것이 바로 자연과학적 세계관인 것이다.

그렇다면 그에게서 민주주의와 자본주의라는 근대적 세계관의 정치경제적 요소를 찾는 일도 가능할까? 이 물음은 왕조국가인 18세기 조선에서 혁명적인 상황을 전제로 해야만 가능한 입헌민주주의 체제와 경제구조를 기대할 수 있었는가를 묻는 일과 연결될 수 있다. 서구 역사 속에서도 담헌이 세상을 떠난 18세기 말에야 프랑스혁명을 통한 왕정 극복이 가능했음을 감안하면, 정치체제의 외형을 통해 긍정적인 답을 제안하기는 어렵다는 사실이 큰 문제가 되지는 않는다.

경제체제의 경우에도 담헌의 시대는 왕권을 중심에 두고 규제하던 시장이 점차 확대됨에 따라 그 규제의 사슬 또한 현저히 약해지는 때였다. 18세기에 접어들어서는 토지를 독점하는 양반지주층의 확대와 그에 따른 농민의 농지 이탈, 상인에 의한 독점 확대 등의 현상이 겹치면서 국가재정은 고갈되고 백성의 삶은 끝없이 피폐해지고 있었다. 이를 해결하는 것을 자신들의 시대적 책무로 인식했던 담헌을 비롯한 실학자들은 농민에게 토지를 배분하는 일과 상인의 독과점을 금지하여 자유로운 상행위가 가능하도록 하는 제도와 사회분위기를 만드는 개혁을 적극적으로 주장했다. 이들이 권력의 중심에 있지 못하고 지방에 머물거나, 반계 유형원과 다산 정약용의 경우와 같이 전라도 지방에 은거하면서 글을 통한 개혁을 주장하는 데 그쳐 결과적으로는 현실 속에 구현되지 못했음을 우리는 알고 있다.

그들의 개혁안이 구체화될 수 있는 계기는 19세기 중반 동학농민운동에 의해 마련된다. 동학東學의 가르침 속에 포함되어 있는 인간 자체에 대한 존중과 신분철폐, 농민 중심의 새로운 경제질서의 지향을 전국적인 차원의 농민혁명을 통해 현실 속에 구현하고자 했다. 이런 노력은 청나라 군대의 개입과 일본의 지속적인 침투전략 등 외부적인 요인과 당시 조정의 무능력과 지배층의 저항이라는 내부적 요인이 결합되면서 좌절할 수밖에 없었지만, 19세기 말의 갑오개혁과 대한제국을 통한 근대적 전제군주국 체제의 확립 시도로 이어지고 그것이 다시 근대교육의 형태로 정착하면서 한국적인 의미의 근대성 형성의 토대가 되었음을 부정할 수 없다.[4]

이런 논의를 바탕으로 홍대용의 자연과학적 세계관에 대한 시민교육적 재해석을 시도해볼 수 있다. 그의 저서에서 대화의 두 상대자 중 하나인 허자虛子는 30년 동안 유교교육을 제대로 이수한 당대의 선비이다. 그는 은거하여 공부를 마치고 난 후에 먼저 조선의 학자들과 담론을 청하지만 적절한 상대를 만나지 못하자 중국으로 가서 상대자를 찾으려 했다. 하지만 역시 실망만 하고 돌아오다가 국경 근처 의무려산[醫山]에서 실옹實翁이라는 제대로 된 대화 상대자를 만나 드디어 자신의 학식을 펼치고자 한다.

"그동안 제가 옛 성현은 이미 사라졌는데, 남기신 말에만 마음을 붙이고 종이 위의 상투적인 문장만 외면서 속된 학문에 몸을 의지해온 까닭에, 작은 것을 깨달아야 할 근본인 도로 여겨왔습니다."5

"얼굴은 단정하게 하고 말은 바르게 하며, 보는 것은 밝게 하고 듣는 것은 자세하게 하며 생각은 투철하게 한다는 것이 사람의 예의이다. 그리고 떼를 지어 서로 불러 먹이는 것은 짐승의 예의이고, 여러 줄기로 하나로 뭉쳐져 무성한 것은 초목의 예의다. … 이런 이치로 볼 때 하늘의 입장에서는 사람이나 만물이나 다 마찬가지인 것이다."6

　인간을 중심에 두고 자연과 우주의 질서를 논하고자 했던 성리학적 사고가 '인물성동이론'이라는 철학적이면서도 정치적인 논쟁으로 펼쳐졌던 17,18세기 조선에서 태어나 공부하는 일은 기본적으로 경제적 여유가 있는 양반의 자제, 그중에서도 아들에게 주로 주어졌던 특권이었다. 그 유교는 다시 오륜五倫으로 상징되는 도덕과 예禮의 질서로 구체화되었지만, 시대적 유효성을 점차 상실해감으로써 비판적 극복의 대상이 되고 있기도 했다. 앞의 인용에서 허자가 보이고 있는 자기성찰 속에는 '종이 위의 상투적인 문장'에만 붙들리는 성리학 중심의 공부의 한계에 대한 통렬한 비판과 반성이 포함되어 있음을 확인할 수 있다.
　우리는 다른 한편 이 시기에 대두된 인물성동이론이 대외적으로는 청나라라는 '오랑캐'를 어떻게 인식하고 수용할 것인가의 문제를 지향하고 있는 데 비해, 대내적으로는 오일장이 전국적으로 확산되고 농토에서 이탈한 농민들이 상인으로 편입됨으로써 빠른 속도로 재편되고 있었던 당시 신분제의 동요에 초점을 맞추고 있었다는 사실에 주목해볼 필요성을 느낀다. 이러한 신분제의 동요는 다시 경제구조 개혁의 요구와 함께 상인 계층 자녀들의 교육에 대한 적극적인 요구로 이어지게 되고, 서당과 향교, 성균관, 서원으로 이어지던 전통적인 학교체제의 변화 요청으로 나타날 수밖에 없었다.

이러한 변화 요구에 대한 응답은 당시 지배층인 양반들의 몫이었지만, 다른 한편 깨인 지식인들과 결합한 피지배층의 각성에 의해 가능한 것이기도 했다. 홍대용은 그 깨인 지식인의 한 축을 형성하면서 보다 넓은 교육 기회의 제공과 함께 그것이 가능한 학교체제의 개혁까지 염두에 둘 수밖에 없었을 것이다. 우리가 함께 살펴보고 있는 그의 책 속에서는 그와 관련된 구체적인 증거들을 찾을 수 없지만, 그 출발점을 형성하는 자연과학적 세계관의 근거한 성리학적 질서 비판은 풍부하게 찾을 수 있다. 그의 자연 과학적 세계관은 서구의 근대과학에 근거한 것이었을 뿐만 아니라 서구 근대문명 자체에 근거한 것이기도 했다는 점에서, 근대 시민사회의 다른 축을 형성하는 개인 중심의 민주주의와 시장 중심의 자본주의를 내포와 외연 모두의 차원에서 포함할 수밖에 없었다는 평가가 가능하다.

근대시민사회는 필연적으로 그 사회를 구성하는 개인으로서의 시민에 대한 교육의 권리와 의무를 수반한다. 시민이 교육받지 않으면 시민사회 자체의 존립이 불가능해지기 때문이다. 평민까지를 교육과 정치체제 속에 포함시키고자 했던 정도전의 구상은 홍대용의 시대에 이르면 더 이상 작동하지 않았고, 대신 경제적 부와 자유를 일부 획득한 상인계층의 자제들을 교육체제 안에 포함시켜야 한다는 사회적 압력이 작동하기 시작했다. 이런 사회적 상황을 적극적으로 인식하고자 했던 담헌은 우선 사회와 세계를 인식하는 틀로써 자연과학적 세계관을 정착시키는 일이 필요함을 절감했던 것으로 보인다. 그 토대 위에서 유교적 관계성을 훼손하지 않으면서도 개인의 고유성과 인권을 보장할 수 있는 정치경제체제와 교육체제를 향한 개혁에 뜻을 두었고, 이런 시도는 결과적으로 큰 성공을 거두지 못했지만 19세기 말 대한제국의 등장과 함께 전 국민에 대한 제한된 시민교육을 출범시키는 사상적 기반으로 작동했던 것이다.

20세기 초반 대한민국의 등장과 만해 한용운
: 자주독립과 사상의 자유, 세계화

우리는 20세기를 일제를 비롯한 주변국들의 간섭의 굴레가 강화되는 과정 속에서 맞아야 했다. 그렇게 된 원인을 여러 방면에 찾아볼 수 있지만, 크게는 내적 원인과 외적 원인으로 나누어볼 수 있다. 내적 원인은 성리학, 그중에서도 주희에 편향된 주자학적 질서에서 집착했던 양반 지배층의 내적 역량의 한계이고, 외적 원인은 군사력에 근거한 서세동점을 기조로 삼는 제국주의 질서로의 편입 상황이다. 후자는 단지 우리만의 상황이 아니고 중국이나 베트남 등 비서구국가들 거의 모두가 제국주의적 침략의 대상으로 전락했다는 점에서 어쩔 수 없는 측면이 포함되어 있다.

담헌의 시대인 18세기와 20세기 사이에는 19세기라고 하는 100여 년의 시간이 자리하고 있다. 그 시기에는 담헌의 정신을 계승한 것으로 평가할 수 있는 박규수1807~1876와 같은 초기 개화파의 현실인식과 대응이 있었고, 그는 김옥균과 홍영식 등 젊은이들 앞에서 지구의를 돌려가며 과학적 세계관과 세계현실을 일깨우고자 노력했다. 특히 그는 오랜 시간 조선의 정신세계를 장악해온 중화의식中華意識에 대해서도 다음과 같은 말로 명확히 극복해내고자 한다.

> "걸핏하면 우리나라를 예의의 나라[禮義之邦]라고 하는데, 나는 이 말을 본래부터 구차하다고 여겼다. 천하만고에 나라치고 어찌 예의 없는 나라가 있겠는가? 이는 오랑캐 주제에 예의를 가지고 있음을 가상히 여겨 중국인들이 그렇게 부르는 것일 뿐이다. 따라서 본래 수치스러워해야 할 일이지 천하에 내놓고 자랑할 것이 못 된다."[7]

자각한 양반들에 의한 이러한 개화의 노력은 다른 한편 수탈에 지친 농민들이 시골 훈장 출신의 전봉준과 같은 지방 지식인들과 결합하여 1894년 일어선 동학농민운동으로 구체화된다. 신분의 철폐를 근간으로 삼는 서구 시민사회가 정치적으로 정립되는 결정적인 계기를 마련한 18세기 후반 프랑스 시민혁명과는 100여 년의 차이가 있지만, 이를 계기로 우리는 갑오개혁을 통한 대한제국의 건설이라는 성과를 거두었다는 사실을 기억해둘 필요가 있다. 근대적 의미의 헌법을 도입하고 제후국에서 독립국으로 전환하여 황제체제를 선포한 대한제국에 대해 최소한 역사적 전환의 시기에 우리가 찾은 대안이라는 의미를 부여할 수는 있을 것이다.

그러나 내부의 탐관오리를 적결하고 외부의 세력들로부터 자립을 추구했던 동학혁명은 청나라와 일본 군대의 개입을 불러와 미완의 혁명이 되고 말았고, 그들 사이의 세력다툼에서 승리한 일본 제국주의에 의해 20세기가 열리는 비극을 맞을 수밖에 없었다. 바로 그 지점에서 우리가 주목해볼 필요가 있는 20세기의 대표적인 사상가이자 실천가가 만해 한용운

1879~1944이다. 그는 20세기 들어 새로운 계기를 맞은 한국불교를 상징하는 인물일 뿐만 아니라, 독립이라는 시대적 과제를 온 생애를 통해 껴안고자 했던 독립운동가이자 근대사상가라는 점에서 주목받기에 충분하다.

만해는 불교 승려로서 20세기를 맞았는데, 그 위치 속에서 일제는 그리 부정적인 대상만은 아니었다. 우선 조선시대 내내 허용되지 않았던 승려의 도성 출입이 일본 승려의 노력으로 가능해졌고, 일본불교의 적극적인 조선 진출 노력에 따라 미약했던 조선불교가 새롭게 꽃피울 수 있을 것 같다는 기대도 가능해졌다. 이런 기대를 바탕으로 일본유학을 감행했던 만해는 그러나 곧바로 일본불교 진출에 담긴 제국주의적 요소를 감지하면서 민족독립을 일차적 과제로 설정하게 된다. 3.1 운동의 정신적 지도자 중하나가 되었고, 불교청년을 대한민국 임시정부에 보내 독립운동에 직접참여할 수 있도록 인도하기도 했다. 더 주목할 만한 일은 그가 끝까지 자신의 지조를 지켜낸 점이다. 그토록 염원하던 대한독립을 한 해 앞둔 1944년 죽음을 맞을 때까지 한결같은 길을 걸은 점은 이광수나 최남선 같은 다른 지식인들과 차별화되는 지점이다.

"이 세상에 어찌 성공과 실패가 그 자체로서 존재하겠는가. 오직 사람에 의거하여 결정될 뿐이다. 온갖 만사가 어느 하나도 사람의 노력 여하에 따라 성공도 하고 실패도 하지 않는 것이란 없는 법이다. 만약 일에 자립하는 힘이 없고 오직 사람에 의존할 뿐이라면, 일의 성패도 결국은 사람의 책임일 뿐이다."[8]

1910년에 나온 만해의 『조선불교유신론』은 이렇게 인간의 자립성과 자주성을 강조하는 것으로 시작되고 있다. 현재 우리에게서 통용되고 있는 근대적 세계관의 첫 번째 구성요소는 '개인으로서 인간'이다. 그 개인은 누구로부터도 자유롭고 그런 점에서 일정한 자신만의 시간과 공간을 위한 배경요인으로서 고립성을 전제로 해서 성립된다. 또한 오랜 시간 제대로 주목받지 못하거나 억압의 대상이었던 이기적 본능의 보장이 추가된다. 이기적 본능은 담헌과 같은 시대인 18세기 스코틀랜드 사상가인 애덤 스미스Adam Smith와 데이비드 흄David Hume에 의해 또 하나의 본능적 경향성으로서 공감능력과 함께 그 사상적 지위를 보장받을 수 있는 기반을 마련한 것이기도 하다.

이처럼 근대의 인간은 고립성과 이기성을 전제로 해서 자신의 요구와 필요에 따라 사회나 공동체를 이룬다는 전제를 지니게 된 인간상으로 자리 잡아 우리에게까지 수입되었다. 이 인간상은 다시 모든 인간들 사이의 평등이라는 이념이 더해지면서 20세기 이후 전 세계를 자신의 지배영역으로 획득해가고 있는 중이기도 하다. 20세기 초반 만해의 인간에 대한 새삼스러운 주목은 물론 그 배경에 한편으로 연기적 관계 속에서만 살 수 있기 때문에 모든 인간이 존귀하다는 불교적 의미의 독존獨尊이 자리하고 있지만, 동시에 당시의 시대정신을 읽어낸 만해 자신의 근대적 인간관이 겹쳐져 있다.

"불교에서 말하는 천당은 상식으로 생각되는 그런 천당이 아니라, 자기 마음속에 건설되는 천당이며 지옥도 자기 마음속의 지옥임을 알 수 있다."[9]

동아시아 전통의 불교에서 다음 세상이 마치 실재하는 것처럼 받아들여지는 경향이 없지 않음에도, 만해는 그것은 결국 사람 마음의 문제일 뿐임을 분명히 하면서 새로운 시대의 철학으로 재해석된 불교를 제안하고자 한다. 그럴 수 있기 위해서는 당시의 조선불교 자체가 온전히 개혁되어야 한다는 생각에서 유신론維新論을 교육과 포교, 참선 등의 모든 부분에 걸쳐 제시하고 있다. 특히 그의 제안 중에서 주목할 만한 부분은 승려의 인권 회복이 반드시 생산에 직접 종사하는 것으로부터 이루어져야 한다고 강조하고 있는 점이다.

> "오늘의 세계는 반을 넘게 황금을 경쟁하는 힘 위에 떠 있다고 해도 과언이 아니다. 그리하여 문명이 온갖 금력에 의해 이루어지고, 성패의 갖가지 실마리가 이익을 다투는 데에 말미암기 마련이다. 진실로 생산이 없으면 세계가 파괴되고 한 나라가 망하기도 하며, 개인은 개인대로 살 수 없는 형국이다. 사람과 생산의 관계는 고기와 물의 관계와도 같다. … 이후의 사회가 점점 더 문명화될 것임은 단언할 수 있는데, 만약 승려 모두가 생산을 이전과 같이 외면한다면 남들이 우리를 어떻게 볼 것인가?"[10]

일제에게 침탈당한 20세기 초반의 우리 상황에 대한 책임을 먼저 우리 자신으로부터 찾고자 하는 만해는 상황 극복을 위한 출발점을 현실에 대한 정확한 인식과 함께 자신을 포함한 승려들의 생산활동 종사라는 실천적 대안에서 마련하고 있음을 확인할 수 있다. 당시 시대 상황을 서구와 일본 제국주의의 돈과 군사력에 바탕을 둔 힘이 지배하는 세계화의 시대로 파악한 만해는 불교계 자체의 개혁에서 출발하여 사회 전반으로 확산시 켜가는 전략을 제안하고자 한 것이다. 그의 이런 전략들은 3.1 운동을 기점 으로 전 국민을 대상으로 하는 자주독립 운동으로 구체화되었고, 광복을 맞이하기 직전까지 굽힘없이 지속되었다.

만해의 개혁안 중에서도 특히 시민교육의 관점에서 주목할 만한 것은 교육에 관한 그의 깊은 관심이다. "무릇 문명은 교육에서 생기는 것이니, 문명은 교육의 꽃이요 교육은 문명의 열매"(40쪽)라고 전제하는 그는 배 움에도 요령이 있음을 강조한다.

> "배움에도 요령이 있는가? 물론 있다. 지혜를 자본으로 삼고 **사상의 자 유**를 법칙으로 삼으며 진리를 목적으로 삼음이 그것이니, 배우는 이는 이 셋 중에서 어느 것도 제외해서는 안 된다. 그러나 지혜가 없고 진리 가 없는 것은 그래도 허용되지만, 사상의 자유가 없는 것은 허용되지 않 는다. 왜냐하면 지혜나 진리가 없는 사람도 사상의 자유만이라도 지니 고 있다면 그를 학자라고는 인정하지 못해도 자유로운 인격은 상실하 지 않았기 때문에 우직한 인간이 될 수는 있다. 그러나 **사상의 자유가 없는 사람**은 그 학문의 정밀 여부를 물을 것도 없이 한마디로 말해 **노예 의 학문을 하는 자**라고 단정하지 않을 수 없다."[11]

공부와 배움, 학문을 분리하지 않는 만해가 그 핵심 요건으로 강조하고 있는 사상의 자유는 다시 두 측면에서 생각해볼 수 있다. 하나는 외부의 제 약으로 인한 사상의 부자유이고, 다른 하나는 내면에 스스로 설정하고 있 는 예속적 기준으로 인한 사상의 부자유이다. 100년 전인 만해의 시대는 그중에서 외부의 제약이 부각되었던 시대고, 우리가 살고 있는 21세기 초반 현재는 내부의 제약이 부각되어 있는 시대다. 물론 이 두 제약은 서로 영향을 주고받으면서 온전한 공부와 학문, 교육을 방해하는 요인으로 작동하는 것이지만, 시대 상황과 각 개인이 처한 여건에 따라 그중 어느 것의 비중이 현저히 높을 수 있다.

그런데 만해는 자신의 시대에 일반화되어 있던 사상의 부자유를 주로 훈고학적 태도나 스승의 권위에 대한 일방적인 복종 등 내부에서 찾고 있다. 일제강점기가 본격화되던 1910년에 나온 책임을 감안해보면, 아직 일제에 의한 교육과 학문 장악이 구체화되지 않았기 때문에 내부 문제에 초점을 맞춘 것으로 이해할 수 있다. 또한 내부 문제의 해결이 당시 식민지 상황 극복의 출발점임을 일관되게 강조한 만해의 인식 맥락이라고 볼 수도 있다. 그럼에도 우리는 당시 상황 속에 숨겨진, 또는 부분적으로 노골화되기 시작한 일제에 의한 정신적 탄압과 사상의 부자유에 좀 더 유의했더라면 하는 아쉬움이 남는다.

그럼 우리 시대는 어떤가? 시민교육은 시민사회의 학문적 역량과 정신적 성숙의 수준을 넘어설 수 없고, 그 역량과 성숙은 교사를 통해 드러난다. 우리 시대 한국 시민사회의 학문적 역량에 대한 평가가 쉬운 일은 아니지만, 대체로 양적 팽창과 질적 빈곤으로 인한 실천성과 적실성 결여라는 말로 평가하는 데 많은 사람이 동의할 수 있을 것이다. '시민교육'이라는 이름으로 검색해보면 수많은 양의 자료를 어렵지 않게 접할 수 있지만, 정작 우리 시민교육의 문제를 제대로 바라보면서 해결방안을 모색하는 데 도움을 얻을 수 있는 자료는 거의 없거나 극소수에 불과하다. 이는 관련 학계와 교육계의 현실을 그대로 반영하는 것이다.

시민사회가 서구의 근대에서 본격화되었고 그 후 서구학계에 의해 주도적인 연구가 이루어졌음은 부인할 수 없는 사실이다. 그런 이유로 많은 자료를 의존할 수밖에 없고, 나아가 그쪽에서 유학을 하거나 먼저 자료를 접한 국내학자들의 논문이나 저서에서도 일정한 도움을 받을 수 있다는 사실도 받아들여야 한다. 그럼에도 시민교육의 주체와 대상은 바로 우리 교사와 학생이고, 따라서 그들이 서구 각국의 사람들과는 다른 '몸과 마음의 습관'을 지닌 채 그 자리에 있음을 감안하지 않는 시민교육은 늘 일정 수준 이상의 접근을 할 수 없다는 사실도 이제는 엄연한 진실로 받아들일 수 있어야만 한다. 한 사람의 마음의 습관은 그가 살아가고 있는 사회의 문화에 의존해서 형성되고, 그 문화는 다시 그 사회 구성원들에 의해 변화될 수 있는 가능성을 지닌다. 다시 그 변화의 중심에 교육이 자리하고, 시민사회의 교육은 당연히 시민교육이라는 연쇄적 명제가 이끌려나온다.

외적 강제로서의 식민화를 상당 부분 극복한 우리는 이제 자신의 내부에서 작동하는 사상의 부자유에 관심을 기울일 필요가 있다. 그 부자유는 일차적으로 우리 학문의 예속화에 기인한다. 주로 미국학문에의 의존을 통해 성장해온 우리 학계는 유학파의 비중이나 참고하는 문헌 등을 통해서 이미 그 의존의 심각성을 쉽게 느낄 수 있는 수준이다. 이공계의 경우는 그나마 나은 면이 있지만, 인간과 사회를 대상으로 삼는 인문학과 사회과학의 종속성은 삶 자체의 종속성으로 나타나고, 이는 다시 사회 안의 종속적 지배관계로 구현된다. 미국유학파 출신의 사회학자 김종영은 이런 현상을 프랑스 사회학자 피에르 부르디외의 개념을 빌려와 '지배받는 지배자'라는 규정으로 분석하고자 한다. 우리 사회 엘리트의 자화상을 미국학계에 철저히 편입되지도 못한 상황 속에서 여전히 지배받는 자이면서, 동

시에 내부에서는 자의식 없이 지배자로 군림하는 희화적 상황에 대한 적절한 묘사이다.[12]

이런 현상은 우리에게 오랜 역사 속 기시감을 불러온다. 소중화를 자처했던 조선 선비의 의식 속에 존재했던 상상의 중국과, 일본은 망할 수 없는 나라라며 독립운동을 포기하고 변절했던 이광수, 최남선, 서정주 같은 일제강점기 지식인들의 창백한 얼굴에서 이미 충분히 보아온 것이기 때문이다. 그 중국과 일본이 광복 후 미군점령기를 거치면서 미국으로 대체된 것일 뿐이다. 이런 불편한 진실과 마주하면서 우리는 지정학적 특수성이나 문명의 흐름 같은 변명거리를 떠올려볼 수도 있을 것이지만, 확실한 것은 그것이 외교적 차원이 아닌 정신적 영역으로 오면 단지 변명일 수밖에 없다는 사실이다.

다행히 우리 시대는 세계화에 힘입어 그 종주국인 미국의 실상을 인터넷과 여행 등을 통해 쉽게 접할 수 있는 상황이 펼쳐지고 있다. 팍스아메리카나로 상징되는 미국의 힘과 실상에 관한 객관적인 인식과 분석이 불가능하지 않은 환경 속에서, 그들과 우리의 관계를 어떻게 설정해가야 하는지를 화두話頭로 삼아야만 하는 시대적 과제가 주어져 있다. 그것이 다시 남북한 관계를 중심축으로 하는 북미일중 관계 재설정 과제가 우리의 생존 차원은 물론 인정질서를 근간으로 삼는 실존의 차원으로 다가오고 있는 시대를 살고 있다.

외적인 여건은 결코 나쁘지 않다. 우리 역사 속에서 세계 10위권의 경제력과 국민소득 3만 달러의 위상을 가진 적이 거의 없었고, 한국문화에 대한 세계인들의 비상한 관심 또한 우리 자신을 더 이상 비하하거나 과도하게 과장하는 이중적인 오리엔탈리즘을 넘어설 수 있는 중요한 계기를 마련해주고 있다. 그것에 '코로나 19 사태'를 겪으면서 확보하게 된 자신에 대한 객관적 성찰과 균형 잡힌 실천 가능성이 더해졌다. 이런 상황을 있는 그대로 받아들이면서 우리는 만해가 강조한 '사상의 자유'라는 디딤돌을 확실히 챙길 필요가 있다. 그가 맞았던 세계화가 다른 양태로 확장·심화되고 있는 우리 시대에 '한국인'과 '한국사회'에 대한 건강한 자존감을 갖춘 시민은 모든 문제들을 해결해갈 수 있는 주체일 수밖에 없다. 바로 이 지점을 시민교육의 맥락에서 재해석하여 바로 세우고자 하는 노력이 절실함을 만해를 통해 다시 실감하게 된다.

1 시민교육과 민주시민교육은 후자가 민주를 강조한다는 점에서 차이가 있지만, 민주주의를 전제로 하지 않는 시민이 가능하지 않다는 점에서 사실상 같은 말이라고 할 수 있다. 다만 최근 우리 교육계에서 더 선호되는 개념은 민주시민교육인데, 아마도 '민주공화국의 시민'임을 강조함과 동시에 이전과는 다른 차원의 시민교육이라는 의미를 강조하기 위한 개념 선택으로 보인다. 이 책에서는 시민교육이라는 말을 우선시하되, 맥락에 따라 민주시민교육을 대체 가능한 것으로 사용하고자 한다.

2 홍대용, 이숙경 외 옮김(2015), 『의산문답』, 파라북스, 57쪽.

3 예를 들어, 서양 근대철학사 데카르트와 헤겔에 주목하면서 근대적 세계관에 관한 논의를 전개하는 김상환은 세계사적 보편성을 획득하게 된 서구서 근대성의 구성 요소로 자율성의 윤리, 과학적 자연관, 민주주의 정치, 자본주의 경제, 순수예술이라는 이상 등 다섯 가지를 꼽는다. 김상환(2010), 『근대적 세계관의 형성』, 에파파니, 10쪽.

4 전통교육과 대비되는 의미에서의 근대교육이 탄생하는 과정에서는 학교체제의 변화와 함께 규율과 훈육방식 등에서도 일정한 변화가 있었다. 후자에 주목하여 우리 근대교육의 탄생 과정에 주목하고 있는 책으로 김성학(2013), 『한국 근대교육의 탄생』(교육과학사)을 참고할 수 있다.

5 홍대용(2015), 위의 책, 42쪽.

6 홍대용(2015), 위의 책, 56-57쪽.

7 박규수, 「여은경(與溫卿)」, 『환재선생집』, 김문용(2000), 「중화의식, 그리고 민족과 세계」, 『조선시대, 삶과 생각』, 고려대학교 민족문화연구원, 321쪽에서 재인용.

8 한용운, 이원섭 옮김(1992), 『조선불교유신론』, 운주사, 11쪽.

9 위의 책, 18쪽.

10 위의 책, 111-112쪽.

11 위의 책, 41쪽.

12 김종영(2015), 『지배받는 지배자 ─ 미국유학과 한국 엘리트의 탄생』, 돌베개, 이 책의 1장에서 그는 미국 유학이라는 통로를 통한 한국 엘리트의 형성이 어떻게 이루어지는지를 분석한 후에, 미국 대학의 글로벌 헤게모니를 넘어서야 하는 실천적 과제를 함께 제시하려고 노력하고 있다.

3장
우리 시대의 '한국시민'은 누구여야 할까?

03
우리 시대의 '한국시민'은
누구여야 할까?

시민이라는 개념은 역사성과 보편성을 동시에 지닌다. 고대 그리스와 로마의 시민에서 시작되어 근대 계몽주의를 거쳐 정착한 서구적 맥락의 민주시민이 역사성과 함께 보편성까지 상당 부분 획득하면서 중심축을 이루고 있다. 그렇지만 확실한 사실은 역시 서구적 맥락의 특수성을 소홀히 다룰 수 없다는 것이다. 시민이 주인이라는 민주의 이념과 그 시민들 사이의 비지배자유를 강조하는 공화의 이념이 모두 그 서구적 맥락에서 비롯되었고 현재의 시민담론의 주류를 형성하고 있음을 인정해야 하지만, 그것이 곧 보편성의 온전한 획득을 의미할 수는 없기 때문이다.

우리 논의의 초점은 1919년 3.1 운동을 계기로 하여 본격적으로 강조되기 시작한 민주공화국의 주인공으로서 '한국시민'이다. 3.1 운동은 일제로부터의 자주독립과 함께 자유와 평등을 기반으로 하는 기본권과 의무, 책임의 주체인 시민을 자신의 내부로부터 불러내기 위한 실천이자 외침이었다고 평가할 수 있다. 그 뿌리는 다시 더 이상 부정의를 참을 수 없다고 일어섰던 19세기 후반의 동학혁명으로 이어지고, 최근의 촛불항쟁으로 다시 확인된 것이기도 하다.

'한국시민' 담론이 지니는 이러한 보편성과 특수성은 그 어느 것도 소홀히 할 수 없는 양 날개이다. 보편성에만 치중할 경우 서구적 맥락에 쉽게 함몰되거나 공허한 논의로 흐를 가능성이 있고, 특수성에만 치중할 경우는 자칫 시민이 갖추어야 하는 기본 자질과 요건은 무시하면서 한국적 맥락의 과장으로 이어질 가능성이 있다. 이런 가능성에 대한 우려는 우리가 경험했던 1960년대 후반부터 시작된 '국민교육헌장'과 '유신維新'에 기반한 이른바 국학운동을 통해 현실로 드러날 수 있음을 확인한 것이기도 하다. 그 결과물로 등장했던 국사와 국민윤리 등의 강조는 정권의 허약한 정당성을 감추고 독재체제를 강화하는 기제로 작동했고, 우리는 '한국적 민주주의'라는 구호 속에 포함되어 있던 그 어두운 그림자를 잊지 않고 있다.

그러나 이제는 '한국시민'이라는 개념을 사용하는 것을 망설일 이유는 없어 보인다. 정치나 경제 영역의 정당성과 효율성 문제는 상당 부분 극복되었고, 우리의 '위대함'을 애써 강조하는 왜곡된 민족주의 또는 국수주의가 지니는 위험성을 충분히 인식할 수 있는 수준의 문화적 역량을 갖추어가고 있다고 볼 수 있기 때문이다. 물론 후자의 경우 많이 부족해서 이 책을 통해 우리는 시민교육의 주요 목표 중의 하나로 객관적인 자기 인식 역량 함양을 꼽아야 한다고 강조하고 있는 중이지만, 그 목표 또한 '한국시민'에 주목함으로써 실천적 맥락을 강화시킬 수 있는 가능성이 커진다.

'한국시민'의
주체성과 정체성

우리 시대 한국시민은 어떤 사람이어야 하는가를 묻는 일은 최소한 두 층위의 맥락을 고려하여 진행될 필요가 있다. 하나는 각자의 삶의 영역이라는 개인적 차원의 맥락이고, 다른 하나는 '21세기 초반 한국사회'라는 시공간적 차원의 맥락이다. 당연히 이 층위의 맥락이 씨줄과 날줄로 엮이면서 한국시민의 삶은 전개된다.

후자의 맥락에서 시작해보자. 21세기 초반 한국사회에서 살아가고 있는 인간으로서 한국시민은 어떤 품성과 역량을 지녀야 할까? 이 물음 또한 열린 물음으로서의 성격을 지니고 있고, 역량과 품성을 각각 어떻게 정의하고 그들 사이의 관계는 어떻게 설정할 수 있을지와 같은 선행요건을 해결해야 한다는 부담을 안고 있는 물음이기도 하다.

시민교육을 포함하는 교육 일반의 영역에서 그 목표를 설정하고 제시하는 과정에 사용되는 품성, 덕성, 역량 등의 개념들은 사실 모호한 경우가 대부분이다. 각각 다른 학문적 배경을 지니고 있거나, 그동안 사용된 맥락이 상이함에도 유사한 개념으로 전제하고 호환하여 사용하기 때문이다. 이와 관련된 보다 상세한 논의는 이후의 시민교육에 관한 본격적인 장에서 시도하고자 하지만, 여기서도 일정한 범위에서 정리하고 넘어갈 필요는 있다.

우리는 이 책의 부제에서 잘 드러내고 있는 것처럼, '한국시민'의 교양과 윤리, 역량에 초점을 맞추고자 한다. 필자는 우리 시대의 한국시민이 교양과 윤리를 기반으로, 살아가는 데 꼭 필요한 역량을 갖추어야 한다는 당위적 명제를 제시하면서 그 당위적 목표를 달성할 수 있는 민주시민교육의 방안을 제안하고자 함을 강조하기 위해 이 부제를 채택했다. 그런데 이 세 개념들 사이의 관계 설정 문제 또한 만만치 않다. 일단 교양은 그중에서 가장 넓은 개념으로 인간이 인간으로서 갖추어야 하는 품성品性이고 그 안에 속하면서도 도덕성과 실천에 초점을 맞추는 개념이 윤리이다. 이 윤리는 논의의 맥락에 따라 상당한 정도의 자립성을 지니는 개념으로 사용되기도 한다. 역량力量, capability은 시민의 삶을 구현해내기 위해 필요한 실질적인 능력이라고 관계설정을 시도해볼 수 있다. 이 설정에 동의하게 되면 시민이 갖추어야 하는 것은 교양과 윤리로서의 품성과 역량이라는 재정리가 가능해진다.

그런데 최근 교육과정 논의에서 주목받고 있는 역량을 중심으로 살펴보면 다른 관계정립이 가능하다. 역량을 어떤 일을 구체적으로 해낼 수 있는 실천능력을 중심으로 그것을 뒷받침하는 품성까지 포용하는 것으로 정의한다면, 이 역량 속에 교양과 윤리가 모두 포함된다고 말할 수 있는 여지가 생긴다. 이런 관계정립의 혼란은 특히 '역량 중심 교육과정'이라는 특성을 부각시킨 '2015 개정 교육과정'의 등장 이후에 가중되고 있다. 이때의 역량은 당연히 우리가 스스로 찾아낸 개념이 아닌 수입 개념이다. 영어의 컴피턴시competency를 우리말로 옮긴 개념이 바로 이 역량이고, 이 말의 네이버 영한사전 속 정의는 '능숙함', '(특정한 일을 하는 데 필요한) 기능' 등이다. 최소한 이 정의 속에서는 교양이나 윤리라는 의미를 찾기 어려움을 쉽게 알 수 있다.

이처럼 역량에 관한 정의는 다양하지만, 모두 지식 자체가 아닌 그 지식의 적용과 실제 활용에 초점을 맞춘다는 점에서는 일치한다. 그런 맥락에서 기존의 '지식 기반 교육과정'에서 '역량 기반 교육과정'으로의 전환을 교육과정 및 교육 자체의 개혁으로 받아들이는 경향이 정착되어 있다. 물론 관련 논의 중에는 지식과 역량을 상반된 개념으로 상정하는 것에 대한 비판이 포함되어 있고, 역량 개념 자체가 지니는 추상성에 대한 비판도 있다. 이런 추상성에 관한 비판은 특히 교과교육 수준의 역량 관련 논의에서 두드러진다. 예를 들어, 국어교과를 전제로 하는 역량 관련 논의를 전개하는 최홍원은 "교과교육에서 역량의 문제는 여전히 유보되어 있고, 상당 부분 답보 상태에 머물러 있는 실정"이라고 비판한다.[1]

국가 수준 교육과정의 성패는 학교 현장에 얼마나 정착하느냐에 달려 있고, 그 핵심은 다시 각 교과를 담당하는 교사들이 자신의 수업 속에서 교육과정 속 목표와 정신을 얼마나 살려낼 수 있느냐에 있음을 감안하면 교과 수준에서의 역량 논의 미흡은 심각한 문제라고 할 수 있다. 교육과정 총론 수준의 역량들이 교과 수준 역량으로 표현되고, 그것이 다시 교사 수준 교육과정에서 실천성을 담보하면서 출현할 수 있을 때 비로소 국가 수준 교육과정이 학교 현장에서 구현될 수 있는 가능성을 지닌다.

이런 논의를 배경으로 삼아 다시 우리 주제인 '한국시민'의 문제로 돌아가보자. 한국시민은 불완전한 형태로 정착한 21세기 초반 한국의 시민사회를 이끌어가는 주체이자 그 사회와 문화의 구속을 받는 객체이다. 여기서 불완전하다는 의미는 분단을 전제로 하고 있다는 점과 보다 이상적인 시민사회로의 진전 가능성을 남겨두고 있다는 사실을 강조하는 것이다. 한국시민은 먼저 자신이 발을 딛고 살아가고 있는 이 땅의 역사와 현재성을 인식할 수 있는 총체적 능력을 갖추어야 한다는, 실존적이면서도 교육적인 요구와 마주한다. 이 '총체적인 능력'을 어떻게 규정하고 표현할 수 있을지는 아직 합의가 이루어지지 않은 주제이다. 이 과정에서 역량이나 교양, 윤리와 같은 개념들이 그 하위 요소 또는 개념 자체의 후보군으로 등장하고 있다.

한 사람의 능력은 구체적인 상황과 맥락 속에서 발휘되지만, 그 이전에 발휘될 수 있는 준비를 하고 있어야만 한다. 때로 그 준비는 준비 자체로 끝나는 가능성을 배제하지 않고, 우리가 교육을 통해 할 수 있는 일은 어떤 맥락과 상황이 능장했을 때 최선을 다해 적절한 방향으로 대처할 수 있는 준비를 해주는 것이다. 그런 점들을 고려하면 한 사람의 능력은 존재 자체로서의 가능태와 현실 속 존재자로서의 현실태를 모두 갖는 것이라고 말할 수 있다. 다만 이런 구분은 개념적 수준의 것일 뿐, 실제 상항 속에서는 연속성을 지니거나 순차적이면서도 즉각성을 지니면서 구현될 수 있을 뿐이다.

우리 삶과 교육에서 함doing의 위상은 늘 관심의 대상이다. 전통교육의 맥락에서 출처出處의 선택문제, 즉 어떤 상황에서 물러나고 나아가야 하는지의 선택문제는 선비다움을 결정짓는 핵심 변수로 받아들여졌고, 최근에 부각되고 있는 역량 기반 교육과정 논의도 실천으로 연결되지 않는 '건조한 지식'을 기반으로 하는 교육과정에 대한 비판적 시각에서 출발한 함의 문제와 연결된 것이다. 물론 이 건조한 지식 또는 실천성을 결여한 지식이라는 개념 자체도 비판적 검토의 대상이다. 학문의 통로를 거쳐 정착한 지식 자체의 추상성을 인정할 수밖에 없다는 점과, 삶을 인식할 수 있는 지식이 작동할 수 있기 위한 전제조건으로서 실천과의 일정한 거리 등이 그 비판의 전거일 수 있다.

그럼에도 모든 인간의 지식은 인간을 위한 것이어야 하고, 그 '인간을 위함'은 넓은 의미의 실천성을 곧바로 전제한다. 지적 유희만을 위한 지식이 있을 수 있지만, 그것조차도 인간 삶의 목표 중 하나인 즐거움을 위한 실천성을 지닌다고 해석할 수 있다. 시민의 삶에서 그런 공간을 배제할 필요는 없다. 오히려 윤택한 일상을 위한 필요조건으로 지적 유희를 위한 독서의 공간을 설정할 필요가 있다고 말할 수 있다. 다만 이때 우리는 그것이 기본적으로는 우리말과 글을 전제로 이루어지고, 그 자체로 주체성을 형성하면서 동시에 한국시민의 정체성을 이루는 것임을 확인한다. 즉, 한국시민으로서 갖추어야 하는 주체성은 필요불가결한 것일 뿐만 아니라, 우리 삶의 실존적 국면을 고려할 때 자연스럽게 자리하는 당위적 성격을 지니는 것이다. 더 나아가 이 주체성은 곧바로 정체성으로 이어지면서 자신과 타자의 관계 설정을 가능하게 하는 준거 역할 또한 맡게 된다.

'한국시민'의 요건
: 교양과 윤리, 역량

주체성과 정체성을 갖춘 '한국시민'은 열린 개념임과 동시에 목표 지향적인 개념이다. 바람직한 의미의 정체성은 실존적 차원과 사회문화적 차원으로 나뉠 수 있는 주체성을 포함하고, 주체성은 다시 지속적인 검토와 비판적 성찰의 과정을 통해 열린 정체성으로 이어진다. 이런 맥락의 주체성과 정체성은 그러나 상당한 수준의 추상성을 동반하는 것이고, 이를 구체적인 시민의 삶 속에서 논의하는 과정에서 구체성을 지닌 다른 개념들을 필요로 한다.

우리는 그 구체성을 지닌 다른 개념들로 '시민의 교양, 윤리, 역량' 등 역사적으로 사용되었거나 현재 사용되고 있는 것들을 검토의 대상으로 삼아볼 수 있다. 이들 개념 또한 추상성을 배제하지 못하지만, 이미 역사적으로 사용되었고 현재도 여전히 사용되고 있어 일상 언어 수준의 구체성은 지니고 있기 때문이다. 우리는 일상 언어생활 속에서 '교양 있는 시민', '도덕성을 갖춘 시민', '역량을 갖춘 시민'이라는 말을 사용하는 데 비교적 큰 어려움을 겪지 않는다. 이런 자연스러움은 이미 다양하게 사용되고 있는 경험직 배경과 함께 일정한 낭위성을 전제로 그 방향으로의 지향성에 동의한다는 의미로 해석될 수 있다.

우리는 누구나 교양과 윤리를 갖춘 시민이 되고 싶어 하고, 다른 사람을 그 기준에 따라 평가하고자 하는 경향성을 지니고 있다. 그것에 최근에는 구체적인 상황과 맥락 속에서 문제를 해결해내는 능력을 의미하는 역량을 갖춘 시민이 되었으면 하는 바람까지 지니게 되었다. 각각의 개념이 지니는 내포와 외연의 문제와 개념들 사이의 관계설정 문제를 논외로 하면, 이런 바람은 자연스럽고 한국시민의 요건에 관한 상당한 정도의 합의를 가능하게 하는 요인으로 작동할 수 있는 가능성이 생긴다.

이 '상당한 정도의 합의'는 물론 그 이상의 불일치로 전개될 수 있는 가능성을 동시에 지닌다. 그렇게 될 수 있는 가능성에 더 힘을 실어주는 요인으로 우리가 이미 지속적으로 주목하고 있는 우리말 개념의 영어의존성 내지 학문적 종속성을 충분히 고려할 필요가 있지만, 그렇다고 해서 최소한의 소통을 전제로 하는 자연스러운 합의의 가능성을 애써 외면할 필요도 없다. 우리는 기본적으로 우리말과 글로 소통하는 한국시민이고, 영어나 한자와 같은 언어들을 보완적으로 활용하고 있을 뿐이다. 만약 그렇지 않은 사람이 있다면 그를 '한국시민'의 범주에 쉽게 포함시킬 수 없다. 필자가 대학을 다니던 1980년대 초반에는 담당교수가 유학한 나라에 따라

강의실 칠판이 온통 영어 아니면 독일어로 도배되었던 사실을 떠올려보면, 21세기 초반 우리말과 글의 위상은 최소한 일상을 주도할 수 있을 정도로는 강화되었다. 여전히 학술논문 등에 영어 단어가 그대로 노출되는 심각한 지점이 남아 있지만, 문제의식을 공유해가면서 극복해나가다 보면 상당 부분의 극복도 가능할 것이다.

우리말의 교양敎養은 한자어로 명사이자 타동사이다. 명사로 사용될 경우에는 '학문, 지식, 사회생활을 바탕으로 이루어지는 품위 또는 문화에 대한 폭넓은 지식'을 의미하고, 타동사로 사용될 때는 '무엇인가를 가르쳐서 기른다'는 의미를 지닌다고 우리말 사전은 정의하고 있다.[2] 두 용법 모두에서 선천적으로 주어진 것이 아니라 후천적인 노력을 통해 이루어지는 품위나 지식 또는 그 역동적인 과정을 가리키고 있음을 알 수 있고, 그런 점에서 교양은 자연과 대비되는 의미의 문화文化와 긴밀히 연결된다. 같은 사전에서 문화를 '진리를 구하고 끊임없이 진보·향상하려는 인간의 정신적 활동 또는 그 결과'로 정의하고 있는 데서도 확인되는 연결성이다.

서구 근대문명권에서 교양culture 개념을 확립한 사람 중 하나라는 평가를 받는 아널드M. Arnold는 교양을 "사물을 있는 그대로 보려는 노력일 뿐만 아니라 그 노력을 통해 확보하는 보편적인 질서를 퍼트리는 노력"으로 정의하면서, 교양을 통해 도달하고자 하는 인간의 완성은 '인간 본성의 특이한 품격과 부, 행복을 형성하는 사고와 감정이라는 품성이 더 많이 활용되고 조화로운 팽창을 하는 것'으로 규정하고 있다.[3] 19세기 영국 빅토리아 시대의 격동을 장학사와 옥스퍼드대학 시학교수로 살아내야 했던 그에게 교양은 당시의 기계화되는 문명의 금속성에 대항하여 인간다움을 살려낼 수 있을 뿐만 아니라. 사회적 무질서에 대응할 수 있는 근본적인 대안으로 새겨져 있었던 것으로 보인다. 서구적 의미의 교양교육에서 고전의 반열에 오른 아널드의 이 책은 산업혁명과 함께 이른바 하이드파크 사건이라고 불리는, 대중들의 참정권 요구를 내건 대규모 집회로 상징되는 선거개혁을 통해 등장하고 있던 시민들이 교양을 갖추지 않으면 시민사회 자체의 무질서와 혼란이 불가피한 것일 수밖에 없다는 한 19세기 영국 지식인의 보수적인 목소리를 담고 있는 것으로 볼 수 있다.[4] 이러한 서구 근대의 교양 개념과 교양교육 이념의 확립은 '수양과 수행을 통한 인격의 완성과 그 결과의 사회적 공유'를 목표로 삼았던 유교와 불교의 그것과 동일한 배경을 지니고 있으면서도, 시민들의 선거권 확보를 위한 투쟁 과정에서의 실천적 의미가 더해진 것으로 해석해볼 수 있다. 우리의 경우는 앞서 2장에서 살펴본 18세기 홍대용의 계몽과 20세기 초반 한용운의 불교 및 사회개혁 노력을 통해 본격적으로 등장했지만, 불행히도 식민지 지배가 강화되면서 실패하고 말았던 것이다.

20세기 중반 이후 민주화 과정을 통해서도 온전히 확립하지 못한 시민의 교양 개념은 21세기 초반 현재까지도 시민교육의 핵심 목표로 시민의 교양을 상정해야 한다는 당위로 우리에게 다가와 있다. 이런 문제의식을 바탕으로 삼아 우리 시민사회에서 교양이 현재 어떤 위상과 의미를 지니고 있는지에 주목할 필요가 있다. 그것이 시민교육의 목표로 교양을 상정하고자 하는 일의 출발점일 것이기 때문이다. 대체로 현재 우리 사회에서는 '교육이나 실제 경험을 통해 쌓아가는 인간으로서의 품위' 정도의 의미로 사용되고 있는 것으로 보인다. 그 품위가 고정된 것일 수 없기 때문에 그런 노력의 과정과 잠정적인 결과를 모두 포함하는 것으로 받아들일 수 있고, 같은 맥락에서 시민이라면 누구나 최소한의 교양을 갖추고자 노력해야 하고 또 일정한 수준으로는 갖추어야 한다는 당위적 명제도 이끌어낼 수 있다. 이 시대를 살아가는 한국시민 또한 당연히 우리 사회에서 기대하는 수준의 교양을 갖추어야 하고, 그렇게 될 수 있는 기회를 교육을 통해 제공받아야 하는 권리와 함께 책임을 동시에 지닌다.

우리말 교양이 지니고 있는 '인간으로서의 품위'에 주목할 경우 윤리는 당연히 그 품위의 구성 요소 중 하나로 설정된다. 윤리倫理라는 말 자체가 사회적 존재인 인간이 갖추어야 할 기본적인 도리를 의미하고, 최소한의 보편성을 전제로 하지 않으면 성립할 수 없는 개념임을 감안하면 교양이라는 말 자체에 윤리는 충분히 포함될 수 있다. 그렇게 보면 교양과 윤리는 상당한 정도의 동어반복적인 관계를 지닌 개념들이다. 그럼에도 우리가 윤리라는 말을 포기할 수 없는 이유는 '시민윤리'라는 말에서 찾을 수 있는 특별한 필요성 또는 특수성 때문이다.

윤리는 한 개인의 도덕성을 전제로 성립하면서도 주로 타자와의 관계적 맥락 속에서 부각되는 개념이다. 한국시민은 누구나 타인의 부당한 지배로부터 자유로운 개인으로서 도덕성을 지녀야 하지만, 동시에 그가 실존하는 맥락 속에서는 관계성을 떠날 수 없다는 점에서 관계윤리를 구현할 수 있어야 한다는 당위로부터 자유롭지 못하다. 이런 도덕성과 윤리는 모두 교양의 기반 위에서 제대로 발휘될 수 있는 것이지만, 거꾸로 도덕성과 윤리가 도덕교육의 과정을 통해 강화되는 과정성을 지닌다는 점에서 교양을 쌓게 하는 핵심 요인이 되기도 한다.

교양과 윤리 사이의 이런 관계 설정은 한국시민이 갖추어야 할 것으로 기대를 모으는 역량과의 관계설정 문제로 확장될 수 있다. 역량을 '구체적인 맥락 속에서의 할 수 있음'으로 정의하고자 하는 우리 논의에서 이 개념은 일단 가치중립적인 것이지만, 최소한 교육의 영역으로 도입될 때는 가치개입적인 성격을 부여받게 된다. 역량이 처음 사용되었던 직업교육 영역에서도 처음에는 그 직업에서 요구되는 '실제적인 할 수 있음'을 의미했지만, 그 일이 어떤 방식으로든지 인간들 사이의 관계로 열릴 수밖에 없다는 점에서 관계윤리라는 가치 지향성을 지니게 되었을 것이다. 그런데 직업교육을 넘어서 일반교육의 맥락으로 끌어오고자 할 경우에는 그 가치 지향성이 보다 강력해질 수밖에 없고, 역량을 '인간다움을 전제로 하는 할 수 있음'이라는 의미로 확장된 것이어야 했다는 평가가 가능하다.

그런 점을 고려하여 우리는 이미 역량을 주로 경쟁력을 의미하는 컴피턴시competency보다 할 수 있음을 강조하는 케이퍼빌리티capability에 주목하면서 읽어내고자 했고, 이런 노력은 이미 마사 누스바움Martha Nussbaum과 아마르티아 센Amartya Kumar Sen의 오랜 탐구와 실천에서 찾아볼 수 있기도 하다.5 이 둘은 시민의 자유가 실제적인 자유여야 한다고 주장하는 점에서 일치된 견해를 갖고 있고, 그 실제성은 한 시민의 가능성이 현실 속에서 구현될 수 있는 개인적·제도적 요건이 마련됨으로써 비로소 현실화된다는 주장을 펼친다.

시민교육에서 사용되는 역량은 그 자체로 가치중립적일 수 없다. 우리가 지향하고자 하는 바람직한 시민이 전제되어 있기 때문이다. 그 개념 정의를 어떻게 하는지에 따라 교양과 윤리라는 개념과의 관계설정이 달라질 수 있다는 가능성을 열어놓고, 교육의 목표로서 설정될 수 있는 세 개념 사이의 관계를 개략적으로나마 그려보아야만 교육실천의 장에서 생길 수 있는 혼란을 줄일 수 있다.

한국시민이 갖추어야 하는 것은 일차적으로 교양과 윤리이다. 교양은 윤리를 포함하면서도 문화적 소양 등에 초점을 맞추는 개념이고, 만약 교양을 갖추고 있지 않으면 이 땅에서 시민으로서 살아가는 데 필요한 최소한의 요건을 결여하고 있다는 비판에 직면하게 된다. 다시 말해서 교양의 두 요소를 문화성과 도덕성으로 규정해볼 수 있다는 것이다. 그에 비해 윤리는 주로 시민윤리의 개념 속에 포함되어 있는 개인으로서의 도덕성과 시민사회의 구성원으로서의 사회윤리를 의미하는 개념이다. 교양을 구성하는 핵심요소인 도덕성과 직접적으로 관련되지만, 특히 시민윤리의 경우는 자신의 생존과 실존 차원에 대한 철학적 성찰에 기반한 도덕적 판단 및 실천력을 중시한다는 점에서 구별하여 특별히 강조할 필요가 있다.

역량에 대해서는 우리 논의의 맥락에서 그 초점이 생존에 맞춰져 있는 개념으로 상정해볼 수 있다. 민주자본주의를 전제로 하는 시민사회 속에서 살아가는 데는 우선 혼자서 먹고살 수 있는 능력을 갖추어야 하고, 이것은 특히 자본주의의 명령인 '너 혼자의 힘으로 살아남아라'라는 냉혹한 생존의 요구를 적극적으로 껴안는 과정에서 꼭 필요한 일이기도 하다. 시민사회 속에서 먹고사는 문제는 주로 일정한 일을 하는 직업을 전제로 전개되기 때문에, 이 능력이 직업이 요구하는 일을 할 수 있는 능력이고 더 나아가 경쟁이 있을 수 있기 때문에 타자와의 비교를 전제로 하는 경쟁력을 의미하는 데까지 축소되는 경향이 있다.

역량 개념을 처음 사용한 곳이 직업교육의 장이었다는 역사적 사실에서도 확인할 수 있는 것처럼, 역량은 생존生存을 위해 필요한 일을 해낼 수 있는 능력을 의미하는 개념으로 등장했다. 그러다가 이 능력이 몸의 기능에 초점을 맞추는 할 수 있음의 가능성을 넘어서서, 자신이 서 있는 지점을 확인하고 속한 사회를 분석하는 것, 또 미래를 예측하고 대비하는 능력까지 포함하게 됨으로써 실존實存의 차원으로 확장된다. 인간 생존의 특성이 실존 영역의 포섭임을 감안하면 자연스러운 확장 과정을 거쳤다는 평가가 가능하다. 그러면서 생존 능력은 생존 역량이 되고, 이 역량은 실존 지능이나 관계 역량 같은 요소들까지 포함하게 된다.

현재 우리의 시민사회는 보편적 지향을 갖는 하늘의 명령에 근거하는 노道를 가족관계를 중심으로 추구해온 유교와, 다르마[dharma, 法]를 전제로 깨달음을 통한 해탈을 추구하는 불교의 전통을 기반으로 삼아 형성되어 있다. 그러다 보니 도와 다르마를 향하는 보편적인 가치 지향에 대한 무의식적인 수용을 전제로 하는 담론이 일상화되어 있기도 하고, 이런 일상은 각 '개인의 삶의 의미는 각자의 몫'이라는 시민사회의 최소도덕 지향성과 충돌하는 현장이 되기도 한다. 특히 우리는 주변의 관심에 기반한 무분별한 충고가 지니는 상징폭력에 자주 노출되곤 한다. 관계와 인연을 중심으로 인간 삶의 의미를 구성해왔던 전통적 삶의 방식에 대한 비판적 재구성의 필요성과 절실하게 만나게 되는 지점이기도 하다.

한국시민은 또한 자신의 삶의 의미 설정이라는 과제를 자신의 몫으로 지닌다. 충분한 자율성을 전제해야만 시민사회가 가능하고, 그것은 한국 시민사회라고 해서 다를 수 없기 때문이다. 다만 그 시민이 하늘에서 떨어지는 것이 아니라, 특정 사회와 국가라는 환경 속에서 시민으로 되어간다는 점에서 우리가 몸담고 있는 사회의 문화와 전통에 충분한 주의를 기울일 수 있어야 한다는 당위적 요청이 자리할 수 있을 뿐이다. 바로 그 맥락에서 시민교육의 자리가 생겨나고, 이 자리는 누구나 확보해야 한다는 점에서 의무이자 권리로 우리에게 주어져 있는 것이다.

한국시민은 동시에 세계시민이기도 하다. 거역할 수 없는 세계화의 흐름은 이미 우리 일상 속에 자리 잡고 있고, 그것은 공간적 거리감의 축소와 함께 일상의 유사성과 불안을 공유할 수밖에 없는 무경계의 영역 확장으로 밀려들고 있다. 그러나 다른 한편 세계화는 서구가 앞장서서 이룩한 국민국가nation state의 경계를 여전히 전제로 하면서 전개되고 있어, 그 과정에 수많은 분쟁과 갈등, 세계적 차원의 빈부 격차 확대 등을 수반하고 있다. 이런 상황 속에서 무분별한 세계시민의 강조는 자칫 공허한 목표 설정으로 전락할 수 있지만, 그렇다고 해서 인간으로서의 보편적 가치를 공유하는 세계시민공동체를 더 이상 외면할 수는 없다.

우리가 시민교육의 목표로 삼고자 하는 '한국시민'은 세계화의 맥락을 비판적으로 성찰하면서 자신의 일상 속에서 의미 있게 되살려낼 수 있는 역량을 지녀야 한다. 그 역량은 다시 한국시민의 교양과 윤리를 기반으로 해야만 하고, 그 교양과 윤리는 거꾸로 자신의 실존만이 아닌 생존 차원까지 충분히 책임지고자 하는 역량의 기반 위에 서야만 한다. 한국시민이 갖추어야 하고, 그런 이유로 동시에 한국시민교육의 목표로 설정되어야 하는 교양과 윤리, 역량은 이처럼 쉽게 그 경계를 짓기 힘든 복잡한 관계를 맺고 있다. 다만 우리는 시민교육의 구체적 맥락 속에서 필요에 따라 그중 하나의 요소를 중심에 두고 다른 두 요소를 배치할 수 있을 뿐이다.

'21세기 한국시민상' 모색
: 보살과 선비, 신사 전통의 주체적 해석 과제

교양과 윤리, 역량은 모두 시민사회를 이끌어가는 주체인 시민에게 요구되는 보편성을 지닌다. 앞에서 살펴본 것처럼 각 개념들 사이의 관계를 어떻게 설정하고 각 개념의 내포와 외연을 어떻게 규정하느냐에 따라 각각 다른 시민상이 도출될 수 있지만, 우리는 최소한 시민이라면 교양과 윤리, 역량 모두를 갖추어야 한다는 당위에 대해서는 동의하게 된다.

그런데 그런 개념 정의와 개념들 사이의 관계 설정 과정에는 우리가 몸담고 있는 이 사회의 전통과 문화가 현재의 시점을 중심으로 자연스럽게 개입하게 되어 있다. 그런 것들로부터 자유로운 논의가 이론적으로는 가능할 뿐만 아니라, 우리 학계의 식민지적 의존성으로 말미암아 탈맥락적 논의나 서구 의존적 논의가 드물지 않게 등장하고 있지만 최소한 그런 논의를 하고 있는 학자의 삶 자체는 한국사회와 문화의 맥락으로부터 자유로울 수 없다. 그러다 보니 민주주의에 관한 글을 많이 쓰는 사람들이 실제 삶에서는 권위주의적인 모습을 보여주는 사례를 찾기가 어렵지 않다.

우리에게 시민은 현실 속 실재하는 존재자이자 이 시대 함께 모색해가는 이상적인 인간상이기도 하다. 전자는 일상의 삶에 기반을 두고 주로 투표를 통해 정치행위를 하는 현재 시민사회의 구성원이고, 후자는 그 현실 속 시민을 기반으로 하면서 보다 나은 교양과 윤리, 역량을 갖추고자 노력하는 당위 지향 차원의 시민이다. 우리 일상의 한국시민이 어떤 사람인지에 관한 분석도 쉬운 일이 아니지만, 당위 지향의 시민이 누구여야 하는지는 그 구체적인 논의의 맥락에 전제되어 있는 철학과 세계관에 따라 다를 수밖에 없고 그 결과 서로 상충하는 인간상이 제시될 수 있는 가능성 또한 열려 있게 된다.

시민윤리는 기본적으로 개별 시민들이 함께 모여 살아야 하는 공공의 영역으로 제한되어야 한다는 의미의 최소도덕으로 출발한다. 서구 시민 사회가 각자의 삶을 어떻게 이끌어가는가와 관련된 최대도덕은 개인적 영역, 즉 프라이버시privacy에 속한다고 전제하며 출발한 데서 비롯된 것이고, 그것은 특히 교회로부터의 벗어남, 즉 세속화의 과정 속에서 자연스럽게 정착한 명제이기도 하다. 이 명제가 20세기 서구 시민사회 수입과 정착의 역사를 거쳐 현재에 이른 21세기 초반 우리 사회에서 어떤 의미와 위상을 지닐 수 있는지에 대해서는 깊은 관심을 기울여야 하고, 실제로 시민사회나 민주주의 관련 논의들이 어떤 방식으로든지 이런 관심을 포함하고 있기도 하다.

서구 시민사회 역사 속에서 세속화는 곧 개인화와 동일시되는 경향이 있었고, 유럽과 미국 등에서는 개인이 교회로부터 자유로워지는 세속화와 개인화는 거의 분리되지 않은 채 진행되어 오늘에 이르고 있다. 그런데 우리는 20세기 역사를 통해 그 교회를 전 국민의 1/3 정도가 자신의 삶 중심에 놓게 됨으로 인해 서구 개인화와는 다른 맥락으로 전개될 수밖에 없었다. 우리는 한편으로 개인화의 급속한 흐름에 몸을 실으면서, 다른 한편으로는 여전히 교회나 가정 같은 공동체 또는 집단에 의지하는 경향을 지니게 된 것이다. 자신을 어떤 집단의 구성원으로 확인하고자 하는 본성은 사회적 또는 관계 지향 존재로서의 인간에게 자연스러운 것이지만, 급속한 개인화 과정에서 강화된 이기성을 중심으로 삼아 설정하는 관계 또는 집단에의 소속감은 자칫 배타와 혐오 등을 양산하는 기제로 작동할 수 있다. 우리는 그 나쁜 사례를 '나쁜' 정치인들이 여전히 들먹이는 지역감정과, 극단적인 기독교 목사의 지속적인 혐오 발언 등을 통해 고통스럽게 확인하고 있는 중이다.

그렇다면 우리가 과연 이 지점에서 누구나 합의할 수 있는 이상적인 '한국시민상'을 그리는 일이 가능할 수 있을까? 진리 자체의 상대성까지는 아니더라도 인간 인식의 한계로 인한 다원성과 관용을 염두에 둔다고 해도, 아마 쉽지 않은 과제일 것이다. 그럼에도 우리는 이런 노력을 포기할 수 없고, 그런 노력은 다시 서구 사회철학자들이 함께 주목하고자 했던 공론장의 요청 또는 필연성과 더불어 일정한 합의에 도달할 수 있는 가능성을 배제하지 않는다.

자유민주주의가 지닌 장점과 함께 그 한계가 적나라하게 드러나기 시작하면서 대안으로 등장한 서구 사회철학적 논의들은 대체로 공화주의와 절차주의로 구분해볼 수 있다. 이 문제를 오랫동안 고민해온 독일 사회철학자 호네트A. Honnett에 따르면, "이 두 대안은 일반적인 정치적 자유주의에서보다 훨씬 더 강하게 민주적 의지 형성의 역할을 강조하는 공동의 목표를 지니고 있었다".6 민주주의의 규범적 기반을 다시 물을 수밖에 없는 상황이 도래했을 뿐만 아니라, 현실 사회주의 붕괴에 따라 자유주의를 가능하게 하는 최소한의 공통 기반에 관한 논의의 필요성이 부각된 배경 속에서 나온 대안들이다. 이 두 모형은 모두 민주적 공론장의 형성을 사회가 유지되기 위한 기본 요건으로 설정하는 데서는 의견일치를 이루지만, "공화주의가 주로 로마 공화정이라는 역사적 배경에 의존하면서 시민들이 참여의 덕을 기반으로 공통의 관심사에 대한 상호주관적 협의를 자신의 삶의 본질적 목적으로 삼을 것을 강조하는 데 비해, 절차주의는 도덕적으로 정당화된 절차만을 강조한다"라는 점에서 차별화된다.7

그런데 여기서 우리가 주목해야 하는 지점은 이 대안들이 기본적으로 서구 전통의 맥락에 기대 새로운 해석과 적용을 모색하고 있다는 점이다. 공화주의의 경우는 노골적으로 고대 로마 공화정에 기대고 있고, 절차주의 또한 소크라테스와 플라톤에 의해 토대를 마련하고 근대 계몽주의자들이 살려낸 '공적 토론에 의한 정치'를 주로 절차의 측면에서 되살려보고자 노력하고 있다. 이런 학문 전통은 로마 공화정의 몰락 이후 잊힐 뻔한 고대 서구 전통이 이슬람 학자들의 아리스토텔레스 저작 번역 및 연구를 통해 겨우 유지되다가 근대 계몽주의자들에 의해 되살아나는 서구 지성사를 통해 축적할 수 있었던 것이다. 절차주의의 경우는 대륙의 하버마스J. Habermas와 아펠K-O Apel은 물론, 영어권의 롤즈J. Rawls 등이 정의론 등을 통해서 살려낸 것이고, 이것은 우리 윤리학과 정치철학, 사회철학 등의 영역은 물론 사회 전반의 공정성과 정의 논의에서 절차를 중심에 누도록 하는 요인으로 작동하고 있다.

그렇다면 저들은 왜 그처럼 논의나 실천에서 한계를 맞거나 위기에 처했을 때 자신의 전통에 주목하면서 대안을 모색하는 데 익숙한 것일까? 아마도 두 가지 이유 때문인 것으로 보인다. 하나는 인류의 지혜가 오히려 사회가 위기에 직면했을 때 찾아낸 초기 수준을 벗어나지 못하기 때문이라는 원론적인 것이고, 다른 하나는 근대 이후 서구학문의 역사가 그런 방향으로 정착해왔을 뿐만 아니라, 학문 후속 세대를 그런 과정과 절차를 통해 길러내고 있기 때문이라는 실제적인 것이다. 이 둘은 서로 긴밀하게 연결되어 있고, 특히 후자는 인문계 고등학교 수준에서 고대 그리스와 로마라는 자신들의 전통이 담겨 있는 언어(희랍어와 라틴어)에 익숙해지는 기회를 부여해서 이후의 학문 과정으로 연결시키는 학문공동체 정립을 통해 가능한 일이다.

우리는 이런 학문공동체를 형성하지 못한 채 주로 영어(드물게 독일어와 프랑스어, 한문)로 된 책과 글을 읽는 것으로 학문공동체에 입문하고, 거의 대부분 그 수준을 벗어나지 못한 채 학자로서의 삶을 마무리하는 개화와 근대 과정의 왜곡을 극복하지 못하는 불행을 지속시키고 있다. 그러다 보니 학교 시민교육의 이론적·실천적 배경을 이루어주어야 하는 책임을 맡는 관련학계의 구성원들 대부분이 이른바 '서구 선진국의 이론과 사례'를 무분별하게 소개하는 수준을 넘어서지 못하는 한계와 혼란을 지속적으로 노출시키고 있다. 이런 한계와 혼란의 책임은 당연히 나 자신에게도 예외 없이 나누어진다.

이런 맥락을 염두에 두면 우리에게는 21세기 한국시민상을 함께 생각해보고자 할 때 최소한 세 가지 전통에 대한 주체적인 해석이라는 과제가 주어진다. 첫째는 일상과 깨달음을 분리하지 않으면서 자비로운 눈길과 손길을 지향하고자 했던 한국불교 전통이고, 둘째는 인간이 본성적으로 지니는 관계성에 주목하면서 적절한 감응感應의 윤리를 지향했던 한국유교 전통이며, 셋째는 서양 중세 신분제 질서를 기반으로 영주와 농민 사이를 이어준 기사도를 새로운 시대 상황에 맞게 되살린 서구 근대의 신사紳士. gentleman 전통이다. 앞의 두 전통에서 부각된 인간상은 보살菩薩과 선비[士]다.

표준국어대사전의 정의에 따르면, 신사는 "사람됨이나 몸가짐이 점잖고 교양이 있으며 예의바른 남자"이지만, 여기서는 그와 함께 호출되는 숙녀淑女까지도 포함되는 개념으로 받아들이면서 이야기를 전개해보고자 한다. 이 신사는 서구 역사 속에서 기사를 출발점으로 삼아 자신들이 섬기는 주인에 대한 충성심과 피지배층에 대한 자애로 상징되는 기사도騎士道에서 일차적으로 정착한 인간상이다. 중세 사회에 맞게 신에 대한 절대적인 믿음과 주인에 대한 절대적인 충성, 어려운 상황에 처한 사람들을 기꺼이 돕는 선행 등이 중심 덕목을 이루고 있었다. 그것이 중세공동체로부터 일정하게 분리되어 경제적 성취를 이룬 장사치들, 즉 부르주아bourgeois가

귀족계급과 타협하는 과정을 통해 정착한 개념이 신사도紳士道이다.[8]

결론적으로 말하면, 서구 시민윤리는 중세 기사도에 뿌리를 두고 시민혁명을 통해 신사도로 재편되었다가, 시민사회의 정착과 함께 등장한 시민교육 체제를 통해 계급의 경계를 넘어서서 모든 시민에게 적용되는 일반적인 개념이 되었다. 이 역사적 과정은 한편으로 시민혁명으로 부르주아 등의 서민이 사회의 주인으로 등장하는 과정이지만, 다른 한편으로는 왕과 귀족 등의 '고귀한 신분'과의 타협 과정이기도 했다. 우리 근대사와 확연히 구별되는 타협의 과정 속에서 살아남은 윤리적 격언이 있다. 그것은 바로 노블리스 오블리주noblesse oblige이다. 우리말로 번역하면 '고귀한 신분에 걸맞은 의무' 정도일 것이고, 실제 신문 칼럼 등을 통해 잊을 만하면 전가의 보도처럼 등장하는 말이기도 하다. 그런데 이 명제는 우리에게 적합한 것일까?

이 명제가 우리에게 의미 있게 다가올 수 있기 위해서는 먼저 고귀한 신분을 인정한다는 전제가 있어야 한다. 우리 사회에서 고귀한 신분을 가진 사람이 있을 수 있는가? 없다. 우리는 모두 평등과 존엄을 인정받는 시민이라는 동일한 자격을 지니고 있을 뿐이다. 만약 그 고귀한 신분을 고위 관료나 법관, 대기업의 총수 등과 동일시하는 사람이 있다면 시대착오적인 망상에 빠져 있는 사람일 뿐이다. 그들 또한 동일한 시민이면서 잠시 그런 역할과 위치가 부여되어 있는 존재자들일 뿐인 것이다. 따라서 그들에게는 자신의 역할에 맞는 책임과 의무를 다하는 역할 도덕성role morality을 요구하면 될 뿐, 고귀한 신분을 전제로 하는 의무를 부과하는 일은 그 자체로 불가능하다.

왜 이런 어이없는 일이 이른바 지식인으로 불리는 사람들을 중심으로 반복되는 것일까? 여러 답변이 가능하겠지만, 가장 중요한 이유는 우리 시대 한국시민에 관한 합의를 제대로 이끌어내지 못한 채 서구 시민담론을 무분별하게 수입하여 활용하고 있는, 우리 지성계의 자화상을 꼽을 수 있다. '코로나 19' 이후 우리가 공유하게 된 선진국 담론에 포함된 허구에 관한 인식을 토대로 삼아, 우리 자신의 삶과 사회에 뿌리를 둔 새로운 시민상의 정립이 시급하고 절실한 지점이기도 하다.

이 과제를 수행하는 일이 결코 쉬운 과제일 수 없지만, 몇 가지 공유할 수 있는 논의를 시작해보는 일을 더 미룰 수 없다. 첫 번째는 우리 시대의 한국시민이 민주주의와 자본주의를 기반으로 살아가고 있는 생활인임과 동시에, '한국 시민사회'를 보다 나은 방향으로 이끌어야 하는 당위적 의무를 부여받고 있는 이상理想 지향의 가치 개념을 공유한 존재자라는 사실을 인식할 필요가 있다. 각자의 생존을 스스로 책임지라는 자본주의 체제의 명령에 그 누구도 자유로울 수 없다는 점에서는 생활인이지만, 동시에 그것에만 이끌리는 삶을 지속적으로 견디기 어려워하는 실존적 존재자이다. 따라서 우리는 한국시민이 직면할 수밖에 없는 이 땅에서의 생존과 실존 두 차원을 아우르면서, 그 두 차원에 실제적인 영향을 미치고 있는 현실과 이상을 사회구조와 역사의 맥락까지 고려하면서 새로운 시민상을 정립해가는 노력을 해야만 한다.

두 번째로 공유해야 할 일은 우리가 사용하고 있는 시민市民, citizen에 내포되어 있는 서구적 맥락의 해체와 재구성이다. 귀족계급과의 타협을 전제로 성립된 부르주아사회의 주인공에서 프랑스 시민혁명 등을 거치면서 농노의 전통에 서 있던 농민들에게까지 주권자의 지위가 부여되는 과정에서 자신들의 도덕성과 문화성을 표현하는 개념으로 도입한 신사도紳士道,

gentlemanship를 객관적으로 성찰할 필요가 있다. 그 신사도는 다시 중세 기사들의 행동을 통제하기 위해 마련되었던 기사도騎士道, chivalry에 뿌리를 둔, 이상적인 규범이라는 사실도 함께 기억해야 한다. 우리의 보살정신이나 선비정신 못지않게 역사 속에서 구현된 면보다는 구현되었으면 하고 바란 이상적인 규범일 뿐인 것이다. 서구 시민과 시민성, 시민윤리 등의 개념에 관한 이런 해체가 가능해지면, 우리 전통의 이상적인 인간상인 보살과 선사禪師, 양반과 선비 등의 개념에 관한 해체와 재구성 또한 가능해질 수 있다.

이런 맥락에서 우리가 공유해야 할 세 번째 과제는 우리 전통의 이상적인 인간상에 대한 해체와 재구성이다. 그 인간상을 대표하는 것은 한국불교 기반의 보살과 한국유교 기반의 선비다. 한국불교는 대승불교이고 그 대승을 상징하는 인물이 보살이다. 이 보살은 다시 출가한 출가보살과 일상 속에서 수행을 멈추지 않는 재가보살로 나뉘고, 이 두 개념 사이를 넘나든 대표적인 인물인 원효와 만해가 한국불교의 상징이 되고 있다는 점은 의미심장하다. 원효는 출가보살로 시작했지만 요석공주의 청혼을 받아들여 거사居士가 되었고, 만해는 출가보살이었지만 결혼을 함으로써 동시에 재가보살로서의 위상도 지니게 되었다. 오늘날 기준으로 보면 기독교의 목사나 학교의 교사 같은 역할을 맡으면서 각자의 삶에서 수행을 멈추지 않았던 보살이라고 할 수 있다.

선비[士]는 중국 사대부士大夫 전통에서는 대부와 같은 귀족들을 뒷받침하는 실무급 하위 관료를 의미하는 개념이었지만, 고려 후기 이후로 사회를 이끄는 주역으로 부각되면서 새롭게 해석되기 시작한 우리 고유의 개념이기도 하다. 그 선비들은 조선시대에 와서 양반이라는 사회·경제적 배경을 지니게 되었고, 그 배경 속에서 문화성과 도덕성 기반의 교양을 갖춘 엘리트 관료와 시대를 읽고 물러섬[處]의 미학을 구현하고자 했던 사림士林으로 구별될 수 있는 삶을 살아갔던 실존인물들이다. 조선 선비를 대표할 수 있는 사람이 누구인지에 대해서는 여러 의견이 있을 수 있지만, 벼슬길에 나서고 물러서는 출처의식出處意識과 선비정신이 보다 잘 구현될 수 있는 시대 상황 등을 기준으로 할 경우, 퇴계 이황과 율곡 이이, 남명 조식을 꼽을 수 있다.

이 세 선비는 각각 적극적인 정치에의 참여를 통한 수기치인修己治人의 상징으로서 율곡과, 평생 동안 현실정치로부터는 거리를 유지하면서 비판적 지식인과 교사로서의 역할을 다하고자 했던 물러섬[處]의 상징 남명, 그 둘 사이를 넘나들면서 사단칠정론四端七情論이라는 당대의 철학적 과제를 감당해내고자 했던 학자로서의 퇴계 등으로 자리매김될 수 있다. 현실에 기반을 두고 이상적인 삶의 지향을 포기하지 않았던, 조선의 인간상인 선비에 관한 담론을 풍성하고도 심도 있게 만들어주는 사례들이다.

한국불교의 보살과 한국유교의 선비를 시민과 연결 지어 의미 있게 소환할 수 있기 위해서는 당연히 해체와 재구성 과정이 선행되어야 한다. 그렇게 해야만 하는 가장 중요한 이유는 통일신라와 고려, 조선 등의 시대적 상황 속에서 그들이 지니고 있었던 지배층으로서의 위상을 더 이상 보장받을 수 없기 때문이다. 우리 시대의 시민은 누구도 평등의 원칙에서 벗어나지 않는다. 시민보다 더 높은 사람도, 더 낮은 사람도 없는 것이다. 그런 점에서 통일신라와 고려의 보살과, 조선의 선비는 대체로 생존으로부터 자유로운 특권층이었고, 그 배경 위에서 각자의 이상적인 삶을 추구하는 수행修行과 수양修養을 일상 속으로 끌어올 수 있는 사람들이었다.

같은 맥락에서 그들은 거리낌 없이 일반 백성들을 향해서 어떻게 살아야 하는지를 말할 수 없는 권리를 보장받은 사람들이었다는 점도 명기될 필요가 있다. 그들은 소수 특권층으로서 위상을 바탕으로 자신들의 공부를 일반 백성들에게 나눠주어야 한다는 의무를 지니고 있었을 뿐만 아니라, 말을 듣지 않을 경우 성문법과 관습법을 토대로 삼아 심한 경우 개인적 차원의 처벌을 할 수 있는 권한까지 부여받고 있었다. 그런데 오늘날 시민으로서 법관이나 고위 관료들은 단지 시민이 위임해준 권한을 바탕으로 법에 따라 집행할 수 있는 권한을 부여받고 있을 뿐이다. 바로 이 지점에서 시민윤리는 최소도덕일 수밖에 없고, 각자가 어떻게 살아야 할 것인지와 관련된 최대도덕 또는 윤리는 시민의 사적 영역으로 넘겨지는 근본적인 차별성이 부각된다. 이 문제를 도외시하고 보살정신이나 선비정신을 곧바로 시민윤리 영역으로 가져오고자 하는 시도는 시대착오적 오류이자 일종의 범주의 오류를 범하는 것이 된다.[9]

21세기 초반 한국시민상을 정립하고자 하는 과제는 어떤 점에서는 한 학자 개인의 역량 범위를 넘어서는 작업인지 모른다. 철학적이고 윤리학적인 맥락과 함께 사회구조와 역사를 동시에 고려하면서 현재 우리 현실에 토대를 둔 새로운 시민상을 모색해야 하기 때문이다. 그렇지만 우리 시민사회와 시민교육을 위해 더 미룰 수 없다는 시급성을 감안하여 제한된 범위에서나마 얼개가 제시될 필요가 있고, 필자는 이 일을 피하지 않겠다는, 또는 피할 수 없다는 만용에 가까운 용기를 내보려고 한다. 그 일을 우리 헌법의 선언인 "대한민국은 민주공화국이다"에 포함되어 있는 민주주의와 공화주의를 주체적으로 해석하는 일에서 시작해보려고 한다. 이 두 개념이 수입되는 이론적·실천적 과정과 그 과정에서 무시되거나 경시되었던 서구적 맥락의 특수성을 직시하면서 우리의 민주주의와 공화주의 전통을 해석하고 재구성하는 일이 모든 논의의 바탕을 이루어줄 것이라는 판단 때문이다. 특히 우리 전통의 해석과 재구성은 현재 우리의 시민사회와 그 구성원인 시민이 처한 현실을 분석하고 보다 나은 지점으로서의 시민상을 모색하기 위해 꼭 필요한 과업이다. 이 지점을 놓치고 서구의 이른바 최신 담론에만 의지해서 우리의 새로운 상황과 만나고자 하는 시도는 이미 그 효용 검증이 끝난 낡은 틀일 뿐이다.

1 최홍원(2019),「역량에 대한 비판적 점검과 국어교육의 재구조화 가능성 탐색」,『교육 과정연구』37권 1호, 한국교육과정학회, 113쪽.

2 네이버 국어사전 참조.

3 매슈 아널드, 윤지관 옮김(2018),『교양과 무질서』, 한길사, 57-59쪽 참조.

4 이른바 하이드파크 사건'은 참정권 확대를 요구하는 노동자들이 런던 도심 공원인 하 이드파크 공원에서 시위를 하겠다고 하자 내무장관이 허락하지 않다가 울타리가 무너 지는 등의 사건이 생기자 '눈물로 허용했다'는 일화를 말한다. 매슈 아널드, 윤지관 옮 김(2018), 위의 책, 역자 해설 '교양이념의 형성과 현재적 의미', 20-21쪽 참조.

5 마사 씨. 누스바움, 한상연 옮김(2015),『역량의 창조』, 돌베개; 아마르티아 센, 김원기 옮김(2013),『자유로서의 발전』, 갈라파고스, 참조.

6 악셀 호네트, 문성훈 외 옮김(2009),『정의의 타자: 실천철학 논문집』, 나남, 340쪽.

7 악셀 호네트, 위의 책, 341쪽 참조.

8 백승종(2018),『신사와 선비』, 사우, 이 책에서 저자는 서양사 전공자의 관점에서 기사 도에서 신사도, 시민윤리로 정착해가는 과정을 밀도 있게 그려내는 데 성공하고 있다. 특히 3장 '신사도, 시민의식으로 꽃피다'에서, 신사도가 어떻게 서구 근대공교육 체제 정착과 함께 스며들어 시민윤리가 되었는지를 잘 정리하고 있다.

9 이 문제에 관한 보다 구체적인 논의는 필자(2013)의 다른 저서(『동양 도덕교육론의 현 대적 해석』, 인간사랑, 2장 '보살과 선비, 그리고 우리 시대의 시민'을 참고할 수 있다.

4장
우리 시민사회와 민주주의, 세계시민

04

우리 시민사회와 민주주의,
세계시민

21세기 초반 우리 민주주의는 건강한가? 이 물음은 당연히 애매성과 모호성을 포함하고 있고, 그런 이유로 쉽게 답할 수 있는 물음이기 어렵다. 우선 건강성을 평가할 수 있는 기준이 있어야 하고, 그 기준에 관한 최소한의 합의가 전제되어야 한다. 그런 다음에도 민주주의를 무엇으로 정의하느냐에 따라 전혀 다른 답변이 가능하고, 이런 상반된 답변들은 특히 언론이나 사회연결망서비스에서 쉽게 찾아볼 수 있다. 그러다 보니 일반 시민들은 과연 우리 민주주의가 어떤 수준에 있는지를 판단하는 데서 상당한 어려움을 겪는다. 이른바 전문가라고 자부하는 사람들조차 각각 다른 기준을 근거로 삼아 다른 판단을 내리고, 그 전문가들 중 상당수는 서구 민주주의의 역사에 과도한 신뢰를 보이는 사람들이다.

'민주주의가 무엇인가'라는 물음에 우리는 대체로 데모크라시democracy라는 영어 단어의 그리스적 어원에 의지하여 '민중에 의한 지배'라고 정의하는 데 익숙하다. 틀린 말이 아니다. 민주주의의 핵심은 시민이 스스로를 지배하는 정치다. 다만 그 형식에서 직접민주주의와 대의민주주의 등으로 나뉘고, 근대 시민사회가 등장한 이후에는 주민자치를 기반으로 하는 대의민주주의가 대세를 이루고 있다. 일상에 바쁜 시민들을 대신해서 일할 수 있는 사람들을 선거라는 제도를 통해 뽑아 정치를 맡기고, 일정한 기간을 정해 그들을 평가하여 대체할 수 있는 가능성이 대의민주주의의 핵심요소이고, 이미 우리도 민주화 이후의 경험을 통해 구현하고 있는 것이기도 하다. 그런 점에서만 본다면 우리 민주주의의 수준은 결코 낮지 않다. 오히려 20세기 중반 이후 민주주의 제도와 절차를 받아들였다고 평가받는 나라들 사이에서는 성공한 사례에 속한다.

그럼에도 우리는 우리 시민사회와 민주주의에 대해 온전한 신뢰를 보내지는 못한다. 외형적이고 절차적인 민주주의는 현실 속에서 어느 정도 확인할 수 있지만, 그 민주주의를 이끌어가는 시민사회와 시민이 문화성과 도덕성을 포함하는 교양이나 윤리를 제대로 갖추고 있다고 자부심을 가질 만한 수준은 결코 아닌 것이다. 이런 현상의 배후를 추적해보면, 대체로 두 가지 정도의 문제와 마주하게 된다. 하나는 '민주주의' 자체에 대한 주체적 인식의 결여이고, 다른 하나는 공적 영역의 약화와 그로 인한 건강한 공론장의 부재이다. 당연히 이 둘은 서로 긴밀히 연결되어 있다. 이 문제들을 해결해나가기 위해서는 우리 민주주의의 현실을 마주보면서도 한 걸음 물러서서 우리에게 과연 민주주의가 무엇이고 무엇일 수 있는지를 물어볼 필요가 있고, 그 과정에서 우리 시민사회의 안녕安寧과 함께 세계화의 맥락 속에서 혼란스럽게 다가서는 '세계시민으로서 우리'에 관한 물음도 던져져야 한다.

지금 우리에게
민주주의는 무엇일까?

　민주주의를 바라보는 시각이 여럿이지만, 크게는 정치적 제도와 절차에 주목하는 입장과 삶의 방식이자 사회를 이끌어가는 이념이라는 차원에 주목하는 입장으로 나뉠 수 있다. 전자는 시민으로부터 나오는 권력을 기반으로 선거를 통한 권력 배분과 교체, 정당화 과정과 절차에 대한 지속적인 논의의 장으로서 공론장의 존재 등을 민주주의의 존재 요건으로 보는 관점이다. 후자는 이런 제도와 절차가 시민들의 일상 속에서 어떤 방식으로 구현되어 실제 삶에 영향을 미치고 있는지에 주목하는 관점이다.

　민주주의는 일차적으로 권력의 형성과 배분 과정에 주목하는 정치적 성격을 지닌다. 사람들이 모여 살게 되면서 필연적으로 발생하는 권력의 원천을 하늘이나 절대자의 은총을 입은 소수에게서 그 공동체 구성원 모두에게로 돌리고자 하는 시도가 곧 민주주의다. 그런 점에서 민주주의는 역사적으로 소수의 지배층에서 점차 그 범위가 넓혀지는 과정을 공유하면서 현재에 이르고 있다. 그중에서 특별히 지배층의 범위가 당대의 다른 지역에 비해 넓었던 고대 그리스의 아테네 민주주의가 부각되지만, 그 범위는 상대적으로 넓었을 뿐 다수의 노예와 여성 등은 철저하게 제외된 불완전한 형태였다는 사실과 다른 문화권에서도 유사한 사례를 찾아볼 수 있다는 사실도 함께 기억될 필요가 있다.

　민주주의를 '함께 살려는 의지'를 전제로 하는 계약문화로 해석하고자 하는 프랑스 역사사회학자 베슐레르Jean Baeschler에 따르면, 역사적으로 민주주의의 형성 과정을 추적하는 과정에서 주목해야 하는 문명권은 넷인데, 중국을 중심으로 하는 동아시아권, 그리스도교권, 힌두교권, 북아프리

카와 이슬람 복합권 등이다.[1] 각 문명권에서는 종교와 도덕, 지적 정보가 전달되는 조직망과 사회통합성, 정치공동체 등을 고유하면서도 보편적인 방식으로 갖추게 되는데, 그중에서도 정치공동체는 '거의 항상 매우 오래된 역사의 우연한 산물'로 등장하게 된다고 강조한다.

하나의 공동체를 전제로 해서 그 구성원들의 참여가 동등하게 보장되는 정치체로서 민주주의는 고대 아테네에서도 나타났지만, 베슐레르의 분류에 따르면 힌두문명권에서도 좀 더 완벽한 형태로 등장했다. 그것은 바로 고타마 붓다가 깨달음을 얻은 이후 형성한 수행자들의 공동체인 승가공동체僧伽共同體다. 세속적인 권력관계와는 다른 차원이기는 하지만, 수천 명의 승려들이 모여 이룬 공동체에서 당시 인도의 카스트제도를 훌쩍 뛰어넘는 평등의 이상을 실현하는 데 성공한 사례이다. 승가가 유지되기 위해 필요한 계율을 스스로 받아들여 지키겠다는 서원을 하는 전제 위에 개인의 자유 또한 최대한 보장된 공동체였다는 점에서 아테네와 함께 고대 민주주의의 또 다른 전형이라고 평가받기에 손색이 없다.

고대 인도의 승가공동체는 우리 민주주의 역사와도 긴밀한 연계성을 지니게 된다. 고대 신라의 화백제도로 구체화된 우리의 역사적 민주주의는 고유의 전통적 뿌리와 함께 당대에 들어온 불교의 영향 또한 받았을 것으로 볼 수 있다는 점에서 그러하다. 민주주의를 '공적 토론에 의한 정치'에 초점을 맞추고 바라볼 경우에, 현안을 한사람이 결정짓지 않고 각 부족의 대표들이 모여 공적인 토론절차를 거쳐 만장일치로 해결하고자 했던 화백제도는 당연히 민주적인 제도의 범주에 속한다. 그리고 삼국과 통일신라, 고려의 정신적 이념을 형성했던 불교와 그 배경의 승가공동체는 구성원들 사이의 동등성을 근간으로 삼는 만장일치제로 운영되었고, 이 전통은 21세기 초반 한국불교의 승가공동체에서도 상당 부분 그대로 계승하고 있다. 그런 점을 인식할 수 있다면, 서구의 근대 시민혁명을 통해 호출된 고대 아테네 민주주의와 함께 화백제도와 승가공동체 운영으로 구체화되었던 우리 전통의 민주주의에 대한 정당한 관심과 재구성의 가능성 또한 열릴 수 있을 것이다.

이런 역사적 배경에도 현재 우리의 민주주의를 구성하고 있는 대부분의 절차와 제도, 이념 등은 근대 이후 서구에서 정립된 민주주의에서 비롯되고 있다는 현실 또한 부정할 수 없다. 조선의 정치질서가 무너지고 이를 대신할 수 있는 대안이 동학농민운동을 통해 주체적으로 마련될 수 있는 기회를 얻기도 했고, 일본의 군사력을 배경으로 삼는 한계 속에서나마 '갑오개혁'이라는 이름으로 새로운 정치질서를 모색한 경험이 있지만, 불행히도 이 둘은 현실적으로는 실패하고 말았다. 그 대신에 서구 근대질서를 자신의 방식으로 재구성한 일본 제국주의 세력에 의한 강점과 그들의 식민지 정책의 맥락에서 펼쳐진 '굴종과 예속의 근대화'가 40여 년 가까이 펼쳐졌다.

그러나 이런 굴종과 예속의 근대화는 19세기 동학東學과 20세기 초반 3.1 운동에 뿌리를 대는 저항과 극복의 민주화를 동반하면서 점차 '주체적 근대'의 가능성을 높이는 방향으로 전개되기도 했다. 3.1 운동의 결과라고 할 수 있는 대한민국 임시정부의 헌법정신에 새겨진 민주와 공화의 이념은 불완전한 형태이기는 하지만 남한 단독정부의 헌법으로 계승되었고, 그것이 4.19 혁명과 5.18 민주화 운동, 6월 항쟁, '촛불'이라는 끈질기면서도 민주의 범위를 확장하는 민주항쟁으로 이어지며 21세기 초반 한국 시민사회를 이루고 있다. 우리 민주주의를 고찰하고 있는 여기서 먼저 주목해야 하는 점은 '민주의 범위 확장'이다. 민주의 기본 이념은 시민의 주인됨이고, 민주화는 결국 주인으로 자신을 자각하면서 살아갈 수 있는 사람들의 확장으로 이어져 현재 우리 사회에 속한 모든 시민은 최소한 헌법차원에서는 동등한 주인으로 인정받고 있기 때문이다. 그들로부터 모든 권력이 나오고, 따라서 모든 선출직과 그들을 보좌하는 행정부와 사법부 관료들은 시민으로 이루어진 국민에게 궁극적인 책임을 진다는 사실이 우리 헌법의 초입부에 명시적으로 묘사되어 있다.

주인으로서 시민과 자유, 걸림 없음[無碍]

우리 사회의 주인은 시민이다. 이 명제에 표면적으로 이의를 달 수 있는 사람은 없지만, 그 '주인됨'이 구체적으로 무엇을 가리키느냐에 따라 이 명제의 명실상부함에 대한 평가는 달라질 수밖에 없다. 투표에서 1인 1표의 보통, 비밀선거를 보장받는 점에서는 동등한 주인들이라는 평가가 가능하지만, 생계를 보장받지 못하는 노숙인이나 절대빈곤층이 그 주인됨을 제대로 누리고 있다고 말할 수는 없다. 그런 점에서 시민의 주인됨은 현상과 규범 차원에서 모두 논란의 대상이 될 수 있고, 그것은 그 시민이 살아가고 있는 시대와 사회 상황에 따라 각각 다른 결론으로 이끌릴 수 있는 가능성을 배제하지 않는다.

현재 우리 시민사회에서 주인이라는 말은 대체로 소유를 강조하는 개념으로 사용되고 있다. 이 가게 또는 집의 주인과 같은 용법에서 확인할 수 있고, 그런 점에서 주인됨은 특정한 소유를 전제로 한다고 말할 수 있다.

그 소유의 대상에는 일차적으로 가게나 집 같은 부동산과 돈과 같은 동산이 포함되지만, 그것으로 한정되는 것은 아니다. 오히려 시민교육의 장에서는 투표권 같은 사고와 행위의 자유를 포함하는 추상적 권리가 주된 대상으로 떠오르는 경향이 있다. 권리가 그 권리를 자유롭게 행사할 수 있는 자유를 전제로 하고, 그 자유는 다시 생계문제로 투표할 수 있는 시간을 빼앗기지 않을 실질성까지를 구성요소로 지닌다.

그런 점에서 자유는 민주, 즉 시민의 주인됨의 핵심 전제조건이라고 할 수 있다. 그럼 그 자유는 무엇일까? 우리의 자유에 관한 논의는 주로 존 스튜어트 밀과 이사야 벌린 등의 영미 정치철학자들의 이론에 기반을 두고 이루어졌다. 그들에게서 자유는 주로 서양 고대의 노예와 중세의 농노의 삶을 규정했던 주인에의 예속에서 벗어나는 것을 의미했고, 그것을 토대로 정치적 자유를 소유권 행사와도 적극적으로 연결 짓는 적극적 자유와 함께 칸트의 자유 개념 같은 철학적 의미의 자유를 포함하는 데까지 이어져 현재 우리에게 지속적인 영향을 미치고 있다. 인류 역사에서 보편적인 의미를 일정 부분 지닐 수 있는 시도이고, 우리 사회에서도 그만큼의 의미를 지니는 것이라는 평가가 가능하다.

그러나 다른 한편 그 자유가 방종放縱과 잘 구별되지 않은 채 사용되거나, 그 과정에서 인간의 기본 요건인 관계성에 대한 망각을 불러오기도 하는 등의 부작용이 나타나고 있는 우리 시민사회에서는 조금 다른 각도에서 해석되고 이해될 필요가 부각되고 있다. 특히 개인의 재산권 행사가 과도하게 보장됨으로써 주택가 한가운데 방치되어 있는 쓰레기집을 행정기관이 제대로 처리할 수 없는 사례가 속출하고 있다. 그 심각한 냄새와 눈길을 제대로 둘 수 없을 정도의 외관이 오랜 시간 방치되고 있음에도, 사유재산권과 그 권리에 포함된 집주인의 자유를 보장해야 한다는 왜곡된 자유주의가 일상 속에 들어와 있다.

유사한 사례는 오랜 시간 방치되고 있는 이른바 '스토킹stalking' 범죄에 대한 처벌 강화 논란이다. 스토킹은 원치 않은 사람을 향한 불법적인 접근을 의미하고, 그것은 자유의 기본 범위가 타인의 자유를 침해하지 않는 데까지만 한정된다는 점에서 온전한 사적 자유의 영역에서 일탈한 것이다. 따라서 더 이상 온전히 보장받을 수 있는 것이 아니다. 사랑하는 남녀 사이의 이른바 '밀당' 같은 사례도 있을 수 있어 법이 개입하는 데는 유의할 요소가 있지만, 그것을 이유로 알지도 못하는 남자나 여자로부터 지속적인 괴롭힘을 당하고 심한 경우 상해를 입을 수도 있는 상황을 방치하는 것은 자유에 관한 왜곡된 인식에 기반한 우리 사회의 방치일 뿐이다.

이렇게 되는 과정은 주로 일제강점기의 예속과 그 뒤를 이은 이승만, 박정희, 전두환 등의 독재정권에서의 굴종과 예속을 극복하는 것이 우리 민주화의 주된 초점이었다는 역사적 특수성에 바탕을 둔 것으로 해석된다. '타는 목마름으로' 외쳤던 민주화의 열망은 주로 독재정권의 정보기관을 중심으로 펼쳐졌던 굴종과 노예화의 억압으로부터 탈출을 의미했고, 실제로 그 과정 속에서 우리는 김주열, 박종철, 이한열 등의 젊은 목숨을 어이없이 잃어버리는 극도의 슬픔을 공유하고 있기도 하다. 필자가 중고교 시절을 보내야 했던 박정희 정권의 유신질서維新秩序에서는 수업시간에 교사의 자유로운 발언이 자칫 신체의 훼손을 가져오는 고문으로 이어졌고, 대학과 대학원 시절이었던 전두환 독재 시절에는 광주민주화 운동의 실상을 단지 알리기 위해 서울대학교 중앙도서관에서 몸을 던져 산화해야만 했던 김태훈 열사의 처절한 저항을 지켜보아야만 했다.

그런 점에서 개인의 정치적 자유와 사유재산권의 적극적 보장은 우리 민주화의 결실임과 동시에 많은 사람들의 젊음과 목숨에 빚지고 있는 소중한 현대사의 상징이다. 그러나 이제 우리에게는 '민주화 이후'를 맞을 수 있는 여유가 생겼고, 그 토대 위에서 자유의 의미를 민주와 연결 지으며 새롭게 해석하고 일상 속에서 구현해가야 한다는 과제와 마주하고 있다.

우리 근대사 이전의 역사 속에서도 평생 굴종의 삶을 살아야 했던 신분의 사람들이 있었고, 그들의 숫자 또한 만만치 않았다. 고려 시대 '만종의 난'과 같은 노비들의 반란과 노비들의 희생에 바탕을 둔 농민과 사대부의 나라를 꿈꾸었던 조선 시대의 현실 등을 고려해보면, 그 노비들에게 자유란 곧 자신의 주인으로부터 벗어남이었을 것이다. 다시 말하면 예속된 삶으로부터 벗어나는 것이 자유였고, 그것은 주인의 집에 함께 사는 솔거노비뿐만 아니라 상대적으로는 부분적인 사유재산권 등을 지니고 있었던 외거노비外居奴婢에게서도 본질적으로 다른 것이 아니었다.

이상의 고찰을 통해 우리가 도달할 수 있는 결론의 하나는 시민의 주인됨은 '누군가에게 예속된 삶으로부터 벗어남'을 의미하고, 그 벗어남은 자연스럽게 정치적 자유와 사유재산권 보장으로 구체화된다는 것이다. 그리고 우리는 최소한 이런 의미의 주인됨을 구현할 수 있는 민주화를 이루는 데 성공했다. 그런데 문제는 우리 사회에서 이러한 최소한의 정의가 다시 두 가지 문제를 소환하고 있는 데서 생긴다. 그 하나는 개인의 자유들 사이의 충돌이고, 다른 하나는 자신의 삶의 주인됨이라는 윤리적인 화두話頭의 차원에서 제기되는 시민의 도덕함 문제이다.

첫 번째 문제는 개인으로서 시민이 동시에 지니고 있는 공통의 기반, 즉 관계성 또는 연기성緣起性의 소환 또는 호출을 통해 극복될 수 있다. 우리가 살아가는 데 꼭 필요한 것들의 소유 자체가 자연과의 관계뿐만 아니라 인간들 사이의 관계와 의존을 통해 가능하다는 사실은 자명하다. 그런데 우리가 수입한 서구 근대의 개인주의는 자칫 그런 공동의 기반을 망각하게 하거나 경시하게 하는 방향으로 작동하고 있고, 그 결과는 모두의 공멸이거나 심각한 차별의 일상화로 전개될 가능성이 점차 현실로 다가오고 있다. 이제 관계성의 인식은 단순한 당위적 차원의 과제가 아니라 현실적인 과제로 등장했고, 우리에게 그 관계성은 기본적으로 유교와 불교의 관계성과 연기성에 기대고 있다. 이 관계성과 연기성의 현재적 재구성은 주인됨이 인간됨을 배제하지 않는다는 점과, 우리 일상 속에서 작동하는 관계의 맥락 속에 서구의 개인주의 기반의 계약론적 방식과 함께 전통의 관계 맺기 방식이 여전히 살아 있다는 점에서 피해갈 수 없는 실천적 과제가 된다.

필자는 이 과제를 주로 불교 기반의 '연기적 독존緣起的 獨存'이라는 개념을 만들어 수행해보고자 노력해왔다.[2] 이때의 연기緣起는 인간의 동등성과 신분의 차별성을 동시에 전제하는 유교적 기반의 관계關係와 일정 부분 다르지만, 인간의 존재성이 타자와의 의존에 근거한다는 점을 강조하는 지점에서는 다르지 않다. 특히 조선 성리학에서는 인간의 본성[人性]과 동물을 포함하는 사물의 본성[物性]이 같은지 다른지를 문제 삼는 인물성동이론人物性同異論까지 전개시킴으로써 인간 삶에 스며든 관계성과 함께, 자신의 기氣에 진리 또는 이치[理]를 부여하는 방식에 관한 수양론적 지평까지 확보할 수 있었다.

우리 사회에서 시민의 주인됨과 관련해 제기되고 있는 두 번째 문제는 시민 모두가 자신의 삶의 주인공으로서 살아가야 한다는 윤리적 화두를 지니게 되었다는 데서 비롯된다. 그것도 첫 번째 문제의 맥락인 관계성 또는 연기성에 관한 정당한 자각을 전제로 해서 스스로의 삶을 올바르게 이끌어가야 한다는, 따라서 시민교육은 그런 윤리적 역량을 길러줄 책임이 있다는 시민사회 교육의 과제로 곧바로 연결된다. 이 문제에 관한 논의에서도 우리는 습관적으로 칸트의 선의지에 근거한 자율적 삶이나 하이데거M. Heidegger의 세상에 던져진 유한한 존재 명제에 기반한 해답을 자유의 의미로 새기고자 한다. 그들의 노력이 주목받을 만한 것임에 틀림없지만, 우리 삶의 기반에 깔려 있는 또 다른 자유의 이념에 먼저 주목하는 일이 우리 시민의 주체적 인식과 실천을 위해 꼭 필요하다.

영어 프리덤freedom의 번역어인 자유自由는 다른 것에 의존하지 않고 스스로로부터 말미암는다는 의미를 강조하기 위해 채택된 것으로 보인다. 철학자 김상봉의 진단에 따르면, 자신의 목소리에 지나치게 집착해온 나르시스적 성향을 보인 서구의 자유 개념을 제대로 전달하기에는 적절한 번역어로 보인다.3 그러나 인간존재의 또 다른 본성인 관계성 또는 연기성에 주목하고자 하는 우리의 맥락 속에서 이런 해석은 일면적인 것일 수밖에 없다. 인간은 홀로 서고자 하는 열망과 함께 타자와의 관계 속에서 살고자 하는 관계성에의 열망을 동시에 지닌 존재자이기 때문이다.

우리 맥락 속에서 자유는 기본적으로 홀로 있음과 함께 있음을 전제로 하는 '걸림 없음'의 추구이다. 이 걸림 없음[無碍]은 불교철학의 화엄적 뿌리를 지님과 함께, 원효의 삶에 의해 구현된 역사적 개념이기도 하다. 이 걸림 없음은 최소한 두 맥락 속에서 작동한다. 하나는 개인과 사회 또는 공동체라는 맥락에서 연기적 독존으로 연결되는 걸림 없음이고, 다른 하나는 한 개인의 삶 속에서 생존과 실존 또는 생멸生滅과 진여眞如의 두 차원을 전제로 하는 걸림 없음이다. 후자는 화엄철학을 선진유교의 관점에서 채택하여 재구성한 성리학의 이기론理氣論으로 구체화되어 우리 문화유전자 속에 새겨 있기도 하다.

우리는 몸을 가지고 살아가는 존재이고, 그 몸은 기본적으로 생멸 또는 생존의 차원에 속해 있다. 태어남을 통해 형성된 몸은 살아가는 과정에서 여물어지다가 소멸의 길로 접어들고, 결국은 그 누구라도 죽음이라는 온전한 소멸의 길을 피해갈 수 없다. 그러나 다른 한편 우리는 그 절대적인 유한성의 영역으로부터 벗어나고자 하는 열망을 갖고, 그 열망은 '이렇게 살아도 괜찮은가'라는 윤리적 화두로 일상 속에 불쑥 스며들곤 한다. 이 과정에서 몸과 마음은 상호작용하면서, 서로를 배척하기도 하고 끌어당기기도 한다. 아직 출발점에 섰을 뿐인 뇌과학의 연구성과를 통해서도 인간이 지니는 상호의존성과 독립성의 양가적 지향이 부분적으로 확인되고 있을 뿐만 아니라, 서구근대 패러다임이 주목해온 이기성利己性과 함께 공감과 협력의 이타성이 확인되고 있다.

우리 사회에서 주인으로서 시민, 또는 시민의 주인됨은 바로 이 '걸림 없음'의 추구라는 새로운 자유론의 근거 위에서 정의될 필요가 있다. 주인으로서 시민은 자신의 개체성을 전제로 하는 생존 기반을 경시하지 않으면서 동시에 연기성 또는 관계성에도 충분히 주목할 수 있는 사람이다. 그 토대 위에서 시민사회를 이루는 개인의 정치적 자유와 사유재산권을 타자와의 관계와 우리 공동체의 관계망 속에서 바라보고 향유하고자 하는 안목과 실천성을 지니는 것이 요구된다. 그 각각의 두 뿔 사이를 걸림 없이 넘나들 수 있는 이론적·실천적 능력이 곧 우리 시민이 갖추어야 할 역량이고, 이 역량을 길러주는 것이 우리 시민교육의 궁극적인 목표가 되어야 한다.

세계시민으로서
한국시민

시민은 일정한 사회 또는 공동체를 전제로 해서 성립되는 인간상이다. 서구 근대 이후의 시민은 계약에 근거한 사회를 전제로 하는 경우가 많아졌지만, 공화共和나 공동체주의의 관점에서는 인간의 내재적인 관계성에 근거하는 공동체를 전제로 하는 경우가 대부분이다. 어떻게 보든지 시민市民은 인간人間에 비해 일정한 경계를 강조하면서 사용된다는 것은 확실해 보인다. 이런 경향은 특히 국민국가nation-state가 세계 정치질서의 주체로 부각된 20세기 이후에 더 강화되었다. 그런 관점에서 본다면 우리 시민은 자연스럽게 한국시민을 의미하는 것이 된다.

그런데 이 '한국시민'은 그 안에 다양한 형태의 시민들을 포함하고 있을 뿐만 아니라, 밖으로도 다른 국가시민들과 긴밀하게 연결되어 있다. 세계화가 진행되는 과정에서 이러한 긴밀한 연결은 우리 몸으로 느낄 수 있는 수준으로 강화되었고, 그 연결을 가능하게 하는 추동력은 주로 세계화된 자본주의 체제에서 나오는 자본력에서 나온다. 돈이 되는 것은 무엇이든 상품으로 만들어서 팔 수 있는 곳 어디나 가는 자본주의 시장의 세계화는 아침에 단골로 들르는 다국적 커피점이나 인터넷 공간에서 직구(직접구매)를 통해 그다지 필요할 것 같지 않은 물건을 구입하는 일로 우리 일상에 뿌리내리고 있다.

한국시민인 동시에 세계시민일 수밖에 없다는 사실은 기후위기나 '코로나 19 바이러스'와 같은 감염병의 세계적인 확산과 우리 일상으로의 급속한 침투를 경험하면서 몸으로 깨닫게 된 것이기도 하다. 기후변화는 성장해야만 살 수 있다는 성장신화가 불러온 전 지구적 차원의 재앙을 예고

하고 있지만, 아직 제대로 대응하지 못하고 있는 심각한 위기로 우리 일상 속에 다가오고 있다. 심각한 수준의 홍수와 가뭄, 폭염 등은 이제 더 이상 낯설지 않고, 육식의 과잉이 불러온 공장식 축산과 오존층을 급속도로 파괴하는 냉매 사용의 증가는 야생동물의 서식지를 파괴시켜 그들이 인간의 땅으로 내려올 수밖에 없도록 만들고 있다. 우리 도시에도 가끔씩 출몰하는 멧돼지나 야생동물을 숙주로 해서 번식한 다양한 형태의 변종 바이러스들이 주기적인 감염병 위기를 불러오고 있는 중이다.

세계시민이라는 개념은 오래된 것이다. 인도의 아소카 왕이나 그리스의 알렉산더대왕이 품었던 이상이기도 하고, 그 배경에는 불교철학의 보살사상과 그리스철학의 스토아학파가 있었다. 그 외에도 조금 다른 형태이기는 하지만, 단군의 '홍익인간'이나 중국 진시황의 '중화中華' 개념 속에서 한 국가 차원을 넘어서는 세계시민이 전제되어 있었다. 이런 역사적 사례를 통해 우리가 확인할 수 있는 것은 세계시민 또는 세계시민주의가 영토의 확장이라는 침략의 차원과 문화의 확산을 통한 인간다운 삶의 확대라는 보편의 차원을 함께 지니고 있다는 점이다.[4] 아소카 왕이나 알렉산더대왕이 당하는 사람들의 입장에서는 침략자들이었지만, 그들 자신은 당대의 높은 수준의 문화를 확산시키는 전파자라고 자임하기도 했다.[5] 진시황의 경우도 영토 확장과 함께 결과적인 중화문화의 확산이라는 세계화의 흔적을 찾아볼 수 있다. 단군의 홍익인간 사상도 곰과 호랑이를 숭배하는 토템신앙을 가진 부족동맹체들에 대한 지배를 전제로, 자신들의 보편적인 문화를 확산하는 것을 정당화한 이념으로 해석될 수 있다.

21세기 초반 현재의 상황은 어떨까? 한국의 위상이 상당한 수준으로 강화된 국제질서 속에서 한국시민이 활동할 수 있는 공간 확장과 함께 인정지수 또한 높은 수준을 보이고 있다. 그런 조건을 바탕으로 유네스코와 같은 국제단체에서 중요한 역할을 담당하고 있고, 코이카Koika라는 해외지원기관을 만들어 제3세계에 인적·물적 지원을 하고 있기도 하다. 이런 실천들은 한국시민이 곧 세계시민이기도 하다는 명제를 현실 속에서 구현하는 것이고, 역으로 세계화된 질서 속에서 국가적 단위의 시민이 그 경계를 넘나들 수밖에 없음을 보여주는 징표이기도 하다.

그런데 다른 한편 세계시민은 여전히 모호한 개념으로 우리에게 다가온다. 국제사회의 행위 주체가 여전히 국가인 상황 속에서 세계시민은 그 구성원으로서 권리를 보장해줄 수 있는 장치를 지니지 못한 채 추상적 차원에만 머물 수 있는 가능성이 열려 있기 때문이다. 세계 정치질서가 국가 단위의 집단이익을 위한 이기적 판단과 행위를 중심으로 짜여 있는 가운데 세계시민 또는 세계시민주의는 현실성 없는 도덕적 이상이거나 공허한 당위적 외침에 그칠 가능성 또한 늘 존재한다. 물론 다른 한편으로 세계인권선언이나 국제기후협약과 같은 규범 질서가 지속적으로 확립되어가고 있는 점을 고려해야겠지만, 21세기에 들어 그런 규범질서를 미국과 중국 같은 이른바 강대국들이 드러내놓고 무시하는 행동들을 보이면서 그 허약성 또한 충분히 드러나고 있다.

그러나 우리 시대는 더 이상 이런 세계성 또는 세계 공간에 대한 상상력에 기반한 정치적이고 도덕적인 실천을 도외시하고 살 수 있는 시대가 아니다. 기후변화나 세계적인 감염병 확산 현상 등을 통해 세계 어느 곳도 긴밀하게 연결되어 있지 않은 곳이 없다는 그물망의 진리를 함께 확인하고 있는 중이다. 현실 속 시민의 국가제약성, 즉 우리는 기본적으로 한국시민으로 살아갈 수밖에 없다는 사실을 직시하는 한편으로, 동시에 긴밀하게 연결된 세계 속에서 살아가야만 하는 상황을 받아들이고 그것에 맞는 규범질서를 새로 마련하고 실천할 수 있는 세계시민으로서의 정체성 또한 경시할 수 없다. 우리 시민교육이 세계시민교육을 포함해야만 하는 당위가 여기서 도출된다.

1   쟝 베슐레르, 최종철 옮김(2019),『왜 민주주의인가? – 민주시민교육의 첫걸음』, 진인
    진, 105쪽.

2   박병기(2013),『의미의 시대와 불교윤리』, 씨아이알, 12장 '한국사회의 새로운 이념으
    로서 연기적 독존주의' 참조.

3   김상봉(2007),『서로주체성의 이념』, 길, 1부 '서양정신의 나르시시즘과 홀로주체성' 참조.

4   서구적 전통의 세계시민주의에 대해 누스바움은 "모든 인간은 평등한 존엄성과 가치
    를 가지고 있으며 출생이나 국적 같은 우연이 공동의 책임을 저해해서는 안 된다고 주
    장했던 사상의 고귀한 전통"이라고 정의하고 있다. 그는 이 전통이 '정의의 의무'에만
    초점을 맞추고 물질적 원조의 의무에 대해서는 경시함으로써 불평등을 용인하는 결함
    을 지니고 있었다고 비판하면서, 오늘의 세계시민주의에 대한 재구성을 시도하고 있
    다. 마사 씨. 누스바움, 강동혁 옮김(2020),『세계시민주의: 고귀하지만 결함 있는 이상』,
    뿌리와이파리, 12-13쪽.

5   아소카왕의 경우는 자신이 점령한 나라에서 종교적 관용과 복지, 자유의 증진을 토대
    로 백성들의 자발적 선행을 통해 사회적 풍요를 구현해보고자 노력했다. 그에 관한 정
    의론 관점의 평가는 아마르티아 센, 이규원 옮김(2019),『정의의 아이디어』, 지식의 날
    개, 85-86쪽 참조.

5장
공화주의(共和主義)와
우리 공화 전통의 재구성

05

공화주의(共和主義)와
우리 공화 전통의 재구성

공화共和는 민주民主와 함께 우리의 정치체제를 규정짓는 핵심 개념이다. '대한민국은 민주공화국이다'라는 선언적 명제는 헌법에 명시된 이후 오랜 시간 동안 실질적인 역할을 하지 못하다가, 개인의 자유와 정권교체 요구를 중심으로 하는 민주화가 어느 정도 이루어진 이후 목격한 '민주화 이후의 상황'은 다음 두 가지 사실로 인해 우리를 당혹스러움으로 이끌었다. 하나는 경제적 불평등과 그 고착화 문제이고, 다른 하나는 고립되고 이기적인 개인의 일반화로 인한 관계와 공동체 해체 문제이다. 몸으로 먼저 다가온 것은 전자이지만, 후자 또한 일상의 외로움과 고통으로 다가와 우리의 전반적인 삶을 뒤흔드는 계기를 만들곤 했다. 그 징후가 자살과 고독사, 반려동물의 급속한 확산 등이다.

공화는 리퍼블릭republic의 번역어로 19세기 일본에서 채택되어 동아시아 전반의 한자문화권에서 받아들여진 것이다. '공공의 것res pubulica'이라는 어원적 의미를 지니는 이 개념은 시민의 참여와 덕성을 강조하는 아테네 공화 전통과 공화국 구성원으로서 누려야 할 비지배 자유와 법 앞에서의 평등을 강조하는 로마 공화 전통으로 나뉘어 서양 정치사상의 논의 주제를 형성해왔다. 최근에는 페팃P. Pettit이 '비지배자유'라는 개념을 부각시키면서, "한 인간으로서 당신이 요구하는 자유는 내버려두는 것, 즉 불간섭으로 누릴 수 있는 자유 이상이다. … 자유로운 인간이 되기 위해서는 어떤 특정한 선택을 다른 사람의 허락 없이 스스로 내릴 수 있어야 한다"라는 로마 공화정의 이상을 오늘 상황에 맞춰 호출해내면서 주목받고 있다.[1]

우리가 이 책을 통해 지속적으로 초점을 맞추고 있는 문제 하나가 바로 이 지점에서도 부각된다. 그것은 공화의 전통을 아테네와 로마에서만 찾고자 하는 자세의 문제다. 민주의 경우도 마찬가지지만, '공공의 것'에 주목하면서 그것을 마련하고 지켜가고자 하는 노력은 동서양 전통 모두에서 존재했고, 우리 전통에서도 당연히 그러하다. 도대체 공공의 것에 관심을 갖지 않고 존재할 수 있는 사회가 있을 수 있겠는가? 그리고 공화에서 강조하는 시민의 참여 문제 또한 범위에서 차이가 있을 뿐 어떤 정치공동체에서도 존재할 수밖에 없다. 그런데 우리는 그 전통이 마치 서구에만 있었던 것으로 받아들이면서, 우리 공화 전통에 대해서는 무관심할 뿐만 아니라 무지하면서도 부끄러워할 줄 모른다. 이 시대 공화주의자로 많은 정치철학자들이 추앙하다시피 하는 페팃이 자신의 저서 한국어판 서문에 붙인 다음과 같은 글을 통해서도 이 문제의 심각성을 확인할 수 있다.

"한국인들이 지닌 공화주의 유산으로 구현한, 고귀하지만 현실적인 이상에 눈을 뜨는 데 이 책이 조금이라도 이바지할 수 있으면 좋겠다. 그러기에 나는 이 책이 한국어로 번역된다는 사실이 너무나도 영광스럽다. 이 책을 통해 독자들이 그러한 유산이 지니는 가치를 더욱 정확하게 이해하기를 겸손한 마음으로 기원한다."[2]

공화주의의 유산은 특정 문명의 독점적인 유산이 아닌 보편적인 것이다. 그중에서 아테네와 로마의 유산은 근대 이후 서구문명의 주도권 행사와 비서구 학계의 무조적적 추종과 수용으로 인해 특별한 것으로 부각되어 있을 뿐이다. 단군의 홍익인간에서 그 뿌리를 찾을 수 있고 동학東學과 3.1운동, 6월항쟁, 촛불항쟁을 통해 면면히 이어진 우리의 민주화 과정은 한편으로 우리 모두가 주인이라는 자각에 근거한 민주民主의 구현임과 동시에, 우리나라와 사회가 특정집단의 전유물일 수 없다는 자각에 근거한 참여와 열망을 담은 공화共和의 실현이다. 그런데 이런 전통이 우리 학계와 시민들의 지속적인 관심사에서 배제되어 제대로 부각되어 있지 못한 것일 뿐이다. 지금이야말로 이런 전통의 재조명과 이 시점에 맞는 재구성이 필요할 때다. 왜냐하면 바로 그 '서구의 눈'이 지닌 장점과 한계가 분명하게 드러나 객관적인 관찰과 성찰이 가능한 역사적 계기를 맞고 있기 때문이고, 다른 한편 우리가 현재 공화를 바라보는 눈에는 공교육을 통해 얻게 된 서구 공화전통에 대한 과도한 평가로 인해 표면화되지 못한 전통적인 공화에의 지향성이 내재되어 있을 것이기 때문이다.

급속한 개인화로 인한 공공영역의 위축

공공의 것에 대한 정당한 관심과 참여를 통한 실천으로서 공화는 한 사회 또는 공동체가 존속하기 위한 기본적인 전제다. 그것이 작은 도시국가 형태를 취하고 있던 고대 그리스의 아테네에서는 직접적인 참여를 통해 이루어졌고, 제국의 형태를 취하고 있던 고대 로마에서는 노예와 대비되는 자유인으로서 시민이 지녀야 할 덕성에 초점이 맞춰지며 부각되었다. 그렇다면 '공공의 것'을 확보하기 위한 우리의 노력은 어떤 역사를 지니고 있을까? 이 물음과 마주하면서 먼저 인정할 수밖에 없는 것은 이 주제에 관한 충분한 논의를 할 수 있을 만큼의 선행연구가 서구 전통에 대한 연구물들과 비교하면 거의 없다시피 한 점이다. 역사학 분야의 유사한 연구가 조금 있기는 하지만, 그것도 공화 자체에 맞춰지기보다는 역사적 흐름 속에서 두레와 향약 같은 백성들 사이의 협력을 매개체를 소개하는 정도에 그치는 경우가 대부분이다. 이 주제를 본격적으로 다루어주기를 기대하는 정치학과 사회학, 정치철학 등의 영역에서도 그다지 다른 모습을 찾아보기 힘들다.

선행연구의 부재 또는 결핍 속에서 어떤 주제에 관한 탐구를 지속하는 일은 어떤 점에서 한 개인 연구자의 역량 범위를 넘어서는 과제로 다가올 수 있다. 특히 우리가 관심을 갖고 있는 '우리의 공화와 그 전통'이라는 주제는 현재 우리의 공공영역에 대한 경험적 분석을 토대로 그 역사적 뿌리를 함께 살펴야만 비로소 실체가 드러나는 것이기 때문에, 한 연구자가 감당해낼 수 있는 과제가 될 수 없을 정도로 그 범위와 깊이가 심원하다. 그럼에도 현재 우리의 공공영역에 대한 경험적 또는 연역적 분석은 조금씩 나오기 시작했고, 그런 노력들이 특히 사회학과 정치학 분야에서 조금씩 확산되고 있는 추세라는 점에서 고무적이다. 우리 학계가 오랜 식민지적 의존과 종속에서 벗어나기 시작하는 조짐이라고 해석될 수 있는 지점이기도 하다.

21세기 초반 한국사회의 공공성 부족 문제에 초점을 맞춘 이병택의 연구도 그중 하나다. 그는 '생활세계와 시민'이라는 주제를 내걸고 '생활세계는 우리가 살고 있는 주위세계로부터 출발하여 실천적 초월을 강조하는 실천적 세계'라는 정의를 확인하는 데서 출발한다.

> "이 책의 저자는 우리 사회의 사적인 공간에 대한 선호현상과 그로 인한 공적인 공간의 퇴락을 설득력 있게 제시한다. 한국인의 주위세계를 특징짓는 것은 사적인 공간의 생생함과 공적인 공간의 형식성이다. 생생함이 살아 있는 공간과 형식적 허울만이 유지되는 공간 사이의 싸움은 당연히 사적인 공간의 팽창과 공적인 공간의 축소로 귀결될 수밖에 없다."[3]

주로 군대경험을 공유하고 있는 현대한국의 남자를 분석대상으로 삼은 한 저서(전인권, 2013, 『남자의 탄생』, 푸른숲)를 검토하면서 그가 내린 결론이다. 전인권의 이 책이 출간되었을 때 필자도 흥미를 가지고 읽었던 기억이 남아 있다. 박정희 연구로 박사학위를 받은 정치학자인 그는 한국남자, 특히 아버지를 '동굴 속 황제'로 규정하면서 그를 통해 아들이 어떤 사회화 과정을 거쳐 다른 세대의 '한국남자'로 자라나는지를 치밀하게 분석하고 있다는 느낌을 받았다. 전인권의 명제는 "아버지는 이 사회가 나에게 침투하는 하나의 방식이며, 내가 사회로 나가는 유일한 통로였다. 즉, 나는 아버지를 통해 세상의 일원이 되는 것과, '어머니 공간'에서 익힌 동굴 속 황제의 습성을 남성들의 세상에서 펼쳐 보이는 방법을 배웠다"(위의 책, 177쪽)로 잘 정리되고 있다.

이렇게 전인권을 인용하면서 이병택은 한국인의 주위세계가 공과 사의 견제와 균형이 붕괴된 형태로 전개되고 있다는 주장을 펼친다. 이렇게 된 원인을 분석하는 과정에서 그는 문명을 수용하는 과정인 외부와의 교섭 과정에서 자주성이 결여되어 있다는 사실과 함께, 사회지도층이 중심이 되어 학교에서 배운 시민적 규율보다는 공부에 따른 우선순위의 행동양식이 사회에 나와서도 '규율을 잘 피해가는 사람이 유능한 자로 인식되는' 상황을 강조하고 있다.[4] 동의할 수 있는 분석이지만, 왜 이런 상황이 펼쳐지게 되었는지에 대한 보다 정교한 분석과 함께 대안 제시가 아쉽다. 그는 글의 끝부분에서 "우리의 문제는 사람에 있는 것이 아니다. 그보다는 제도를 잘 운영하고 그때그때의 문제를 해결할 수 있는 시민들의 모임을 구성해낼 수 있는 시민성이 핵심이 될 것이다" 정도의 대안을 제시하는 데 그치고 있다. 원론적으로는 부정할 수 없는 말이지만, 그때의 사람과 시민은 어떻게 다르고 또 그 시민성을 어떻게 고양시킬 수 있는지에 대한 실천적 대안이 따라오지 않고 있어 부분적인 동의에 그치게 된다. 어쩌면 마지막 과제는 시민교육의 중요성과 방향을 주문하는 말로 해석될 수도 있을 듯하다.

사적 영역과 공적 영역 사이의 경계 설정과 관계론적 넘나듦은 모든 시민들에게 주어진 사회적 과제이자 실존적 과제이다. 우리는 '사적 영역의 따뜻함과 여유로움을 토대로 삼아 공적 삶의 영역에 참여하면서 우리 사회 구성원들의 삶의 질을 끌어올리는 시민'이라는 과제를 공유하고 있다.[5] 이런 과제의 수행을 어렵게 만드는 요인들이 많지만, 가장 먼저 주목해야 할 것은 우리 사회의 급속한 개인화이다. 개인화는 한편으로 그 개인의 자유와 권리를 확보하는 방향으로 전개되고 있지만, 다른 한편으로는 인간 본성과 삶의 의미의 근간을 이루는 관계성을 지속적으로 파괴하는 결과를 가져오고 있다. 그런데 이런 개인화가 급속한 서구화 과정 속에서 따라 잡기 힘들 정도의 속도로 진행되고 있고, 전 연령층과 계층에서 이루어지는 광범위성을 보여주고 있다.

사실 개인화는 서구 사회학의 오랜 주제여서 특별한 것이 없는 현상으로 볼 수도 있다. 개인화는 서구 근대 이후 종교권력으로부터의 독립과 자유를 의미하는 세속화의 흐름 속에서 자연스러운 현상으로 받아들여지기도 했다. 그런데 이 '개인'이라는 존재 형태는 인간의 자연상태라기보다 오히려 인간이 문명화되면서 등장한 역사적인 존재 형태이고, 우리 사회 개인화 연구의 선구를 열어가고 있는 홍찬숙2015의 지적과 같이 서구 근대사회에 이르러 비로소 사회로부터 분리되는 '개인'이라는 개념이 형성되었다.6 그의 분석에 따르면, 개인화와 관련지어 한국사회의 특징은 남성이 아닌 여성이 중요한 주체가 되었다는 사실과 민주화와의 관련 속에서 서구 근대적 개인주의와 현대의 개인화가 동시적으로 일어나는 압축적 과정으로 진행되었다는 점이다.7 민주화 운동을 통해 우리 시민사회가 본격적으로 정착되어가던 1989년에 이루어진 가족법 개정은 여성들이 주도가 되어 이루어낸 것이고, 그 개정을 통해 '가족'이라는 제도화된 영역 속에서 부계 친족집단 중심의 도덕과 개인 중심의 도덕이 서로 경합하는 관계에 돌입하는 계기가 마련되었다는 것이다. 이 분석을 통해 우리는 민주화와 개인화가 동시에 진행된 압축적 과정을 보다 구체적으로 확인하게 된다.8

가족법이 개정된 이후 30여 년의 시간을 보내고 있는 우리들은 가부장적 질서의 지속적인 와해라는 긍정적인 성과와 함께, 급속한 개인화로 인한 공공영역의 훼손과 개인의 고립감 심화라는 부정적인 현상과도 광범위하게 마주하고 있다. 자살률이나 우울증 같은 정신질환의 급속한 증가가 후자의 징후라면, 극단적인 이념 대립으로 인한 시민사회의 분열은 전자의 징후이다. 이제는 과연 어떤 사안에 관한 합의가 가능할 수 있을까 하는 회의감이 들 정도로 시민사회의 분열 양상은 심각하고, 그것을 극복할 수 있는 공론장과 그 기반의 토론문화는 쉽게 정착할 기미가 보이지 않고 있다.

그런데 다른 한편으로 우리는 국가적인 위기로 받아들여질 수 있는 사태를 맞이하면 거의 모든 사람들이 동참하여 극복해내는, 집단적인 역량을 보여주고 있기도 하다. 1997년 구제금융 사태 때의 금 모으기 운동과 2019년 코로나 19 사태 때의 전 국민 마스크 착용 같은 것이 그 사례이다. 이러한 집단적 역량을 유교문화권의 집단주의와 반인권주의로 쉽게 매도하는 기 소르망 같은 서구학자들이 있지만, 마사 누스바움Martha C. Nussbaum의 신중한 고찰과 같이 "이 문제에 대해 신중하게 생각하는 사람이라면 그 누구도 '유교적 가치'라고 단정하지 못한다. 전통을 공유하며 산다고 해서 그 사회 속에 어떤 하나의 사상만 있다고 치부할 수 없고, 공자는 소크라테스만큼 난해하고 복잡하다"라는 분석이 더 진실에 가깝게 다가선다.[9] 그렇다면 이제 우리는 어느 순간 갑자기 발현되는 집단적 참여와 파편화된 분열과 개인의 고립이라는 양면적인 현상을 함께 관찰하면서, 그 과정에서 비교적 분명하게 알아차릴 수 있는 공공영역의 훼손과 개인의 고립감을 동시에 극복해낼 수 있는 우리 공화共和의 대안을 마련해야 한다는 과제를 수용할 필요가 있다.

연기적 독존(緣起的 獨存)의 지향과 우리의 공화(共和)

우리 전통의 두 축을 형성하는 유교와 불교는 보편적인 진리의 존재를 전제로 그것에 이르는 수양과 수행의 과정을 삶의 윤리적 과제로 제안한다는 점에서 동일한 맥락을 지닌다. 그런데 특히 그 수양과 수행이 보편을 지향하는 정신적 영역에서만 이루어지는 것이 아니라 몸에 기반을 두는 체화의 과정을 동반함을 염두에 두면, 기본적으로 시민윤리의 최대도덕 영역에 속하는 것으로 분류되고 바로 그 이유로 인해 오늘의 시민윤리 논의의 장에 등장하는 데서 어려움을 겪을 수밖에 없다. 그중에서도 수직적인 인간관계를 바탕으로 성립되는 예의 질서를 강조하는 유교윤리는 수평적인 관계를 전제로 해서 성립되는 시민윤리와 충돌할 수밖에 없는 한계를 지닌다.

전통은 그 자체로 지속적인 해석의 대상일 뿐이지만, 이때의 해석은 단순한 해석학적 지평을 넘어서는 실천을 수반한다는 점에서 올바른 접근이 쉽지 않다. 내 몸에 새겨진 전통을 끄집어내서 몸의 다른 부분에 이미 새겨져버린 새로운 것들과 만나게 해야 하는 고통을 수반한다는 의미이다. 우리의 경우는 그 전통에 대한 주체적 해석의 지속성을 보장받지 못한 역사적 굴레로 인해 고통은 가중되고, 해석의 자세는 온전한 부정이거나 무조건적 옹호라는 극단을 피하기 어렵게 되기도 했다. 유교윤리의 수직성을 부정하면서 공자 시절부터 완전한 인간관계를 지향해왔다는 일부 동양철학자들의 강변이나, 역으로 '공자가 죽어야 나라가 산다'는 식의 과도한 주장이 그런 예에 속한다.

유교에 비하면 불교는 출발 당시부터 관계의 수평성을 중심으로 형성되었다는 점에서 시민윤리와의 접점에서 유리한 점을 지니고 있다. 고타마 붓다 당시의 인도가 카스트제도라는 엄격한 신분제 사회였던 데 비해, 그의 수행공동체는 모든 신분의 사람들이 동일한 자격으로 참여할 수 있는 평등의 공동체였다. 심지어 그 시대에는 상상하기 어려웠던 여성에 대한 대우에서도 비구니 출가를 허용하는 수준의 평등성을 보여주었다. 우리가 아는 것처럼, 플라톤과 아리스토텔레스는 물론 서구 근대의 칸트까지도 극심한 여성차별주의자 또는 혐오주의자라는 비판으로부터 자유롭지 못하다는 점과 비교하면 거의 혁명적인 수준의 평등이다.

석가모니 불교가 이렇게 처음부터 평등한 관계를 전제로 해서 전개될 수 있었던 배경에는 그의 자연과 내면에 관한 관찰과 성찰에 기반한 '연기성緣起性의 발견'이라는, 지적 혁명이 자리하고 있다. 모든 존재하는 것들은 혼자서는 존재할 수 없고 다른 것들과의 무수한 의존을 통해서만 비로소 그 존재성을 보장받을 수 있다는 연기의 진리를 만들어낸 것이 아니라 발견한 것일 뿐이라고 선언하는 데서 붓다의 가르침, 즉 불교가 출발한다. 그 연기성 때문에 비로소 존재할 수 있는 존재자는 바로 그 이유로 인해 평등하고 또 반드시 사라지게 마련이라는 것이 붓다가 초기경전을 통해 지속적으로 강조하고 있는 가르침이다.

그러나 다른 한편 인간은 독존獨存의 지향성을 지닌다. 이미 심리학이나 뇌과학의 성과를 통해서도 일부 확인되고 있는 것처럼, 우리 인간은 관계성을 갈망하면서 동시에 독존성獨存性을 갈망한다. 자신만의 고유한 삶의 영역을 향한 갈망은 자신을 담을 수 있는 독자적인 공간에 대한 요구에서 출발해서 정신적 영역의 고유성을 향하는 열망으로 확장된다. 바로 이 지점에서 인간 본성의 복잡성이 극적으로 드러난다. 관계 속에서 살아갈 수밖에 없는 속성 속에서도 끊임없이 독존을 희구하는 본성적 열망으로 인해 우리 삶은 일정한 줄타기를 동반할 수밖에 없다. 그 지점을 지칭하는 용어로 필자가 사용해온 것이 바로 '연기적 독존緣起的 獨存'이다.[10] 여기서 '연기적'을 '관계적'으로 바꿀 수도 있지만, 앞의 개념을 선호하는 이유는 후자가 유교의 수직적 인간관계를 연상시킬 가능성이 높기 때문이다. 연기緣起는 서로 연결되어 있는 존재자들 사이의 수평성을 전제로 하고, 그런 점에서 시민사회의 관계를 바라보는 데서 더 적절성을 지닌다.

물론 연기緣起라는 개념은 현재 우리 사회를 대표하는 제도종교 중 하나로 꼽히는 불교의 개념이라는 부담을 지닌다. 광복 이후의 제도종교를 기독교가 대표해왔고, 그 과정에서 불교는 이단시되거나 적대의 대상이 되어 이른바 훼불사건이 끊이지 않기도 했다. 또한 일반 학계에서도 서구의 세속화 과정을 일면적인 발전의 과정으로만 해석하는 경향이 지배적이 되면서 유일신 종교와 철학 사이의 넘을 수 없는 벽이 설정되었고, 그 과정에서 종교 용어는 학계의 금기어처럼 받아들여지는 경향마저 생겨났다. 학문의 엄밀성과 종교의 초월성 등을 고려해서 유의해야 할 지점임에는 틀림없지만, 불교의 경우에는 유일신 신앙과는 달리 자연주의에 기반을 두고도 해석 가능한 종교라는 점에 주목할 필요도 있다. 특히 초기불교의 경우 이런 특성이 더 잘 부각되는데, 내면과 자연을 향한 명상과 관찰의 결과로 찾아낸 연기의 진리가 자연과학적 탐구의 결과로 확인되고 있다는 점에서 이 개념의 사용은 정당성과 적실성을 지닌다.[11]

연기적 독존은 한 인간의 삶이 지니는 지향성을 설명하는 사실 차원의 개념임과 동시에, 그 지향성의 실천을 전제하는 가치론적 차원의 개념이기도 하다. 우리는 타자와의 의존 속에서만 살아갈 수 있지만, 그것은 삶의 필요충분조건이 아니고 단지 필요조건일 뿐이다. 그것에 더해 독존성이라는 충분조건을 갖추고 있을 때 비로소 완결성을 지닌다. 자신의 고유성을 상실한 채 의존성으로만 살아가는 듯한 느낌을 주는 사람이 있을 수 있지만, 그의 내면에서 독존성에의 지향이 온전히 사라질 수는 없다. 오히려 그런 상황에 처한 사람일수록 강렬한 그 의존으로부터 탈출을 꿈꾸고 있을 가능성이 높다. 그렇다면 다음 문제는 이 연기성과 독존성 사이를 어떻게 연결시킬 것인가 하는 것으로 우리 앞에 등장한다.

이 지점에서 우리가 확인하고 넘어가야 할 사실이 하나 있다. 그것은 연기성과 독존성이 모두 인간을 비롯한 존재자들의 존재 양태를 설명하는 보완적 개념쌍이라는 사실이다. 다시 말해서 존재성을 설명하기 위해서는 이 둘 중 어느 하나라도 없어서는 안 된다는 것이고, 따라서 그 자체로는 개념적 온전성을 지닐 수 없다는 의미이기도 하다. 물론 단순한 개념 차원에서는 존재성의 특정 부분을 설명하는 과정에서 부분적 온전성을 지닐 수 있지만, 각각이 서로를 전제로 할 때 비로소 그 의미가 구현될 수 있다는 점에서 불완전한 개념들이다. 이러한 개념들 사이의 관계는 불교 사회윤리 논의를 통해 좀 더 구체적으로 드러날 수 있다.

불교윤리는 일차적으로 존재자들 사이의 연기성에 토대를 두고 실천 지침을 찾고자 한다는 점에서 사회윤리로서의 특성을 지닌다. 그러나 동시에 행동주체인 개개인의 독존성을 전제로 할 때에야 비로소 도덕 판단과 실천이 가능해진다는 점에서 개인윤리이기도 하다. 현대 윤리학에서 사회윤리 논의는 사회윤리의 독자성에 대한 주목 필요성을 부각시키는 정도의 성과를 거두고 있을 뿐 그 이상으로 심화·확장되지 못하고 있다. 그리스도교 사회윤리에서 출발한 윤리학의 사회윤리 논의가 개인의 도덕성으로만 환원되지 않는 집단책임 문제나 제도와 구조개혁을 통해 사회의 윤리적 문제를 해결할 필요가 있다는 사실을 인식시켜주는 데는 일정한 역할을 했지만, 그 책임의 귀속문제를 놓고 개인과 집단 또는 공동체 사이의 관계 설정 문제를 넘어서지 못함으로써 정체되어 있는 것이다.[12] 근대 이후의 서양윤리학이 개인주의를 기반으로 성립했고, 이 개인주의에서 개인과 사회 또는 공동체의 관계를 설명하는 이론틀이 계약론 정도에 그치는 한계에서 비롯된 것이다.

그런데 불교 사회윤리는 '연기성을 깨달은 행위 주체'를 중심축으로 삼아 전개될 수 있고, 그 주체는 고립된 실체로서의 자아가 아닌 무아無我의 존재로 설정된다. 무아는 자신의 독존성을 인식하면서도 그 독존성이 연기성에 의존하는 것임을 인식하는 자아이다. 최소한의 지속성을 전제로 하면서도 그 성립과 지속의 과정이 연기성에 의존해서만 비로소 가능함을 직시할 수 있는 깨달음의 역량을 갖춘 '열린 주체'이다. 그에게 사적 영역은 공적 영역과의 연계성 속에서만 가능하지만, 그렇다고 해서 그 사적 영역이 공적 영역으로 환원되는 것은 아니다. 자신의 존재성을 깨달을 수 있는 수행의 공간으로서 사적 영역과 함께, 관계망 속에서 자신의 연기성을 몸으로 체험할 수 있는 깨침의 공간으로서 사적 영역이 자리하고 그것은 곧 독존성의 공간이다. 고정된 실체로서의 자아를 전제로 하지 않는 '더 큰 자아'를 자신과의 연관성 속에서 느끼고 깨달을 수 있는 존재자가 바로 무아인 셈이다.

윤평중2019은 공화정의 화두인 공공성公共性을 공적인 것과 공동성the common을 변증법적으로 통합한 것이라고 규정하면서, 공적인 것과 사적인 것이 서로 모순 개념이 아니고 오히려 사적인 것에 대한 존중이야말로 공적인 것으로의 진전을 가능케 한다고 주장한다.[13] 개인주의에 바탕을 둔 시민사회의 정립 이후 이러한 사적인 것과 공적인 것 사이의 관계 설정은 지속적인 논란거리가 되어왔고, 아직까지도 제대로 해소되지 못하고 있다. 그 결과가 바로 공적 영역의 축소 내지 훼손이고, 그것이 곧 우리가 대한민국 임시정부 헌정에서부터 지속적으로 천명해왔던 공화의 위기이기도 한 것이다.

사적인 것과 공적인 것 사이의 관계 설정에 관한 논의는 다양하게 펼쳐졌지만, 특히 우리 광복 이후의 교육사 속에서 피해갈 수 없는 인물로 등장한 존 듀이J. Dewey의 논의가 주목받을 만하다.

> "인간은 사실상 연결되어 있을 뿐만 아니라 그의 생각, 감정, 숙고된 행위를 구성하는 데 사회적 동물이 된다. 그가 믿고 바라고 목표하는 것은 연결과 상호작용의 결과다. … 국가로서 공적인 것의 특징은 모든 연결된 행위의 양식들이 직접적으로 연관된 사람들 이외의 다른 사람들을 연루시키는 광범위하고 지속적인 결과들을 지닐 수 있다는 사실로부터 생긴다."[14]

이 인용을 통해 우리는 듀이가 계약을 특별히 강조하지 않으면서 개인들 사이의 연결과 상호작용에 주목하고 있음을 확인한다. 인간이 사회적 동물이라는 명제의 의미를 연결과 상호작용 속에서 찾아내고 있는 것이다. 그것들은 시민사회의 영역을 넘어 국가에 이르기까지 '직접적으로 연관된 사람들 이외의 다른 사람들을 연루시키는 광범위하고 지속적인 결과들'이라는 공적 영역을 낳는 원천이 되기도 한다. 사적 영역과의 긴밀한 연관성 속에서 공적 영역의 필연적인 등장을 바라볼 수 있는 듀이의 관점은 연기와 독존 사이의 넘나듦을 실존적 존재자의 윤리적 실천 모형으로 제시해온 불교 사회윤리의 관점과 맞물리면서 우리 시민사회에서 의미 있게 활용될 수 있다. 그것을 통해 훼손 또는 미정립의 과제로 부각된 우리의 공화를 회복할 수 있는 철학적 기반이 마련될 수도 있을 것이다. 그것은 수직성을 배제한 동등한 인간관계로 재구성되는 유교적 공공성, 즉 대동大同의 이상을 되살리는 출발점으로 활용될 수 있는 가능성으로도 열린다.

우리 공화의 근대적 전개
: 동학에서 촛불까지

21세기 초반 한국사회를 기점으로 삼아 우리 공화전통을 재구성하고자 하는 과제는 일차적으로 한국시민들 사이의 수평적 관계를 전제로 하는 연기적 독존의 철학을 기반으로 가능할 수 있음을 확인했다. 그것은 또 수직적 관계 극복을 전제로 하는 유교의 대동을 통해서도 가능하지만, 좀 더 구체적인 역사적 사실을 바탕으로 전개하고자 할 때 빠뜨릴 수 없는 것이 동학東學이다. 양반 중심의 관료제와 성학聖學으로서 성리학을 통한 왕권의 견제를 시도했던 조선이 해체되어가던 19세기에 출현한 동학은 백성 개개인의 삶과 자유에서 출발했다는 점에서 근대적 형태의 민주로 해석될 수 있지만, 동시에 부패한 관료로 상징되는 무너져가는 공적 영역의 수평적 회복을 지향했다는 점에서 공화의 구현노력이기도 했다.

기독교를 의미하는 서학西學에 대응하는 개념으로 선택된 동학東學의 뿌리가 어디까지 거슬러 올라갈 수 있는지에 대해서는 여러 추론이 가능하지만, 최소한 우리는 그것이 유불선儒佛仙의 통합을 지향했다는 점에서 최치원이 기록한 현묘지도玄妙之道로서 풍류도風流道와의 연결고리를 무시할 수 없다. 그것의 구체적인 내용이나 모습이 전해지지 않고 있어 우리는 흥이나 멋, 맛과 같은 우리말에 남아 있는 흔적 정도로 추측할 수밖에 없지만, 함께 주목해야 할 지점은 그런 풍류도의 흐름이 함께함을 전제로 성립했을 것이라는 사실이다. 그런 흔적을 우리는 추수가 끝내고 하늘에 감사하는 마음으로 드렸던 고구려의 동맹東盟에 대한 기록을 통해 확인할 수 있다.

> "(고구려에는) 해마다 시월이면 모든 사람들이 모여 하늘에 제사를 지내는 행사가 있는데, 그 이름을 동맹東盟이라고 했다. ⋯ 사람들은 이 공회公會에 비단옷과 금은 장식으로 치장하고 참여했다."[15]

중국 사람들의 눈으로 그려진 고구려의 제천행사에 '공공의 모임'이라는 뜻의 공회公會가 등장하는 의미 있는 기록이다. 우리말의 '함께'는 공公과 공共의 의미를 모두 담고 있다. 함께 모여 무언가를 도모한다는 점에서 공共이고, 그 함께함 속에서 개인적인 영역과의 연결 속에서도 일정한 차별성을 지니는 공적 영역이 출현한다는 점에서 공公이다. 듀이가 강조하고자 했던 "실제로 연결된 사람들의 상호작용이 직접적으로는 연루되지 않은 사람들의 삶에 영향을 미치기 시작할 때 국가와 같은 공적 영역이 등장한다"라는 명제와도 통하는 지점이다.

축제로 등장한 공공 영역은 연기적 독존의 구현을 위한 적절한 시공간을 마련해주었을 것으로 짐작해볼 수 있다. 함께 모여 노래 부르고 춤을 추는 시간과 공간은 하나의 공동체에 속해 있다는 소속감을 확인함과 동시에, 자신의 춤에 흠뻑 빠져들 수 있는 독존성의 미학을 충족시켜주는 공간이자 시간이었을 것이기 때문이다. 고대 로마의 시인 호라티우스가 타자의 시선에 이끌리는 삶을 당장 때려치우고, "달빛 교교한 밤에 자신이 홀로 추는 춤사위에서 내뿜는 기운에 온전히 몰입하라"라는 의미로 강조했던 까르페 디엠carpe diem의 미학과도 연결될 수 있는 지점이기도 하다.[16]

이러한 공회公會의 전통은 불교를 수용하면서 고려의 팔관회 같은 형태로 계승되었고, 도덕정치의 이념을 전면에 내세운 조선에서도 누구나 시인이기도 했던 선비의 풍류와 민중들의 판소리, 각설이 타령으로 상징되는 운율과 축제로 살아남았던 것으로 보인다. 다른 한편 한자어 공화共和의 어원은 고대 중국 주나라의 집단지도체제를 묘사하는 말에서 유래한 것으로 파악되고 있다. 사마천은 『사기』에서 주나라 여왕厲王이 포악하고 오만한 통치를 하다가 반란을 일으킨 사람들에 의해 자리에서 쫓겨난 후에 그 자리를 소공과 주공이 맡아 함께 다스렸는데, 이 시기를 공화共和라고 불렀다.[17] 그 사례가 17세기 중반 조선의 효종과 신하의 경연에서 소개되면서 "여왕이 체나라 땅으로 달아난 뒤 주공과 소공이 공화제共和制를 14년간 실시하여 왕의 은택이 사라지지 않았으므로 …"라는 기록으로 남아 있다.[18] 왕 한 사람의 지배체제가 아닌, 두 사람의 공동지배 체제를 지칭하는 한자어 개념이었던 공화가 영어권의 리퍼블릭republic의 번역어로 채택되어 우리에게 전해지고 있고, 서구 아테네와 로마의 공화정 또는 공화정체와 비교해서 그리 동떨어진 번역은 아닌 것으로 볼 수 있다.

서구의 공화 또는 공화정에 관한 구체적인 논의는 대체로 로마 공화정에서 시작한다. 우리가 앞서 인용한 페팃에 따르면, 로마 공화주의 전통은 시민의 동등한 법적 지위를 강조하면서 시민들 사이의 평등한 관계와 법을 구성하는 데 동등한 통제력을 보장받았다고 말하며, "(로마) 공화정은 법 앞에서의 그리고 법 위에서의 평등이라는 이념에 기초해서 조직된 공동체, 그 이상도 이하도 아니었다"라고 정리하고 있다.[19] 그 법에 의한 지배는 도시거주자이자 남성이었던 로마 시민의 비지배자유를 보장하는 장치가 되었지만, 로마 황제체제의 확립과 함께 유령처럼 사라졌다가 서양 중세시대에 들어와 북부 이탈리아 자치 무역도시 주민들이 군주나 교황으로부터 독립되기 시작하면서 부활했다. 이 주민들이 르네상스 시대를 맞아 광범위하게 확산된 그리스·로마 고전들과 함께 로마 공화정의 모델을 베네치아, 피렌체 같은 도시들이 성취한 것 또는 성취할 것으로 보이는 것의 전형으로 언급되기 시작했다는 것이다. 그 대표적인 논의가 피렌체 외교관이었던 마키아벨리의 『로마사 논고』를 통해 "그 비지배 자유를 시민적 자유로 여겼고, 이런 자유는 로마공화정과 같은 혼합정체를 통해서만 획득할 수 있다"라고 펼쳐진 것이다.[20]

페팃이 보기에 마키아벨리 이후 공화주의와 관련된 논의는 크게 세 가지로 나뉜다. 첫째는 비지배 자유라는 이상이 정치·사회적 삶에서 가장 우선시되어야 한다는 주장이고, 둘째는 그러한 이상을 추구하기 위해서는 혼합정체가 요구된다는 주장이며, 셋째는 그러한 헌정 체제를 유지하기 위해서는 평범한 시민도 공적인 권력을 견제할 수 있어야 하고 기꺼이 그렇게 하려는 의지를 함께 갖고 있어야 한다는 주장이다. 요약하면 비지배 자유라는 이상을 토대로 그것을 구현할 수 있는 혼합정체와 공적 권력을 견제할 수 있는 힘과 의지를 가진 시민의 존재가 공화의 필수 요건이라는 것이다.[21]

이와 같이 로마 공화정에 초점을 맞추는 필립 페팃의 신로마공화주의와 함께, 20세기 서구 정치철학의 공화주의에 관한 논의는 아테네 공화주의의 참여와 실천, 심의 등을 강조하는 한나 아렌트Hannah Arendt와 마이클 샌델Michael J. Sandel의 관점 등이 우리 학계와 사회에 소개되어 있다.[22] 이런 논의들이 우리 사회에서 어떻게 해석되고 재구성될 수 있는지에 관한 치열한 논의와 함께, 꼭 필요한 것이 우리 공화 전통에 대한 적극적인 수용과 해석, 재구성이다. 특히 18세기 조선의 전국적인 민란을 19세기에 들어 사상과 종교, 실천으로 승화한 동학에 담겨 있는 우리 공화의 전통에 주목할 필요가 있다. 그 전통은 '사람이 하늘이다'라는 명제를 출발점으로 삼아 백성들 사이의 신분이 철폐된 평등한 관계와 함께, 모두가 누릴 수 있는 공공 영역의 획득을 목표로 실천운동으로까지 확장시킨 것이기 때문이다. 더 나아가 20세기의 3.1 운동과 광주, 6월 항쟁에 이어 21세기 초반 촛불항쟁으로까지 이어진 끈질긴 생명력을 보여주며, 오늘 우리 자신의 문화유전자 속에 새겨져 있는 것이기 때문이기도 하다.

완산칠봉 바라볼 때마다
전주성 밀고 들어가던 농군들의 함성이
땅을 울리며 가슴 한복판으로
달려 왔었는데, 금년 세모의 완산칠봉에는
'전주화약全州和約' 믿고
뿔뿔이 돌아가는 농군들의
여물지 못한 뒷모습 보입니다.
곰나루, 우금치의 처절한 패배도 보입니다.
그러나 우리는 다시 봅니다.

강물은 끊임없이 흐르고

해는 내일 다시 떠오른다는

믿음직한 진리를

우리는 다시 봅니다.

(신영복, '완산칠봉' 전문)

　20여 년을 감옥에서 견뎌야 했던 신영복이 대전교도소 등 여러 곳을 전전하다가 출소했던 마지막 교소도인 전주교도소에서 그 전주를 상징하는 완산칠봉이라는 산봉우리를 바라보면서 1987년 말에 쓴 시이다. 전라도 고부와 무장, 흥덕 등에서 몸을 일으킨 동학군들이 전주성을 점령하고 자치기구인 집강소를 설치하여 평등하고 인간답게 사는 세상을 구현하고자 했던 시간은 길지 않았다. 고종과 민비 등 지배층에 의해 청나라 군대가 개입하고 그것을 빌미삼아 일본군까지 밀려오는 상황 속에서 농기구를 거꾸로 치켜들어 무기로 삼았던 동학군들이 오래 버티는 일은 불가능했기 때문이고, 다른 한편으로는 자신들의 집강소를 인정해주겠다는 진압군 대장의 약속을 믿었기 때문이기도 했다. '전주화약全州和約'이라는 이름으로 역사에 새겨진 이 약속은 지배층과 그에 맞선 피지배층 사이에 맺어진 공화共和, 즉 함께 살아보자는 약속이었다.

　'폐정 개혁 12조'로 알려져 있는 동학군들의 요구는 크게 보면 신분제 철폐와 토지개혁을 통한 농민의 토지 소유제 확립으로 나눌 수 있다. 이들의 요구가 동학군의 2차 봉기 실패로 인해 제대로 반영되지 않았지만, 곧바로 이어졌던 개화파 중심의 갑오개혁을 통해 부분적으로는 수용될 가능성이 있었다. 특히 첫 번째 신분제 철폐가 상당 부분 반영되었지만, 실제 역사 속에서는 기득권층의 반발로 구현되지 못한 채 일제의 간섭과 강압 통치로 이어지고 말았다.[23] 다시 말해서 로마 공화정의 솔론의 개혁을 상기시키는 이 약속은 그러나 동학군의 처절한 패배와 전봉준의 처형, 일제의 강탈 등으로 이어지면서 현실 속에서 힘을 잃게 된다. 우리 근대 이후 공화의 역사는 이렇게 첫 번째 좌절을 맞은 셈이다.[24]

동학은 개벽開闢을 지향했다. 이 개벽은 대체로 후천개벽後天開闢이라는 종교적 개념의 약어로 받아들여지는 경향이 있는데, 동학연구가 조성환에 따르면 동학의 창시자 '최재우는 후천개벽을 말한 적이 없다. 『용담유사』에서 다시 개벽을 말했을 뿐'이라는 것이다.[25] 후천개벽이 우주론적인 개념이라면, 다시 개벽은 인문학적 개념이라는 것이 그의 해석이다. 동학의 개벽은 수양을 통한 자기변화와 함께 거기에서 출발하는 사회변화를 추구하는 문명 전환 운동의 의미를 지닌다. 우주에 존재하는 모든 것들의 가치론적 평등성에 대한 믿음을 토대로 그 모든 존재자들이 지니는 우주적 생명체를 대하는 타자 존중의 경敬을 실천윤리로 삼는다.[26]

이러한 동학은 농민혁명의 좌절을 겪으면서도 꺾이지 않고 천도교天道敎로 재구성되어 1919년 3.1 운동의 주역을 담당한다. 천도교 교주 손병희를 중심으로 평화를 바탕으로 하는 독립만세 시위가 전국적으로 펼쳐지면서, 일제강점기는 대한민국 임시정부 수립과 헌장 선포라는 역사적 전환기로 접어들 수 있게 된다. 그 헌장은 '대한민국'이라는 국호의 천명과 함께 '민주공화정'의 공식적인 등장으로 자리매김되어 민주공화국으로서 대한민국이 출발하는 상징적인 문서로 현재 우리의 헌법정신의 토대를 이룬다.

서구 정치철학의 현대 공화주의 논의는 대부분 로마와 아테네의 불완전한 공화정 역사에 대한 확대된 해석과 재구성에 토대를 두고 전개되었다. 우리 시민사회가 그 서구적 맥락의 상당 부분을 지니게 되었다는 점에서 그런 논의의 유효성 또한 인정해야 하지만, 다른 한편으로 그들의 확대된 해석과 재구성에 포함되어 있는 서구적 특수성에 대한 정당한 관심이 꼭 필요하다. 아테네나 로마 공화정의 주체는 그 공동체의 반 이상을 차지하고 있던 여성을 배제했을 뿐만 아니라 노예 또한 배제된 부분적이고 결핍된 공화정의 역사일 뿐이다. 그에 비해 동학농민항쟁과 그 맥을 이은 3.1 운동은 모든 시민들 사이의 평등한 관계성을 전제로 삼아 공적 영역의 온전한 회복을 시도했던 사상적 운동이자 실천이었다. 그런 노력과 성과는 당시의 유럽과 비교해도 손색이 없는 것이었고, 세계사적으로 확장된 영향력을 발휘한 것으로 평가받기도 한다. 더 중요한 지점은 그것이 일제강점기의 끈질긴 독립운동에서 촛불로 이어지는 공공 영역 회복의 외침으로 계승된 사실이다. 그 각각의 역사적 실천은 한편으로 모든 시민의 자유와 권리를 확보하기 위한 민주항쟁이지만, 다른 한편으로 공공 영역의 온전한 회복을 위한 공화의 항쟁이기도 하다. 우리는 가장 최근의 촛불항쟁에서 등장했던 '이것이 나라인가'라는 외침 속에서 그것을 확인할 수 있다.

19세기 동학을 우리 근대 공화의 출발점으로 보아야 한다는 이 책의 주장은 아직까지는 일부 동학연구자들을 통해 개진되는 소수설에 속한다. 주류 학계의 주장은 고대 아테네와 로마의 공화정에 대한 새로운 해석에 근거하여 '참여와 시민의 덕성', '비지배 자유' 등을 강조하는 한나 아렌트와 마이클 샌델, 필립 페팃 등의 이론을 수용하는 것이 중심을 이루고 있다.[27] 그들의 주장이 지니는 보편적 측면과 현대 상황과의 적실성에 대해서는 충분한 존중감이 필요하지만, 동시에 우리 시민문화 속에 포함되어 있는 특수성에 관한 공정한 고려를 바탕으로 삼는 현재적 재구성의 노력 또한 그에 못지않게 중요하다. 그중에서도 우리 시민사회가 지니게 된 현재의 공공영역과 그것을 가능하게 했던 20세기 이후의 실천적 노력에 대한 적극적인 관심이 필요하다. 우리의 공화는 특히 '코로나 19 사태'를 통해 함께 살아가야 한다는 성숙한 시민의식 속에서 모범적으로 구현되면서 새로운 주목의 대상이 되고 있다. 세계의 시선과는 별도로 우리 자신이 우리 사회 내부에 자리 잡고 있는 '공화'를 발견하고 놀라고 있는 중이다. 그것은 고대의 제천의식에서 불교와 유교를 수용한 이후의 국가적인 축제, 동학을 통한 함께함의 역사적 경험이 20세기 3.1 운동에서 21세기 촛불까지 면면히 이어지면서 나타난 것이라고 볼 수 있다. 이런 공화의 경험을 서구 공화주의 이론을 통해 조명하면서 재구성하는 노력 이전에, 그런 경험 자체에 주목할 수 있는 주체적인 학문과 교육 자세가 절실하다. 동시에 우리가 결여하고 있는 민주와 공화 역량에 대한 겸허한 인정과 수용을 바탕으로 삼아 극복하고자 하는 자세도 꼭 필요한 시점이다.

1 필립 페팃, 곽준혁·윤채영 옮김(2019),『왜 다시 자유인가: 공화주의와 비지배 자유』, 한길사, 27쪽.

2 필립 페팃(2019), 위의 책, 9쪽, 강조는 필자의 것이다.

3 이병택(2017),「생활세계와 시민」, 이동수 편,『시민학과 시민교육』, 인간사랑, 142쪽.

4 위의 글, 139, 144쪽 참조.

5 우리나라의 대표적인 유교페미니스트로 분류될 수 있는 이은선은 이 과제를 '사유하는 집사람(eine denkende Hausfrau)'이라는 개념을 출발점으로 삼아 모색하고자 한다. 그 '집사람'이 여성으로 한정되는 것이 아니라면, 가족으로 상징되는 사적 영역과 시민사회 영역 사이의 경계를 인식하면서도 걸림 없이 넘나들 수 있는 가능성을 보여줄 수 있는 대안으로 평가받을 만하다. 이은선(2020),『'사유하는 집사람'의 논어 읽기』, 모시는 사람들, 7쪽 참조.

6 홍찬숙(2015),『개인화: 해방과 위험의 양면성』, 서울대출판문화원, 6쪽 참조.

7 홍찬숙(2015), 위의 책, 155-156쪽 참조.

8 위의 책, 162쪽 참조.

9 안희경(2020),『오늘부터의 세계』, 메디치, 133-134쪽(4장 혐오와 사랑: 마사 누스바움).

10 박병기(2013),『의미의 시대와 불교윤리』, 씨아이알, 12장 '한국사회의 새로운 이념으로서 연기적 독존주의' 참조.

11 불교를 자연주의로 해석하고자 하는 한 사례로 미국 듀크대학 심리철학자 오웬 플래나간을 들 수 있다. 그는 불교에서 윤회 같은 종교적 개념을 유보하더라도 자연주의의 기반 위에서 윤리적 지침을 줄 수 있는 철학으로서 충분한 자격을 갖추고 있다는 입장을 취한다. 오웬 플래나간, 박병기·이슬비 옮김(2013),『보살의 뇌』, 씨아이알, 2부 '자연철학으로서 불교', 특히 2부 2장 '무아의 존재와 멋지게 살기'에서 이런 주장을 설득력 있게 펼치고 있다. 이때의 무아(無我)는 연기(緣起)를 전제로 성립하는 인간의 존재성을 가리킨다.

12 우리 사회에서 윤리학 관점에서 사회윤리 논의를 독자적으로 전개한 학자로는 황경식과 정원규, 필자 등이 있다. 황경식(1996),『개방사회의 사회윤리』, 철학과 현실사, 2장 '사회윤리와 책임귀속 문제', 정원규(2016),『공화민주주의』, 씨아이알, 1부 1장 '현대사회와 윤리 개념의 분화: 사회윤리와 개인윤리', 박병기(2003),『우리 시대의 문화와 사회윤리』, 인간사랑, 2부 4장 '사회윤리의 책임주체 논의와 역할도덕성' 참조.

13 윤평중(2019),「지난 백년, 다음 백년 – 공화정에 대한 성찰」,『철학과 현실』120호(2019년 봄호), 128쪽.

14 존 듀이, 홍남기 옮김(2010),『현대 민주주의와 정치 주체의 문제』, 씨아이알, 35, 37쪽.

15 『삼국지』「위지 동이전」 '고구려조', 여기서는 조성환(2018),『한국근대의 탄생 – 개화에서 개벽으로』, 모시는사람들, 40쪽에서 재인용했고 강조는 필자의 것이다.

16 호라티우스, 김남우 옮김(2019), 『호라티우스의 시학』, 민음사, 97쪽 참조. 여기서 호라티우스는 시민들이 "로마의 비파에 어울릴 법한 말을 쫓을 게 아니라 참된 삶의 율조와 화음을 배워야 한다"라고 강조하고 있다. 호라티우스의 '까르테 디엠'에 관한 해석은 배철현(2018), 『수련』, 21세기북스, 19쪽에서 인용한 것이다.

17 사마천, 『사기』 권4, 「주본기」 7장, 여기서는 박상준(2020), 『역사와 함께 읽는 민주주의』, 한울, 174-175쪽에서 재인용했다.

18 『효종실록』 효종 6년 을미(1655 순치) 10월 26일의 기록으로, 여기서는 박상준(2020), 위의 책, 176쪽에서 재인용했다.

19 필립 페팃, 곽준혁 외 옮김(2019), 위의 책, 54쪽 참조.

20 위의 책, 56쪽 참조.

21 위의 책, 57쪽 참조.

22 이 세 흐름에 더해 루소의 사회계약론적 관점을 전제로 시민의 참여를 강조하는 관점이 추가되기도 한다. 전반적인 논의가 잘 정리되어 있을 뿐만 아니라 우리 사회에서 참여적 공화민주주의를 강조하는 책으로 정원규(2016)의 역저(『공화민주주의』)가 나와 있다.

23 이 시기의 역사적 전개에 관한 개략적인 소개와 전주화약과 갑오개혁 사이의 연관성에 관한 이야기는 이이화(2020), 『이이화의 동학농민혁명사1 – 조선 백성들, 참다못해 일어서다』, 교유서가, 242-245쪽 참조.

24 전주화약에 관한 구체적인 내용과 당시 상황에 대한 정리는 이이화(2020), 위의 책 4장에 묘사된 전주성 점령 후 '화약을 맺다' 부분에 상세히 기록되어 있다. 5장은 집강소 설치와 운영에 대한 민주주의적 관점의 해석이 맞춰져 있는데, 필자가 보기에 집강소 설치·운영 문제는 민주적 관점의 해석과 공화적 관점의 해석이 함께 이루어져야 제대로 볼 수 있는 역사적 사건이다. 왜냐하면 동학의 지향이 '인간이 하늘이다'라는 선언에 토대를 두고 있고, 이 선언 속에 담긴 민중 또는 인민에 의한 지배라는 민주적 요소가 집강소 설치와 운영을 통해 비지배자유를 보장받기 위한 제도적 장치를 확보하는 일로 이어질 수 있었기 때문이다.

25 조성환(2018), 위의 책, 53쪽.

26 위의 책, 56-57쪽 참조.

27 최근의 공화주의 논의를 일목요연하게 정리하는 것은 쉬운 일이 아니다. 각 이론가들 사이의 개념 정의의 차이, 초점의 상이함 등과 더불어, 우리 학계의 논의가 지니는 복잡함이 더해지기 때문이다. 이런 상황에서 시민교육의 관점에서 공화주의를 해석하고자 하는 이 책의 목적에 도움이 되는 한 학자의 분류를 소개하고자 한다. 그는 영국 캔터베리 기독교대학의 앤드류 피터슨인데, 아리스토텔레스의 덕에 중점을 두는 '본래적 공화주의'와 그런 무거운 덕보다 특정한 방식으로 기꺼이 행동하려는 인지적 의욕 정도로 시민의 덕을 말하는 필립 페팃 같은 '도구적 공화주의'를 구별하고 있다. 전자에 속하는 대표적인 공화주의자로는 마이클 샌델을 꼽고 있다. 앤드류 피터슨, 추병안 옮김(2020), 『시민 공화주의와 시민교육』, 하우, 134-135쪽 참조.

6장
우리 시민교육의
현실 인식과 극복 과제

우리 시민교육의
현실 인식과 극복 과제

지금까지 우리가 함께 살펴본 한국 시민사회와 그 구성원인 시민이 지니고 있는 복합적이고 중층적인 상황은 그 사회의 축소판인 학교에서 좀 더 복잡한 양상으로 전개되고 있다. 교육 자체가 일정한 자율성의 영역에 속하기는 하지만, 그것이 어떤 사회 또는 공동체를 전제로 해서 실시될 수밖에 없게 된 인류 역사의 어느 시점 이후로 사회문제는 곧 교육과 학교문제로 투영되면서 전개되었다. 상대적으로 교육을 중시하는 문화권에 속하는 우리의 경우, 이 상황은 좀 더 극명하게 드러나곤 했다. 예를 들어, 조선 선비의 삶의 지향 속에서 중심축 중의 하나를 이루고 있었던 출처의식出處意識은 자신의 뜻과 시대 상황이 일치할 때는 벼슬길에 나가 안인安人의 정치를 펼치고 그렇지 않을 때는 물러나 교육자로 돌아가는 것을 의미했다. 남명 조식의 경우가 그 대표적인 사례에 속한다. 그는 지속적인 벼슬길 권유를 끝까지 거절하면서 산림처사山林處士의 삶을 올곧게 보여준 선비의 상징이고, 그가 스스로에게 부여한 역할은 교사였다. 그의 교육이 현실 정치에서는 직접적인 성과를 보여주지 못했지만, 제자 곽재우의 경우와 같이 국가가 환란에 처했을 때 온몸을 던져 저항에 나서는 실천적 교육의 성공을 보여주었다. 정치와 교육이 조선 선비의 삶에서 양자택일의 선택지였던 셈이다.

동학 이후 점진적으로 확립된 평등한 사회로서 한국 시민사회는 이 교육의 과제를 모든 시민이 교육받아야 한다는 시민교육의 명제로 받아들였다. 그 출발은 전통 교육체제와 서구 근대학교 체제의 조화였다. 대한제국이 등장하던 무렵인 1896년 2월 반포된 '보조 공립소학교 규칙'에는 공립소학교 경비를 국고에서 지출할 수 있는 근거와 함께 지방 유생이 그 소학교 부교원으로 참여할 수 있는 조항이 명시되어 있었다. 같은 해 6월 '흥학훈령興學訓令'을 반포하여 그 뜻을 분명히 하고자 했는데, 구체적으로는 성균관을 대학교로, 향교를 중학교로 개편하여 각 면마다 소학교를 두고 마을마다 있던 서당을 유지하여 신식교육을 중심에 두면서도 전통에 기반을 둔 인륜교육人倫教育을 보존하려고 했던 것이다.[1]

이런 노력들은 1897년 대한제국의 등장과 함께 학교 교과로 '수신修身'을 포함시키는, 적극적인 방향으로 전개되었고 이 수신 교과는 종교이자 철학, 윤리로서의 유교儒教를 중심으로 학생들에게 필요한 덕목을 길러주는 것을 목표로 삼았다. 이 시기에 수많은 '소학小學' 관련 교과서들이 편찬되었고, 위기에 처한 국가를 구할 수 있는 의지와 역량을 갖춘 미래의 인재를 키우는 것을 주된 목표로 삼았다.[2] 이 교과는 서구 근대학교 체제에서의 '종교' 교과와 비교될 만하다. 개신교와 천주교를 포함하는 그리스도교 배경의 유럽사회에서도 근대 학교가 설립되는 과정에 당연히 그 그리스도교를 가르치는 교과가 등장한다. 21세기 현재는 필수교과로 남아 있는 영국의 종교 교과와 윤리 또는 종교를 선택필수로 삼는 독일, 세속화를 강조하면서 고등학교 단계에서 철학 과목을 필수로 부과하는 프랑스 등으로 달라졌지만, 근대교육의 출발점에서는 모두 종교를 학교 교육의 필수 교과로 설정할 수밖에 없었다. 그것이 교육의 근본이자 출발점이라는 생각이 공유되어 있었기 때문이다.

이 책에서 우리가 반복적으로 확인하게 되는 것처럼, 이런 주체적인 노력들은 나라를 지킬 수 있는 힘을 갖추지 못한 채 자신의 백성들의 요구를 외세의 힘을 빌려 억누르고자 했던 당시 지도층의 무능력과 잘못된 선택으로 인해 좌절될 수밖에 없었다. 그 자리를 대신한 것은 '교묘한 근대의 외피'를 쓴 일본 제국주의자들의 음모와 폭력을 앞세운 노골적인 침략이었다. 그것을 바탕으로 삼아 철저하게 오랜 시간 우리에게 보편의 원천이었던 하늘을 '왜왕[倭王]'의 제국주의적 변형인 '천황[天皇]'으로 대체한 황국식민교육[國民敎育]이 거의 40년에 걸쳐 실시되었고, 지금까지도 일정한 영역에서 짙은 그림자를 남길 만큼 그들의 관점에서 보면 성공적인 교육사를 썼다는 평가가 가능하다.

3.1 운동을 배경으로 삼아 같은 해인 1919년 4월 등장한 대한민국 임시정부는 길게 이어지는 식민화 정책과 독립운동에 대한 끈질기고 그악스러운 탄압을 견디게 한 구심점이 되었지만, 광복을 스스로의 힘으로 이끌어내는 역량까지 모으지는 못했다. 미국의 원자폭탄 투하로 이루어진 일본왕의 항복 선언의 결과로 주어진 광복과 해방은 미군과 소련군의 한반도 점령으로 이어졌고, 이어진 남북 단독정부 수립은 분단과 동족상잔의 비극을 낳았다. 그런 과정 속에서 우리 사회는 분단사회로서 고착화되어 감과 동시에, 남북이 각각 전쟁의 상처를 극복하면서 경제성장을 추구하

고자 했고 일정한 성공과 실패를 경험하면서 오늘에 이르고 있다.

광복 이후 75년 이상의 세월을 보내면서 남북한 모두는 최소한 교육의 외적 측면에서는 성공을 거두었다는 평가를 받기에 손색이 없다. 남한의 높은 대학진학률과 북한의 무상교육 체제로 상징될 수 있는 이러한 성공은 그러나 교육의 또 다른 목표인 시민교육의 차원에서 보면 그다지 높은 평가를 받기 어렵다. 3대에 걸친 1인 지배체제를 이어가고 있는 북한의 경우는 더 언급할 가치조차 없고, 외형적인 성공을 자랑하는 남한의 경우도 시민교육 차원에서는 여러 결함들을 지니고 있음을 인정하지 않을 수 없다. 사회를 이끌어가는 주인으로서의 의식은 과도한 권리의식으로만 표출되는 경향을 보이고 있고, 시민성의 핵심 영역인 시민의 교양과 윤리 영역은 '무례한 한국인'이라는 말을 들어야 할 만큼 방치되어 있다시피 한다. 또한 자신의 생존을 스스로 책임져야 한다는 압박감의 비정상적인 강화로 인한 '시민 역량의 균형 결여'는 '인간다운 생존'의 바탕을 스스로 무너뜨리는 방향으로 전개되고 있기도 하다. 지금이야말로 이런 현실에 대한 직시에 근거하여 새로운 시민교육의 방향을 설정하고, 그 구체적인 내용과 방법을 위한 진지한 담론과 실천의 장을 마련해야 할 때라는 것이 필자의 일관된 문제의식이다. 이 장에서는 그 문제의식을 좀 더 구체화하는 작업을 해보고자 한다.

우리 교육목표의 전도(顚倒)
: 왜곡된 생존 역량 문제

우리 시민교육이 많은 문제들과 봉착하고 있고, 그 문제들이 어떤 배경에서 어떤 과정을 거쳐 생겨나게 되었는지에 대한 분석도 다양한 방향으로 전개될 수 있을 만큼 쉽지 않은 작업임에 틀림없다. 특히 어떤 한 원인만을 침소봉대해서 제시할 경우, 문제 분석의 차원을 넘어 해결책 모색 과정에서 심각한 결과를 초래하거나 오히려 더 얽히고 마는 결과를 가져오기도 한다. 그 대표적인 것이 대학 입시제도와 관련된 분석과 대안 제시이다.

가정교육과 학교 교육을 포함하는 넓은 의미의 우리 교육에서 가장 많은 관심을 불러 모으는 것이 대학입시이고, 특히 매년 입시를 전후해서 쏟아져 나오는 비판과 비난, 무분별한 대안 제시 등은 이제 더 이상 관심을 모으지 못할 정도의 수준임에도 여전히 그때만 되면 반복되는 고질적인 국면이 지속되고 있다. 바로 그 대학에 몸담고 있는 사람으로서, 또 교육을 전공으로 삼고 있다는 평가를 받는 사람으로서 나는 이런 상황과 마주할 때마다 곤혹스럽고 죄스러운 마음을 갖곤 한다. 특히 고3과 재수생 등 수험생들과 그 부모들에게 그런 마음이 더 들고 실제로 비난의 화살을 받게 되는 경우도 없지 않다.

정말 대학입시가 우리 교육문제의 근원적인 원인과 배경일까? 만약 그렇다면 지금까지 수없이 시행착오를 반복해온 것처럼, 대입제도를 이리저리 바꾸면 그 해결책 모색도 가능해질 수 있겠지만 그런 기대는 비현실적일 뿐만 아니라 비성찰적이기까지 하다. 이미 그렇지 않은 것이 밝혀졌음에도 계속 악순환을 반복하는 것은 집단적 어리석음의 표출이거나 아니면 정권 차원의 눈속임의 반복에 불과한 것이 된다. 이제 정말 이런 집단적 오류에서 벗어나야 한다.

그렇다면 일부 교육 관련 시민단체에서 하고 있는 것과 같은 '사교육비 줄이기 운동'이나 '학력차별 금지법 제정' 같은 대안들은 문제의 원인에 대한 객관적인 분석에 토대한 의미 있고 현실적인 대안일 수 있을까? 최소한 역대 정부가 펼쳐온 대입제도 개편과 비교한다면 나은 대안이라는 평가가 가능하다. 특히 학력에 따른 차별을 법적으로 금지하고자 하는 운동의 경우, 대학입시의 비정상적인 경쟁의 뿌리가 우리 사회의 학력에 따른 불평등에 있다는 사실을 적시하는 데서 출발하기 때문에 일정한 유효성을 인정받을 수 있다. 사교육비 절감 운동도 공교육 회복을 통한 근원적인 대안 제시와 실천에 주력한다면 일정한 성과를 기대할 수 있을 것이다. 그러나 현실 속에서 사교육비 절감 운동은 '언 발에 오줌을 누듯' 단순한 사교육비 절감 자체에 몰두하는 듯한 모습을 보여주고 있고, 이런 노력들은 당연히 그 수준을 넘어서지 못하고 오히려 사회갈등을 부추기는 요인이 될 가능성마저 있다.

우리 교육문제의 근원에 관한 분석과 성찰은 필자가 보기에 두 차원에 동시에 주목함으로써 비로소 가능해질 수 있다. 하나는 우리 사회 안에서 교육의 위상과 역할에 대한 사실적이고 가치론적 차원의 분석과 성찰이고, 다른 하나는 그 맥락을 전제로 하는 우리 교육목표에 관한 분석과 성찰이다. 여기서 분석은 사실적 차원에 주로 적용되는 개념이고, 성찰은 가치의 차원에 주로 적용되는 개념이다. 인간의 삶과 사회생활이 모두 생존과 실존, 또는 생멸生滅과 진여眞如에 걸쳐 있다는 필자의 일관된 시각에 따르면, 교육문제에 관한 논의의 경우도 생멸 또는 생존 차원에 대한 사실적 분석에 토대한 실존 또는 진여 차원에 대한 성찰적 모색이 함께 이루어질 수 있을 때 비로소 온전한 해결 또는 해소책 마련이 가능해진다.

인간을 포함한 모든 살아 있는 것들은 살아남는 것 자체를 본능적 지향성으로 지닌다. 그런 점에서 심지어 인간의 삶에 불편함을 가져다주는 모

126

기나 파리 같은 생명체들의 생존본능 또한 그 자체로는 존중받아야 마땅하다. 그리고 대부분의 식물과 동물은 자신의 본성 속에 잘 살아남을 수 있는 생존 역량을 갖추고 있다. 식물의 태양열 지향성과 동물의 본능적인 새끼교육이 그 대표적인 증거다. 식물은 어떤 상황에서도 자신의 생존에 유리한 방향으로 향할 수 있는 역량을 갖추고 있고, 거의 모든 동물들 또한 자신의 새끼들이 살아남는 데 필요한 능력을 길러줄 수 있는 본능적인 교육력을 확보하고 있다. 문제는 우리 인간이다.

우리 인간도 동물과 마찬가지로 자신의 자식이 혼자서 살아남을 수 있도록 도와야 한다는 본능적 경향성을 지니고 있지만, 몸의 크기에 비해 자신의 먹을 것을 확보할 수 있는 신체적 도구를 제대로 갖추지 못한 '결핍존재'로 태어나는 데서 복잡한 문제가 생긴다. 그 결핍성은 의미 있는 타자, 즉 부모와 같은 존재들에게 더 많은 시간을 의존해야만 비로소 살아남을 수 있는 의존적 존재성과 의도적인 교육을 받아야만 하는 교육적 존재성을 부여하는 요인으로 작동했다. 타자에게 의존하면서 교육을 받게 됨으로써 인간의 뇌 용량과 역량은 획기적인 차별성을 지니게 되고, 결과적으로는 다른 존재들을 지배하는 위치에 서게 되어 오늘날과 같은 성과와 한계를 동시에 드러내게 되었다.[3]

독일 신경생물학자이자 뇌과학자인 게랄트 휘터Gerald Hüther는 이 문제를 다음과 같은 통찰력 있는 문장으로 제시하고 있다.

"모든 문명은 어느 순간 한계에 이른다. 더는 과거의 방식이 통하지 않는 시기를 맞이하게 되는 것이다. 하지만 이 문제를 해결할 방법 또한 그 사회를 살아가는 인간, 그리고 세대를 넘어 진화를 이어갈 이들에게

달려 있다. 이는 태초부터 인간이 지닌 생물학적 능력이자 잠재력이기 때문이다. 이는 인간만이 지니고 있는 특성에서 기인한다. 더 정확하게 말하자면, 인간의 뇌구조와 그 기능 방식에 답이 있다.

인간의 뇌에는 인간으로서, 인간의 존엄에 관한 관념을 일깨울 수 있는, 더 나아가 일깨울 수밖에 없게 만드는 특수한 조건이 있다. 바로 **인간 뇌의 거대한 개방성 그리고 그것을 통해 평생에 길쳐 이어지는 뇌의 가소성**이다."[4]

인간문명의 미래에 관한 낙관적인 관점을 택하는 휘터의 주장은 물론 검토의 대상이다. 우리 뇌의 개방성과 가소성을 인정한다고 해도, 우리 뇌가 현재 우리가 직면하고 있는 지구적 차원의 기후위기와 감염병 위기를 제대로 인식할 수 있을지도 의문이지만 혹시 인식할 수 있다고 해도 구체적인 실천으로까지 이어져서 실질적인 극복이 가능할 수 있을지에 대해서는 회의적인 생각이 들기 때문이다. 그럼에도 인간의 뇌가 지니는 특수성으로 인해 갖게 된 인간만의 고유성이 있다는 주장까지 흔들리지는 않는다. 다만 그 고유성이 동물을 비롯한 다른 존재자들과의 단절이 아닌 연속성과 창발성의 산물이라는 사실을 인식하는 것이 추가되어야 한다.

오랜 시간 불교와 유교에서 주목해온 문제도 이것이고, 특히 우리 한국사상의 주된 관심사였다는 점을 상기할 필요가 있다. 화엄을 기반으로 하는 선불교라는 특성을 지니고 있는 한국불교에서 지니게 된 화두 중에는 '개에게도 불성佛性이 있는가?'라는 것이 있고, 조선성리학의 주요 논쟁 중 하나로 꼽히는 호락논쟁은 인간과 동물 또는 사물의 본성이 같은지 다른지[人物性同異論]를 문제 삼았다. 그런 차원의 철학적 전통과 함께 이제는 뇌과학의 연구성과를 무시하지 않는 '심리학적 실재론'의 기반 위에서 재검토하여 인간 본성의 연속성과 차별성을 볼 수 있어야 하는 시대가 되었다.[5]

21세기 초반 현재 인간에 관한 연구는 뇌과학과 심리학에 의해 주도되고 있다. 한 세기 전에도 진화론으로 상징되는 생물학적 연구성과를 적극적으로 수용하는 철학적 인간학이 인간 연구를 주도했다면, 이제는 뇌과학과 신경과학, 심리학 등 경험과학의 연구성과를 철학적으로 검토하는 새로운 철학적 인간학이 요구된다. 그 과정에서 우리는 연구성과를 과장해서 받아들이지 않는 균형감각과 동양 전통에 대한 정당한 관심을 꼭 지녀야만 한다. 뇌과학의 연구성과는 칼 포퍼가 강조한 반증 가능성의 원리, 즉 한 가지 다른 경험적 결과가 이전의 수많은 결과들을 일거에 뒤집을 수 있는 가능성으로부터 자유롭지 못하다. 인간에 관한 동양 전통의 관점 또한 인간 본성과 삶에 관한 경험적 관찰에 상당 부분 의존하면서 성립된 것이어서, 현재적 관점에서 정당한 관심을 받을 만한 자격이 충분하다. 심리철학자인 미국 듀크대학의 오웬 플래나간Owen Flanagan이 불교를 자연주의의 관점에서 재해석하고자 하는 시도가 그런 좋은 사례이다.

그렇다면 현재까지 뇌과학과 심리학 등에서 발견해내고 있는 인간의 차별화된 특성은 과연 무엇일까? 한 가지는 인간의 이성이 그리 믿을 만한 것이 아니라는 발견이다. 이미 이성에 근거한 추론 못지않게 도덕적 감정에 기반한 직관이 동서양 윤리학의 역사 속에서 지속적인 관심을 모아왔지만, 서구 근대윤리학 이후에는 대체로 이성의 우위가 일관되게 유지된 편이다. 그런데 인간의 이성은 본능에 기반한 직관이 내려놓은 판단을 사후적으로 정당화하는 기제일 가능성이 높다는 데이비드 흄David Hume의 가설이 경험적으로 상당 부분 입증되고 있다. 그렇다고 해서 이성의 존재와 역할에 대한 지나친 경시 또한 극복해야 하는 과제에 속하고 이는 이성에 대한 총체적 불신으로 일컬어지는 이른바 '포스트모던적 경향'이 하나의 유행으로 지나가고 있는 데서도 일정 부분 확인할 수 있는 사실이다.

더 중요한 발견은 인간의 의존성과 관계성에 관한 새로운 인식이다. 인간의 뇌가 뉴런이라는 세포로 구성되어 있지만, 실질적인 작동은 시냅스라고 불리는 뉴런과 뉴런 사이의 연결망에 의해 이루어진다는 사실이 밝혀졌다. 이 연결회로는 인간과 다른 존재자들 사이의 그것으로 확장되고, 특히 인간다움이 형성되는 과정에서 한 인간의 뇌와 다른 인간의 뇌 사이의 연결이 핵심적인 역할을 하는 것으로 밝혀졌다. 이 연결은 다시 서로 다른 사회 속에서 형성된 자아상과 세계관이 서로 만나고 확장하는 가운데 강화되면서 인간 공동체는 차별성을 강화해왔다.

> "공동체를 조직하는 데에는 특정 수준 이상으로 복합적이면서도 학습 능력을 최대한 오래 유지할 수 있는 뇌가 필요하다. 뿐만 아니라 공동체의 구성원 모두가 인지하고 있는 한 가지에 주의력을 집중시키는 능력도 있어야 한다. … 사회적 학습은 바로 이렇게 진행된다. 이와 같은 방식으로 한 구성원이 습득한 지식과 능력이 개별화된 공동체에 전파되는 것이다. 바로 이 특성이 인간만이 갖는 공동체 조직의 능력이다."[6]

이와 같이 인간다움, 즉 인간 존재의 고유성을 마련해주는 것은 뇌의 개방성과 가소성에 바탕을 둔 상호연결이다. 그 연결은 모방과 협력, 경쟁 등의 다양한 형태로 전개되지만, 더 우선적이고 근원적인 것은 공감에 기반한 모방과 협력이고, 그 과정이 바로 사회적 학습의 과정이기도 하다. 한 인간의 마음속에 도덕성 또는 도덕적인 마음이 형성되는 과정에 주목하면서 그것보다 더 중립적인 개념인 '바른 마음the righteous mind'이라는 개념을 선택하고자 하는 조너선 하이트Jonahan Haidt에 따르면, 바른 마음은 세 가지 원칙을 지닌다. 각각 직관에 근거한 이기적이고 전략적인 선택을 한다는 것과 선악의 판단만이 아니라 더 다양한 기능을 지닌다는 것, 개인적 차원보다 집단적 차원에서 더 강력한 힘을 발휘한다는 것 등이다.[7] 그중에서 바른 마음은 자신이 자라나는 문화권의 도덕적 분위기로부터 자유로울 수 없고 그 분위기는 이성의 차원보다 감정에 기반한 직관의 영역에서 더 크게 작동한다는 주장에 주목할 필요가 있으며, 그런 하이트의 관점은 사회적 직관주의라는 이름으로 불리기도 한다.

갓 태어난 아기의 뇌에는 신경연결망이 형성되어 있지 않다는 사실이 밝혀지고 있다. 이는 인간의 모습으로 세상에 태어났다고 해도 인간이 되기 위해서는 다른 인간과의 관계가 필수적이라는 사실을 지시한다.[8] 사실 오래전부터 우리는 늑대인간의 사례 등을 통해 이 사실을 알고 있었고, 다른 점이 있다면 그것을 과학적 검증을 통해 확인하게 되었다는 정도에 불과한 것인지 모른다. 인간이 살아가는 데 필요한 것은 다른 인간을 통해서만 학습할 수 있고, 그 학습의 결과들이 인간의 뇌에 뿌리내리기 위해서는 스스로 시도하고 도전하면서 성공과 실패를 경험하는 시행착오의 과정이 더해져야 한다는 사실도 우리는 잘 알고 있다. 그 경험 중에서도 가장 중요한 것이 바로 다른 사람과의 관계에서 얻는 경험이고, 이 사실은 인간이 지니는 고유성이자 커다란 약점이기도 하다고 휘터는 강조한다. 인간의 뇌가 형성되는 초기 단계에서는 특히 타인과의 관계에서 형성되는 아주 친밀한 소속감과 이 소속감을 기반으로 개인으로서 성장하고 발전하는 경험, 그리고 자신의 창의력에 대한 경험이 핵심적이라고 말하는 그는 이런 경험들은 통해 비로소 인간은 주체성과 자유에 관한 표상도 지니게 된다고 말하고 있다.[9]

지금까지 휘터와 하이트의 연구성과들에 주목하면서 살펴본 인간의 특성은 사실 우리에게 그다지 새로운 내용들이 아니다. 우리는 이미 전통문화 속에서 인간은 인간들 사이의 관계를 통해서만 비로소 온전한 인간이 될 수 있다는 명제를 물려받았다. 인간人間이라는 한자어 개념을 통해서도 쉽게 확인할 수 있고, 공자의 인仁 또한 두 사람의 온전한 관계를 전제로 성립하는 것이며, 붓다의 인간관은 거기서 더 나아가 인간 이외의 존재자들과의 깊은 관계성, 즉 연기성緣起性을 전제로 하지 않으면 존재 자체가 불가능하다는 명제로 표명되었다. 인간 존재의 특성을 이루는 이러한 관계성 또는 연기성에 관한 동아시아 전통의 오랜 주목이 뇌과학의 연구성과에 힘입어 사실로 확인되고 있을 뿐이다.

그런데 우리의 교육목표는 어떻게 설정되어 있을까? 이 물음에 관한 답은 이중적으로 주어질 수밖에 없다. 교육과정 문서와 같은 이상적 차원과 학교 현장을 움직이는 잠재적 교육과정과 같은 현실적 차원의 답이 섞이면서 우리에게 다가오기 때문이다. 인간은 본능적으로 자신의 생존을 추구한다는 점에서는 동물과 다를 바 없지만, 그 생존을 타자와의 바른 관계망을 통해서만 비로소 온전히 보장받을 수 있다는 점에서는 분명한 차별성을 지닌다. 앞의 것을 이기성으로 잡아낸다면 뒤의 것은 관계성과 이타성으로 잡아낼 수 있고, 우리 교육 목표는 이 두 차원에 모두 주목하면서 설정되어야 한다. 그것도 동일한 수준이 아니라 관계성과 이타성을 근간으로 삼아 이기성을 받아들이는 방식으로 수용되어야 한다.

우리 시민교육의 두 영역인 민주와 공화의 영역을 기준으로 해서 이 목표 문제를 생각해볼 필요가 있다. 나 자신이 내 삶은 물론 자신이 속한 시민사회의 주인이라는 인식을 깨우치는 것이 민주교육의 핵심 목표이고, 그럼에도 우리는 동시에 관계 속에서 공공의 것을 전제할 수 있을 때 비로소 온전하고 지속적인 생존과 실존을 보장받을 수 있다는 사실을 깨우치게 하는 것이 공화교육의 핵심 목표이다. 전자에는 인간의 이기성에 관한 바른 인식이 포함될 필요가 있고, 그것이 사회적 차원으로 전개될 때는 공정한 경쟁과 결과 수용을 가능하게 하는 공정성의 윤리를 확보할 수 있을 때 비로소 정당화될 수 있다는 사실을 확인할 수 있는 데까지 나아가야만 한다. 바로 이 지점이 공화共和의 목표를 확인하고 공유할 수 있는 기반이 된다.

우리 교육목표가 기본적으로는 **공감에 기반한 협력교육**에 맞춰져야 하는 근거이자 이유이다. 공감에 기반한 협력은 그 자체로 이기적인 생존 욕구를 장기적으로 충족시켜주는 방법이자 '거리의 인문학자'로 불리기도 하는 이도흠이 오랫동안 강조해온 우리 교육의 새로운 대안이기도 하다.[10] 그런데 이 공감·협력 교육은 우리의 공식적인 교육과정 문서에도 비교적 분명하게 제시되어 있다. '2015 개정 교육과정' 문서에도 자기관리 능력과 함께 의사소통, 공동체 의식 등이 핵심 역량으로 제시되어 있고, 각 교과의 성격과 목표에서 이런 핵심 역량을 교과 차원에서 구현할 수 있는 교과 역량들이 제시되어 있다.[11] 그러나 실제 학교를 움직이는 배경으로서 잠재적 교육과정 차원으로 가면, 이런 목표들은 형식화되고 각 개인이 좋은 성적을 거두어 이른바 '좋은 대학 또는 좋은 학과'에 진학하는 것이 실질적인 목표로 작동하고 있다. 이렇게 된 배경 분석은 쉬운 과제가 아니지만, 확실한 사실 중 하나는 교육의 수요자인 학부모와 학생들이 그런 현실적인 생존에 관련된 목표를 받아들일 수밖에 없게 하는 사회적이고 문화적인 분위기가 조성되어 있다는 점이다.

　이런 분위기는 전통적인 관계망의 파편화된 잔존과 함께 여전히 유지된다고 믿어지는 연고의 힘, 이른바 명문학교 이름이 지니는 실질적인 효과 등이 복합적으로 얽히면서 작동하는 것으로 보인다. 추석과 같은 전통 명절을 시점으로 삼아 우리 한국인들의 사회적 소통망에서 언급되는 단어들을 추적하고 있는 배영2018의 흥미로운 분석에 따르면, 명절 관련 빅데이터에서 가장 두드러진 개념은 '관계'였고 그것은 긍정과 부정의 의미 모두를 담은 것이었다.[12] 그는 관계가 우리 삶 그 자체여서 비록 그 양상이 바뀔지언정 인간의 삶이 지속되는 한 계속 문제가 될 수밖에 없다는 입장에서 우리 관계의 변화를 해석하고자 한다. 일상에서 가벼운 관계가 더 많아진 것은 사실이지만, 그렇다고 해서 관계의 중요성이 약화된 것은 아니라는 것이다. 청소년기에 접어들면서 부모로부터 독립하게 되지만, 이때의 독립은 타인을 필요로 하지 않는 상태가 아니라 '타인에게 받은 것을 다른 수단을 통해 갚거나 돌려줄 수 있는 상태'라는 네덜란드 사회학자 아브람 더 스반의 정의를 인용하면서, 그렇기 때문에 독립적인 개인이 많아질수록 서로 간의 의존도는 오히려 더 높아지는 것이라고 강조한다.[13]

　이 현실과 정면으로 마주해야 한다. 아무리 교육과정 문서에 공감과 협력, 관계 형성을 목표로 강조한다고 해도 실제 교육의 장에서는 제대로 작동할 수 없는 이 상황을 직시하지 않는다면, 교육과정 개정이나 교육개혁 등을 둘러싼 담론들은 모두 각주구검刻舟求劍의 오류를 벗어날 수 없다. 특히 우리는 그런 상위의 이상적 목표들을 소리 없이 잠식해버리는 잠재적 교육과정에 주목해야 한다. 불교 교육학의 개념으로 바꾸면, 훈습熏習의 차원이다. 연기가 우리 몸과 마음에 스며드는 과정을 의미하는 훈습은 긍정적 차원과 부정적 차원을 모두 지닌다. 향을 싼 종이에서는 향내가 나고, 물고기를 싼 종이에서는 비린내가 나는 것으로 설명될 수 있는 이러한 훈습의 효과는 다른 모든 교육목표들을 잠식해버리기에 충분한 힘을 지닌다.

이런 잠재적 교육과정의 문제는 형식적 교육과정의 차원에도 당연히 영향력을 발휘한다. 예를 들어, 2015 개정 교육과정에서 가장 핵심적인 목표 관련 개념으로 등장한 역량力量, competency을 둘러싼 논란에서도 이런 영향력을 쉽게 찾아볼 수 있다. 경쟁력을 주로 의미하는 컴피턴시를 교육목표의 핵심 개념으로 채택하면서도, 협력과 관계, 공동체 등을 무시할 수 없었던 필자를 포함한 교육과정 개정의 주요 참여자들은 이 개념을 임의적으로 정의함으로써 곤란한 문제를 대충 넘기고자 했다. 그 결과 이 교육과정 문서는 '역량에 대한 과정 중심 접근과 결과 중심 접근의 대립, 일반 역량과 교과 특수 역량의 불일치, 주요 역량이 갖고 있는 의미의 모호성' 등이 이론적 쟁점으로 남아 있다는 비판을 받기도 한다.[14] 교육과정 적용과 관련된 실제 차원에서도 이 교육과정 안에서 핵심 역량이 지니는 중요성에 대한 상반된 인식과 역량의 도구적 성격에 관한 논란의 지속 등의 문제가 해소되지 않은 채 '또 하나의 국가 수준 교육과정'으로 전락할 수 있는 위험성이 현실화되고 있다.

이제는 이 문제를 온전히 넘어설 수 있어야 하고, 그렇게 할 수 있을 때 비로소 시민사회의 교육으로서 시민교육이 제대로 부각될 수 있는 가능성도 생긴다. 왜곡된 교육목표를 은폐하거나, 현실의 잠재적 교육과정 또는 훈습의 힘을 무시하면서 이상적인 시민교육과 교육을 말하는 것은 자칫 허학虛學으로서 교육학을 지속시키는 결과를 낳을 수 있음을 우리는 무수한 시행착오를 함께 경험하면서 충분히 알 수 있게 되었다. 민주화와 경제력 확보에서 상당한 수준을 지니게 된 21세기 초반 한국사회에서 우리가 이 문제를 정면으로 바라보고 껴안고자 한다면, 개화기 이후 이루지 못한 주체적이면서도 개방적인 세계시민으로서 한국시민을 목표로 삼을 수 있는 민주시민교육의 새로운 장을 열어갈 수 있을 것이다.

우리 사회의 불평등 구조와 능력주의 문제

시민교육을 어렵게 만드는 교육 내부 문제의 핵심으로 왜곡된 생존 역량을 중시하는 교육목표 문제를 가지고 논의해오면서 우리는 그 내부 문제가 외부와 얽혀 있어 쉽게 해결책을 찾기 어렵게 하고 있다는 사실을 확인할 수 있었다. 교육목표를 왜곡시키는 요인이 내부에도 있지만, 사회적으로 작동하고 있는 어떤 분위기 또는 현실원리가 함께 연동되어 그런 결과를 빚어내는 것이다. 따라서 문제를 해결하기 위한 토대를 마련하는 과정에서도 이러한 얽힘의 문제에 충분히 관심을 가져야만 비로소 길이 보일 수 있다.

그런 맥락에서 이제는 교육을 온전한 시민교육으로 이끌지 못하게 만드는 외부의 요인을 중심으로 그것이 내부에 미치는 영향을 살피는 노력이 필요하다고 판단된다. 그렇게 함으로써 시민교육의 장애물을 좀 더 명확하게 볼 수 있을 뿐만 아니라, 새로운 방향 설정을 위한 논의의 출발점이 될 수도 있을 것이기 때문이다.

'시민사회의 교육으로서 시민교육'은 그 시민사회를 어떻게 규정짓느냐에 따라 다르게 정의될 수밖에 없는 상관성을 지닌다. 우리는 시민사회라는 개념을 하나의 정의로 한정짓지는 않고 사용하고 있지만, 그럼에도 '우리에게 요청되는 시민교육이 무엇인가'라는 물음을 염두에 두고 때로 국가와 시장의 부당한 압력에 맞설 수 있는 일정한 자율성을 지닌 현대사회의 주체 중 하나로 설정하는 전제를 지니고 논의를 전개해왔다. 그런 시민사회를 전제로 하는 시민교육은 시민사회의 교육으로서 시민교육에 비해 범위를 좁게 잡은 것이지만, 현실은 이미 지구적 차원의 자본주의 시장과 그 시장에 부응하거나 맞서는 주체인 국민국가 nation state의 활동 범위와 깊이가 확장되어 있기 때문에 저항 또는 견제를 할 수 있는 주체로서 시민사회는 국가적 차원에서뿐만 아니라 지구적 차원에서도 요청되는 상황이다. 그런 점에서 시민교육이 전제하는 시민사회를 논의의 맥락에 따라 광의와 협의의 정의를 채택하면서 전개하는 우리의 논의는 정당화 기반을 지닌다.

불평등은 오래된 주제다. 사유재산제가 확립되기 시작한 이후 개인별 또는 종족별 빈부 격차는 정당한 것으로 받아들여지거나 갈등과 분쟁의 원인이 되었다. 우리 역사 속에서도 고려는 귀족과 사원의 부와 권력 독점으로 인해 붕괴했고, 조선은 전 국민의 대다수를 차지했던 노비와 농민들의 반란으로 무너지기 시작했다는 것이 역사의 정설이다. 이미 부분적으로 살펴본 것처럼, 19세기 동학은 18세기 민란을 한편으로 계승하면서도 최제우와 같은 한미한 양반들에 의해 그 사상적 배경이 더해진 결과로 등장했고, 결국 그것이 동학농민운동으로 이어지다가 청과 일본의 개입으로 조선 자체가 붕괴되는 결과를 가져왔던 것이다.

조선이 불평등과 시대 흐름에 대한 무지 등으로 인해 붕괴되어가던 그 시기에 세계사적으로는 빈부 격차를 정당화하는 자본주의 논리가 막스 베버Max Weber 등에 의해 자리를 잡는다. 그런데 바로 그 19세기 말에 자본주의를 근원적으로 비판하면서 대안을 제시하는 카를 마르크스Karl Max. 의 이론이 등장한 점에 주목해볼 만하다. 산업혁명으로 인한 폭발적인 생산력 증가가 그 생산을 가능하게 하는 생산관계에 영향을 미칠 수밖에 없었고, 결과적으로 사회에는 불평등과 그것을 둘러싼 갈등이 만연한 시기에 정당화와 극복 담론이 함께 등장했던 것은 어쩌면 자연스러운 현상인지 모른다. 그 후 100여 년을 지낸 21세기 초반 현재의 상황은 어떨까?

그때와 비교해 확실히 달라진 점은 우리가 세계사적 흐름의 주변부에서 중심부로 진입해 있다는 사실이다. 세계 10위권의 경제력과 촛불 등을 통한 절차적 민주화 성공에 더해 케이팝K-Pop과 '기생충' 같은 한국영화의 세계적 주목 등을 통해 쉽게 확인할 수 있는 사실이다. 그런데 바로 이 사실은 우리가 세계적인 불평등 구조에 거의 온전히 포섭되었음을 의미하기도 한다. 1997년 구제금융 위기 이후 비정규직이 양산되고 그런 가운데 제대로 마련하지 못한 사회안전망에 의해 중산층이라는 자의식을 갖고 있던 다수의 사람들이 쉽게 생존의 위기에 내몰리는 현상이 자리 잡은 지 20여 년의 시간이 흘렀다. 그 과정에서 우리는 의료보험과 고용보험 등과 같은 사회안전망을 부분적으로 보완했고, 그것이 '코로나 19 사태' 속에서 상당한 정도의 역할을 해내기도 했다. 그러나 여전히 우리 사회의 불평등지수는 완화되지 않고 있고, 그것은 학교 교육을 비롯한 사회의 모든 영역에 강력한 영향력을 끼치고 있는 것으로 보인다.

그럼 불평등과 교육은 구체적으로 어떤 관계가 있는 것일까? 이 물음에 대해 각각 독일과 이탈리아 출신 미국대학 경제학 교수들인 도스케와 질리보티는 자신들의 경험을 토대로 하는 광범위하고 흥미로운 연구를 통해서 비교적 명료한 답을 내놓고 있다.

"경제학은 사람들이 어떻게 의사결정을 하는지 연구하는 학문이고, 부모로서 내리는 (양육과 관련된) 의사결정은 살면서 직면하게 되는 가장 중요한 결정이다. … 이 책에서 우리가 개진하려는 주장은 경제적 여건과 그것의 변화가 부모들이 선택하는 양육 형태 및 '좋은 양육'에 대한 사회적 통념에 영향을 미친다는 것이다. … 우리는 부모가 자녀가 장래에 살아가게 될 세상에 가장 잘 준비될 수 있게 하기 위해 최선을 다한다고 가정한다. 양육 형태의 차이는 부모 자신이 자랐던 사회적·경제적 환경, 아이를 키우고 있는 현재의 사회적·경제적 환경 그리고 아이가 성인이 되었을 때 살게 되리라 예상되는 사회적·경제적 환경과 밀접하게 관련되어 있다."[15]

세계 부모들의 자녀양육 형태를 독재형과 허용형, 권위형 등 셋으로 나누고, 부모가 그런 유형 중 하나를 선택하는 배경에 있는 세 요소, 즉 자신이 양육받은 경험의 배경에 있는 사회적·경제적 환경과 현재의 그것, 우리 아이들이 살게 될 것이라 예상되는 시기의 사회적·경제적 배경에 대한 예측 등에 주목하여 자신들의 경험과 광범위한 경험적 연구물들을 동원한 방대한 저작이다. 그들이 세계 여러 곳을 경험했다는 사실을 내세우고 있고 또 자신의 자녀들에 대한 양육 경험을 바탕으로 하는 것이어서 설득력을 높이기는 하지만, 당연히 한계를 지닐 수밖에 없다. 특히 우리 한국을 경험하지 못한 것이 우리 사회와의 관련성을 살피는 데 결정적인 한계를 노출시키는 요인임에 유념하면서도, 세 층위의 사회적·경제적 배경이 자녀 양육의 형태를 결정짓는 가장 중요한 요소라는 그들의 가설은 우리 자신의 경험은 물론 상식과도 친화성을 갖는 것이어서 주목할 만하다.

이들은 산업혁명 이전의 영국사회에 존재했던 세 계급, 즉 귀족과 노동자, 중산층 계급이 자신들의 사회적·경제적 배경에 따라 각각 세련되고 우아한 귀족계급의 취향과 근면한 노동윤리, 강한 노동윤리와 함께 숙련된 기술을 익히는 데 필요한 인내와 끈기 등을 가르치고자 했다고 분석한다. 그런 후에 산업화 이후의 사회에서는 그것들이 서로 섞이기도 하고 각각을 모방하기도 하면서 달라지는 면이 있기는 하지만, 여전히 특히 부모의 경제적 배경과 아이들이 살아갈 세상의 경제적 상황에 대한 예측이 자녀교육의 형태를 결정짓는 핵심 변수임을 다양한 증거를 들어 정당화하고 있다. 그러면서 같은 유럽문화권에 속하면서도 프랑스와 스페인처럼 가톨릭을 배경으로 하는 국가에서 자녀의 체벌을 허용할 수 있다는 생각을 가진 부모가 많다는 사실을 들어 종교와 같은 문화적 요인도 일정한 영향력을 미친다는 사실도 함께 지적하고 있다.[16]

시민사회는 서구의 귀족이나 양반, 평민, 천민 같은 신분이 철폐된 사회이고, 누구나 교육받을 권리와 함께 의무를 지닌다. 이 사회를 이끌어가기 위한 일정한 역량과 윤리, 교양을 갖추어야만 제대로 된 주인 역할을 감당할 수 있기 때문이다. 그런데 이때의 역량 중에서 가장 핵심적인 것은 역시 혼자 힘으로 살아남아야 한다는 의미의 생존 역량이고, 부모는 자식이 더 이상 자신이 보살필 수 없는 상황이 되어도 혼자서 살아갈 수 있는 역량을 갖추기를 본능적으로 간절히 원한다. 장애를 가진 아이의 부모들이 그 자식보다 하루만 더 살아 있기를 바란다고 말할 때 그 간절함이 잘 묻어난다. 시민사회의 교육은 바로 이 요소를 직시할 수 있어야 하고, 그런 점에서 양반이나 귀족 등 생존문제로부터 자유로울 수 있었던 사람들의 자식교육이 지향해왔던 문화성이나 교양 같은 목표는 비판적 재구성을 거치지 않으면 자칫 목표 설정의 빗나감으로 인한 폭력성을 지닐 수 있다.

우리 시민교육이 생존 역량을 주요 목표로 설정하는 일은 그런 맥락에서 매우 중요하다. 특히 우리 아이들이 미래에 스스로 살아갈 수 있는 힘을 길러주는 것을 주된 목표의 하나로 삼아야 하고, 자본주의 사회에서는 일정 부분 돈을 버는 능력으로 환원된다는 사실에 대해서도 받아들일 필요가 있다. 그런데 문제는 그 과정과 이후의 두 가지 쟁점에서 생긴다. 하나는 그 생존능력이 무엇인가 하는 개념 정의와 관련된 쟁점이고, 다른 하나는 그 생존능력을 어떻게 하면 길러줄 수 있는가 하는 과정과 방법에서 생기는 혼란과 오류 가능성의 문제다. 당연히 두 쟁점은 서로 긴밀하게 연결되어 있고, 특히 생존능력에 관한 정의가 올바르게 내려질 수 있으면 그것을 기르는 방법에 관한 논의도 자연스럽게 이끌어낼 수 있다는 점에서 앞의 문제에서 이야기를 시작할 필요가 있다.

우리 학교 현장에서 생존능력은 대체로 두 가지 이야기를 통해 묘사되면서 수용되고 있다. 하나는 선망의 직업을 얻을 수 있는 대학 또는 학과 진학이고, 다른 하나는 좀 더 구체적인 돈 이야기다. 후자는 초등학생들까지도 미래의 꿈을 '건물주'가 되는 것이라고 서슴없이 말한다는 교사들의 전언 속에서 아프게 확인할 수 있는 것이다.[17] 대학진학이라는 목표도 결과적으로는 돈벌이가 지속적으로 보장되는 기회를 잡고자 하는 것임을 감안하면, 우리 교육의 목표는 '돈을 벌 수 있는 능력을 길러주는 것'이라고 해도 그리 틀린 말이 아닌 것이 된다. 이런 상황 속에서 시민의 교양과 윤리 같은 추상적인 목표들은 장식품에 불과하거나 교육과정 문서에만 등장할 뿐 실제로는 누구도 제대로 된 관심을 갖지 않는 것으로 전락하는 것은 자연스러운 현상이다.

2015년 노벨경제학상 수상자인 또 다른 경제학자 앵거스 디턴은 인류역사 전반을 관통하는 불평등의 기원을 탐구하여 다음과 같은 결론을 이끌어내고 있다.

> "역사상 그 어느 때보다 인간의 삶이 나아졌다. 더 많은 사람이 부유해졌고 지독하게 가난한 사람의 수는 줄어들었다. 평균수명이 증가했으며 부모는 네 명 중 한 명꼴로 자식이 죽는 모습을 더는 보지 않아도 된다. 그러나 지금도 수백만 명이 끔찍한 빈곤과 영유아 사망을 경험한다. **이 세계는 너무 불평등하다.**"[18]

디턴은 삶과 죽음, 돈, 도움이라는 세 단위의 개념을 통해 인류사의 발전과 함께 여전한 불평등의 문제를 묘사하면서, 그것을 극복하기 위해 '우리가 해야 할 일은 무엇인가'라고 묻는다. 그러면서 빈곤국가에 대한 기부와 원조를 권하는 피터 싱어의 윤리적 방법이 지니는 한계를 볼 수 있어야 한다고 강조하면서 다음과 같이 다른 대안을 제시한다. "나는 학생들에게 정부에 대항하지 말고 자신의 정부를 상대로 자신의 정부 안에서 일하며 가난한 사람들을 해치는 정책을 중단하도록 정부를 설득하고, 세계화가 가난한 사람들에게 도움이 되게 만드는 국제 정책을 지원하라고 이야기한다. 이것이 아직 탈출하지 못한 사람들을 위해 대탈출을 촉진하는 최선의 기회이다."[19] 섣부른 원조보다는 각자의 나라에서 정부가 하는 일에 관심을 갖고 그 정책을 세계화된 빈곤을 극복하는 방향으로 바꿔가는 노력만이 불평등으로 인한 비극을 넘어설 수 있는 유일한 대안이라는 주장이다. 각각의 정부가 펼치는 정책 중에 원조가 포함되어 있고, 이제 우리도 코이카Koika와 같은 기구를 통한 해외원조에 적극 나서고 있음을 감안하면, 디턴의 제안 속에 국제원조 정책이 제대로 시행될 수 있게 하는 방향의 노력도 포함될 여지가 있다는 점에서, 또 피터 싱어의 국제원조 주장이 합리적 정책 방향을 배제하지 않는다는 점에서 그의 주장 또한 재검토의 대상이다.[20] 그렇지만 각각의 국민국가 수준에서 불평등을 해소하는 데 초점을 맞추는 것이 세계적 불평등과 빈곤을 극복할 수 있는 확실한 대안이라는 주장에는 충분히 유념할 만하다. 세계화된 상황 속에서도 여전히 행위 주체는 국가이기 때문이고, 행위 주체에 초점을 맞추는 대안은 실제적인 변화 가능성을 높일 수 있기 때문이기도 하다.

우리 사회도 20세기 역사를 함께 써오는 과정에서 역사적으로 유래 없는 경제력을 지닐 수 있게 되었지만, 1997년 구제금융사태 이후로 빈부 격차의 정도와 속도가 빨라져 심각한 상황으로 전개될 가능성이 높아지고 있다는 분석이 지속적으로 나오고 있다. 예를 들어, 2019년 한국보건사회연구원이 조사한 한국 사회의 양극화는 교육 부문에서도 교육불평등, 교육 격차(사교육비 격차, 부모 학력·재산 등에 의한 격차 등), 교육 배제(학교 부적응, 탈북청소년 등) 등의 문제가 심각하게 발생하고 있는 상황으로 나타나고 있다.[21] 사회불평등이 교육불평등으로 구체화되고 있고, 그런 가운데 부모들의 교육목표 설정과 양육 양태 결정에 영향을 미치는 요인으로서도 경제적 영향력이 과도하게 작동하고 있다는 분석이 가능하다. 이런 상황 속에서 올바른 시민교육이라는 목표는 당연히 무시되거나 형식화될 수밖에 없고, 따라서 우리 시민교육의 새로운 좌표를 설정하고자 하는 우리의 노력에서도 이 문제를 직시하지 않을 경우 또 하나의 공허한 좌표를 제시하는 결과를 낳을 가능성이 높다.

이 지점에서 우리가 한 가지 더 유념해야 하는 것은 우리 사회의 능력주의 문화이다. 메리토크라시meritocracy의 번역어인 '능력주의'를 장은주는 "부와 권력, 명예 같은 사회적 재화를 오로지 능력에 따라 사람들에게 할당하자는 이념"이라고, 영국 사회학자 마이클 영의 개념 정의를 차용하여 정의하면서 '능력지상주의'라고 부르는 것이 더 적절하다고 말한다.[22] 그러나 능력주의는 그 자체로 부정적으로 해석될 필요는 없는 개념이다. 시민사회 자체가 시민들 사이의 자유롭고 수평적인 관계를 전제로 성립하고, 그들 사이에서는 자유의 원칙과 함께, 존 롤스의 '최소 수혜자에게 최대의 혜택'이라는 전제를 통한 차별이 허용될 수 있다. 이 차별의 근거 중 핵심이 바로 능력이라는 점에서 '능력주의'로 번역하는 것이 더 적절하다. 물론 장은주가 유념하는 바와 같이 '주의主義'라는 말이 덧붙여짐으로써 현실을 과장하는 이데올로기로 작동하거나 오해될 수 있는 여지가 있음에 주의할 필요는 있지만, 최소한의 생존 기반 공유를 전제로 최소 수혜자에게 최대의 혜택을 보장해주면서 행해지는 능력에 따른 분배와 차등은 충분한 정당화 근거를 지닌다.

교육 분야에서 능력주의와 관련하여 문제가 되는 것은 대체로 다음과 같은 두 가지 지점에서 생긴다. 하나는 그 능력을 주로 공식적으로 표기되는 성적, 특히 점수화되고 상대적인 서열화와 동일시하는 데서 생긴다. 학교에서 수업에 충실하고 그 결과 좋은 점수를 받는 것 자체는 권장되어야 마땅하다. 다만 그것은 두 가지 한계를 지니고 있음을 전제할 수 있어야만 한다. 하나는 그 점수 속에 반영된 실력 또는 능력이 부분적일 수밖에 없다는 평가 자체의 한계이고, 다른 하나는 학교 성적으로 표현되는 능력이 실질적인 생존능력과는 상당히 다른 차원의 것이라는, 교육 자체 영역의 한계이다. 우리는 성적 못지않게 관계 역량, 상상력과 미래 예측 능력 등이 실제 삶에서 더 큰 성공을 보장해준다는 사실을 경험적으로 충분히 알고 있다. 그런 한계를 제대로 인식할 수 있게 되면, 우리는 성적이 높은 아이들을 그만큼만 칭찬해줄 수 있고, 대신 다른 아이들을 향해서도 적절한 칭찬을 해주는 교육적 실천의 여지가 생긴다.

능력주의와 관련된 또 한 가지 문제는 그 능력을 부분적으로 표현한 것으로 평가받을 만한 '학력' 등에 대한 과도한 의미부여와 평가이다. 필자가 '커트라인 의식'이라는 말로 부르고자 하는 10대 후반의 대학입학 관련 성적이 평생에 걸쳐 상당한 영향력을 발휘하는 우리 사회의 문제이기도 하고, 행정고시와 같은 시험에 한 번 합격하면 지나치게 유리한 출발점과 이후의 과도한 승진 보장 가능성의 문제이기도 하다. 그런 점에서는 장은주가 능력주의를 능력지상주의로 부르고자 하는 의도가 충분히 이해될 만하다. 우리 전통 속에서 세계사적 모범을 보인 과거제도는 이제 또 다른 특권의 대명사가 되어버렸고, 그것은 우리 사회 구성원 모두를 위해 폐지되어야 하고 특권을 누리는 그들 스스로를 위해서도 폐지되어야 한다. 혹시 인정해준다고 하더라도 그 시험을 통과했다는 정도의 적절한 수준의 특권만이 정당화될 수 있고, 그 특권은 같은 공간에 존재하는 다른 구성원들에게 좌절감을 심어주는 수준이 아닐 때 비로소 우리가 받아들일 수 있다.

우리 시민교육을 위협하는 외부요소들 가운데 가장 심각한 두 가지인 사회적·경제적 불평등과 능력주의를 살펴보았는데, 이 외부요소들은 곧

바로 학교 안으로 스며들어 학교문화를 좌우하는 영향력을 발휘하고 있다. 그런 점에서 교육의 변화는 사회의 변화를 수반함으로써 비로소 가능하다는 명제가 주목받아야 한다. 그 외부요소를 배제한 채 이루어지는 모든 교육개혁 논의는 실패할 수밖에 없는 운명을 지님을 우리는 필요하고도 충분하게 경험해왔다. 다만 이 생각은 외부요소가 변하지 않는 한 모든 교육개혁 노력은 불필요하다는 주장과는 결이 다른 것임에 유념할 필요가 있다. 특히 시민교육과 같은 교육적 개혁 노력은 사회 변화를 이끌어낼 수 있는 주체인 시민을 목표로 삼기 때문에, 사회변화의 견인차 역할을 할 수 있는 가능성이 열려 있다. 가정의 시민교육이 사회적 압력에 더 많이 노출되어 있다는 점을 감안하여, 사회변화의 출발점으로서 학교 시민교육의 변화를 부각시키는 일은 꼭 필요할 뿐만 아니라 어쩌면 우리가 기댈 수 있는 최후의 보루인지 모른다.

학교 시민교육에 관한 교사들 이야기

학교 시민교육을 이끌어가는 일차적인 주체는 당연히 교사다. 교장과 교감을 포함하는 모든 교사가 학교 시민교육을 이끌어가는 주체이고, 그 중에서도 중등학교의 경우에는 사회나 도덕 교사들이 그 중심 역할을 해주어야 한다는 기대를 모은다. 이 기대는 한편으로 도덕이나 사회교사들의 시민교육적 역할을 강화하는 방향으로 영향력을 미치기도 하고, 다른 한편으로 그 외의 교과 담당 교사들에게는 자신들도 시민교육의 주체라는 사실을 망각하게 하는 요인으로 작동하고 있기도 하다. 초등학교 교사는 기본적으로 전 교과를 통합적으로 감당해내야 하기 때문에 교사의 생각에 따라 교과와 일상생활을 연결시키는 시민교육을 할 수 있기도 하지만, 거꾸로 시민교육 주체로서의 의식이 약할 경우에는 어떤 교과를 통해서도 제대로 이루어지기 어려운 상황과 만나기도 한다.

그렇다면 현장교사들의 시민교육에 관한 생각은 어떨까? 이 물음에 대해서는 질적 방법과 양적 방법을 모두 동원하면서 진행하는 방대한 연구를 통해서 비로소 어느 정도 신뢰할 만한 답을 얻을 수 있다. 그렇게 하더라도 우리 학교 교사 전반을 아우르는 일이 만만치 않아 한계를 지닌 임시적인 답이 가능할 뿐이다. 이런 한계를 인식하면서도 시민교육에 관한 교사들의 생각을 도외시하면서 시민교육에 관한 논의를 전개하거나 정책을 마련하는 일이 가능할 수는 있겠지만, 그것은 지금까지 무수히 반복해온 실패의 역사를 반복하는 길로 접어드는 지름길이 될 것이다.

필자는 20대 중반 사범대학 (국민)윤리교육과를 졸업하고 서울 북쪽에 위치한 여자중학교에 도덕교사로 부임해 3년 가까이 근무한 경험이 있다. 그때 학교에는 시민교육이라고 부르기에는 너무 거리가 먼 이른바 '국민정신교육'이라는 이름의 군부독재정권을 홍보하는 식의 교육이 중심을 차지하고 있었다. 5.18 민주화 운동을 국민의 군대를 불법적으로 동원해 폭력으로 진압하여 수백 명을 살상한 독재자가 대통령이라는 자리를 차지하고 있었고, 아침 교무회의에서는 '윤리주임'이라는 역할을 맡은 선생님이 그 독재자이자 살인마 대통령의 지시사항을 낭독하는 비현실적인 상황이 펼쳐지곤 했다. 그런 가운데 도덕교사인 나는 그 교무회의에서 발언권을 신청하면서 일방적인 지시 전달 회의를 받아들일 수 없다고 저항하거나, 수업시간에 민주주의사회에서는 시민이 주인이고 자신의 자율적인 삶을 누릴 수 있는 자유와 권리를 지닌 존재자라는 사실을 강조하는 것 이상의 일을 하기 어려웠다. 이런 수업조차 정보과 형사들의 감시 대상 속에 포함되어 있어서 동료 도덕교사 한 사람은 시험문제를 핑계 삼은 경찰에 연행될 정도였으니, 박정희 이후 지속된 공포정치의 그림자는 여전했던 셈이다. 물론 학교 안에서 뜻을 함께하는 교사들과 모임을 만들고 다른 학교의 교사들과 연대를 모색하는 등의 노력을 해보기도 했지만, 군 입대와 공부를 핑계로 삼아 3년을 채우지 못하고 학교 현장을 떠나야 했다.

이제는 명료하게 기억되지도 않는 필자의 교사생활을 언급하고자 하는 것은 한 교사의 시민교육에 관한 의식의 형성과 발현 과정을 분석해보고 싶어서이다. 군사쿠데타를 통해 박정희라는 독재자가 출현하는 해에 세상에 나와 청소년기를 '유신維新'이라는 이름의 이른바 '한국적 민주주의'라는, 민주를 가장한 억압적인 독재정권 아래에서 지내야 했고, 대학 시절을 광주민주화 운동과 전두환이라는 더 악질적인 독재자와 함께 견뎌야 했던 젊은 교사가 여전히 폭압적인 학교 상황 속에서도 꼭 해야 한다고 생각했던 시민교육적 노력이 있었다는 사실을 환기시키고 싶어서이다. 특히 필자는 '한국적 민주주의'라는 왜곡된 이념을 확산시키기 위해 만들었다는 평가를 받기도 하는 사범대학 '국민윤리교육과' 첫 졸업생이라는 오명을 안고 있기도 해서 온전한 민주주의 교육으로서 시민교육에 대한 열망은 더 컸던 것으로 기억한다. 실제로 학과 동기생들 중에서는 학부 시절에 이미 노동운동에 뛰어들어 언론통제가 심하던 그 시기에 신문에 작은 크기로 구속 기사가 실린 경우도 있었고, 전국교직원노동조합 결성에 주도적인 역할을 담당하는 교사들이 있기도 했다.

일제강점기의 철저한 식민교육 속에서도 독립을 위해 헌신하는 사람들을 막지 못했던 것처럼, 박정희와 전두환으로 상징되는 독재자들의 반교육적인 교육을 통해서도 민주화 열망을 갖고 온몸을 던지는 투사들을 막지 못하고 민주화의 도도한 흐름 속에서 속절없이 무너지는 모습을 우리는 20세기 중후반 역사를 통해 생생하게 지켜볼 수 있었다. 특히 그 과정에서는 일제강점의 부당함과 독립을 향한 열망을 잊지 않게 했던 당시 교사들의 노력이 전제되어 있고, 필자가 자라나던 청소년기의 학교 선생님들 중에서도 그런 분들이 계셔서 부당한 신체적·정신적 탄압을 감내하시기도 했다. 물론 어떤 분들은 당시의 흐름에 부응하면서 적극적으로 부역하고 있다는 느낌을 주기도 했고, 우리는 드러내놓고 표현하지는 못하면서도 마음속으로 그분들을 향한 경멸의 마음을 지니기도 했다.

우리 학교는 이렇게 늘 이중적인 모습으로 우리에게 다가온다. 학교는 한편으로 당시의 체제를 유지시키는 역할을 담당하면서, 다른 한편으로는 그 체제의 부당함과 수구성을 비판하면서 새로운 변화를 이끌어내는 의지를 길러주는 역할을 담당한다. 저항적 시민사회를 근간으로 삼아 등장한 우리 시민사회에서도 학교는 이 두 차원을 동시에 지니고 있는 것으로 보인다. 한편으로 세계화된 자본주의 체제에 적극적으로 순응하는 존재자를 양성하는 역할을 담당하고 있고, 다른 한편으로 그 체제의 지속불가능성을 인식하면서 새로운 대안을 마련할 수 있는 역량을 갖춘 시민을 길러내는 역할을 감당해내야 한다는 요구와 마주하고 있다.

서구 시민사회가 자본주의와 맥을 함께하는 산업혁명의 결과로 등장하게 되면서 모든 시민이 교육의 대상으로 확장되는 과정에서 현재의 학교체제가 확립되었다는 점에서, 학교 교육의 주된 목표 중 하나로 그 자본주의 체제가 요구하는 산업인력을 길러내는 것이 일차적인 목표일 수밖에 없었다는 역사적 명제를 부정할 필요는 없다. 또한 학교가 이 체제 속에서 한 개인이 살아남을 수 있는 역량을 길러주어야 한다는 현실적 요구를 외면할 수도 없다. 그러나 우리가 교육목표로 설정하고자 하는 시민은 그 생존능력이 지니는 구체적인 요소인 관계성 인식과 함께 공공의 것을 확보해낼 수 있는 공화의식을 지닌 인간이고, 그 지점에서 부각되고 있는 자본주의 체제의 지속적인 관계와 공화의 훼손에 대한 비판의식과 극복의지를 지닌 사람이다.

그렇다면 21세기 초반 한국의 학교에서 교사들은 시민교육에 대해 어떻게 인식하고 또 실천하고 있을까? 이 물음에 관한 포괄적이고 보편적인 답을 포기하고, 여기서는 필자가 '시민교육과 도덕교육'이라는 제목의 강의를 통해 만난 현장교사들의 이야기를 함께 들어보고자 한다. 초등교사와 중등교사가 함께 강의에 임했고, 중등교사들의 담당교과는 대체로 도덕이었다. 한국교원대학교 교육대학원 초등도덕교육 전공과 윤리교육, 철학·종교교육 전공에 속한 교사들이고, 2020년 1학기(계절제)에, 코로나19 사태로 인해 화상강의와 함께 주말 대면강의를 통해 만났다. 주어진 과제의 주제는 **'교사 자신이 하고 있다고 생각하는 시민교육'**이었고, 초등학교와 중학교, 고등학교 교사들 네 명의 이야기를 함께 나누고자 한다. 이 책에 자신의 성찰적 이야기를 실을 수 있도록 동의해준 것에 대해서 고마운 마음을 건넨다.

"(육아휴직 후) 복직한 다음에 우리 교실의 풍경도 많이 달라졌다. 지금의 나는 크게 재촉하지 않고 교실 수업을 위해 그다지 많은 자료를 만들지 않는다. 그저 아이들에게 가장 잘 느끼고 자라주었으면 하는 굵직한 가치를 잠재적으로 안내하고 끝없이 나 자신이 보여주려고 한다. 말로 하는 교육이 와닿지 않음을 알기에 아이들과 코로나 이전에는 교실 가운데를 '만남의 광장'으로 만들어서 그림책을 읽고 다양한 질문들을 해 보고, 프로젝트 학습으로 연계해서 하나의 성취기준을 중심으로 여러 교과와 활동을 주제로 엮어가며 교수 방법보다는 프로젝트 설계에 더 깊이 고민했다. 학생들의 이야기에 귀 기울이며 공감하는 표현들을 구체적으로 해주고, 서로가 나눌 수 있도록 평소 내 시간이라고 여겼던 시간들을 학생들 간의 활동 시간들로 더 채워 구성하였다. 우리 반 학생이 '선생님은 나를 참 많이 믿어줘서 좋아요'라고 말해줄 때, 자신 있게 스스로의 의견을 이야기하고 또 서로의 이야기를 주의 깊게 듣고 질문할 때 나는 오늘도 우리 교실 속에서 작은 민주시민이 길러지고 있다고 확신한다."

(초등 담임 C교사)

"민주주의가 인간 존엄과 가치를 인정한 토대에서 시작된 것처럼 시민교육은 인간의 존엄과 가치를 인정하고 자유, 평등의 가치를 내면화하는 인권교육을 해야 한다고 생각한다. 매년 중학교 '도덕1'에 나오는 인권 단원을 가르치고 있지만, 그동안 인권의 의미를 아이들에게 전달하는 것이 어려워 모호하게 전달했다는 생각이 든다. 시민교육에서 인권교육은 매우 중요한 것이기에, 앞으로 아이들에게 인권의 의미와 인권존중의 의미를 더욱 잘 이해할 수 있게 수업을 구상하는 것이 필요할 것 같다. 즉, 내가 소중한 존재인 것처럼 타자도 존엄한 존재임을 이해하고 나와 다른 의견을 존중하는 자세를 가질 수 있도록 수업을 구상할 것이다. 자신에게 상처가 된 말, 사회적으로 이슈가 되는 악플, 혐오 문제

등을 실생활 사례를 통해 학생들이 인권의 의미와 가치를 이해할 수 있는 활동을 구상하여, 학생들을 인간 존엄성과 가치를 이해하는 민주시민으로 성장시키기 위해 노력할 것이다."

(중학교 '도덕1' 담당 L교사)

"'일상생활에서 어떤 시민교육을 하는가'라는 물음은 내가 공동체 문제에 얼마나 민감한지, 나아가 문제를 해결하는 방식이 얼마나 유연한지를 여실히 보여주는 일이라는 생각이 든다. 수동적이고 주어진 바에 순응하며 사는 데 익숙해진 나는 아이들에게도 일면 그런 모습을 기대하기도 했고, 아이들이 제기하는 문제와 불만에 적잖이 당황하기도 했다. 아이들이 사회 속의 윤리적 문제에 의문을 제기하고, 현명한 해결 방안을 공동으로 찾고 학교에서 배운 옳은 일을 행동으로 옮기는 시민이 되기까지 교사인 나도 함께 성장해야 할 것이다. 아이들의 표면적인 불만의 이면을 돌아보고, 온전히 그들의 입장에서 생각해보기도 하고 배운 것을 행동으로 옮기지 못하는 이유에 대해 고민해보며 나도 좋은 시민으로서 함께할 수 있지 않을까 생각한다."

(고등학교 '생활과 윤리' 담당 K교사)

"교사의 삶 속에서 출근 후 퇴근하기 전까지 학생과 상호작용하는 모든 순간들이 교육의 일부분이라고 생각한다. 구체적으로 담임교사로서 우리 반 아이들과 만나는 것, 교과담당 교사로서 수업시간에 학생들을 만나는 것, 우연히 복도를 지나다가 불특정 학생과 만나는 것 등을 교육활동으로 본다. 그중에서도 시민교육의 측면에서 교육자로서의 나의 삶을 성찰해본다면 '내가 시민교육을 하고 있을까? 하고 있다면 어떤 방식으로 하고 있으며 효과가 있는 것일까?'와 같은 질문들이 자연스레 요청된다. … 민주시민은 태어나는 것이 아니라 만들어지는 것이라고 한다. 현재 나의 시민교육을 성찰해본다면 민주시민을 만들기 위해 노력을 하고 있으나 상당히 불완전해 보인다. 학교문화가 민주적이라기엔 부족한 것, 지역사회의 융합에서 부족한 것을 비롯해 여러 가지 이유가 있겠으나 교사인 나 자신의 시민적 역량 부족, 시민교육에 대한 전문성 부족이 불완전의 가장 큰 이유로 보인다. 그러나 반대로 보면 이 두 가지는 다른 것에 기대기보다 나의 노력으로 변화 가능한 요소이기도 하다. 그래서 앞으로도 시민교육에 관심을 갖고 두 요소를 극복해보고자 노력하고 싶다." (고등학교 '윤리와 사상' 담당 L교사)

이런 이야기들은 교사 자신의 실존적 상황 속에서 각각 다르게 전개되고 있다. 아이를 낳아 기르느라 육아휴직을 하고 복직한 초등교사는 아이들의 말에 더 귀를 기울일 수 있게 되었다고 고백하고, 중학교 도덕교사로 나처럼 현장에 서게 된 초임교사는 3년 내내 1학년 학생들과 만나면서 교과내용으로 인권을 가르치며 고민한 흔적을 전하고 있다. 고등학교에 있는 두 교사는 각각 '생활과 윤리', '윤리와 사상'이라는 선택과목 수업을 하며 생활 속 윤리문제를 인식하면서 해결방안을 찾아가는 노력을 하거나, 학교 자체의 민주성과 교사 자신의 시민성 및 시민교육자로서 역량 부족 문제 등을 성찰하면서 보다 나은 시민교육을 할 수 있도록 노력하겠다는 다짐을 보여주고 있다.

필자 자신까지 포함해도 다섯 명에 불과한 현장교사들의 이야기를 성급하게 일반화해서는 안 되고 또 그럴 생각도 없다. 그런 점을 고려해서 '이야기'라는 단어를 선택했고, 여기서 이야기는 쉽게 일반화될 수 없는 고유성과 그 안에 한 교사의 실존적 삶의 차원에 담길 수 있는 보편화의 가능성을 함께 지닌다. 우리 학교 교사들은 모두 자신이 의식하는지의 여부와 관계없이 일정하게 시민교육자로서 역할을 담당할 수밖에 없고, 그 역할은 긍정적 가능성과 부정적 가능성의 영역 모두로 열려 있다. 그런 점에서 가능하다면 그들이 교직에 들어가기 직전의 교육과정이나 아니면 현직 재교육을 통해 시민교육자로서 자신의 관점과 현실 속 위상을 점검해볼 수 있는 기회를 가지는 게 중요하다. 우리들이 가상공간과 현실공간을 넘나들며 함께 만나 하고자 했던 일도 그것에 초점이 맞춰져 있었고, 이런 보고서와 강의 중 발표와 토론 등을 통해 나눈 많은 이야기들을 통해 그런 목적을 부분적으로나마 달성했다는 생각을 해본다.

남은 문제는 다시 교실로 복귀한 그들의 일상이다. 교실 속 일상은 당연히 교사들 자신이 이끌어가는 것이지만, 그들로 하여금 자신이 자각했던 시민교육자로서의 역할을 얼마나 지속적으로 현실 속에서 구현하게 하느냐는 학교 민주주의와 그 배경에 있는 우리 사회 전반의 민주주의 상황에 상당 부분 의존한다. 이 책을 통해 우리가 함께 확인해가고 있는 것처럼, 우리 학교 민주주의는 아직 충분하지 않고 우리 사회 민주주의 또한 곳곳에서 문제를 드러내고 있다. 그런 배경 속에서 주로 자신의 교과수업을 통해 시민교육에 접근하는 중등교사와, 담임으로서 교과와 학급 운영을 동시에 해내면서 시민교육을 진행하는 초등교사가 처한 실존적 상황은 그리 녹록하지 않다. 이 상황에 관한 직시가 먼저 이루어져야 하는 이유이다.

이런 직시의 바탕 위에서만 우리는 모든 교사의 시민교육자로서의 역할과 위상을 점검하면서, 시민교육의 중심과 배경 교과에 대한 인식을 새롭게 하고 학교 민주주의를 사회의 전반적인 민주주의 상황과의 관련성 속에서 파악하여 개선하고자 하는 교사 개개인의 실천을 조심스럽게 요청할 수 있다. 그런 요청에 우리 사회의 교육을 시민교육이 중심이 되는 교육으로 바꿔 가고자 하는 시민들 모두의 열망이 더해질 수 있을 때 비로소 제대로 된 교육의 가능성과 희망을 기대할 수 있다.

1 김태웅(2006),『우리 학생들이 나아가누나: 소학교 풍경, 조선 후기에서 3.1 운동까지』, 서해문집, 52-53쪽 참조.

2 이 시기 '소학 교과서'와 관련된 연구물 중에서 학교 도덕교과와의 연속성을 주제로 삼은 김민재(2014),『학교 도덕교육의 탄생』, 케포이북스, 1장 '근대 계몽기 수신교과서를 통해 살펴본 도덕교육의 연속성'을 주목할 만하다.

3 인간의 결핍성과 그 극복으로서 가능성에 관한 논의는 철학적 인간학의 오랜 주제였다. K. 로렌츠, 강학순 옮김(1997),『오늘의 철학적 인간학』, 서광사, 2장 '결함을 지닌 존재인 동시에 유능한 존재인 인간' 참조.

4 게랄트 휘터, 박여명 옮김(2019),『존엄하게 산다는 것』, 인플루엔셜, 90쪽, 강조는 필자의 것이다.

5 심리학적 실재론(psychological realism)은 미국 듀크대학 심리철학자인 플래나간이 자신의 철학적 주장이 최소한의 심리학적 연구성과물의 토대 위에 서 있음을 강조하기 위해 사용한 개념이다. 이제 동서양의 모든 철학적 주장들이 그 최소한의 범위에서는 경험적 연구성과와 위배되지 않아야 한다는 주장으로 받아들일 수 있고, 의미 있는 주장이라고 생각된다. 오웬 플래나간, 박병기·이슬비 옮김(2013),『보살의 뇌』, 씨아이알, 3장 '불교 인식론과 과학' 참조. 그는 이 관점에서 서양철학은 물론 유교와 불교의 주장들을 살피는 노력을 계속해오고 있다.

6 데릭 휘터, 박여명 옮김(2019), 위의 책, 108쪽.

7 조너선 하이트, 왕수민 옮김(2014),『바른 마음』, 웅진지식하우스, '들어가며' 참조. 이 책은 이 세 가지 원칙 하나하나를 다루는 3부로 구성되어 있다.

8 데릭 휘터, 박여명 옮김(2019), 위의 책, 138쪽 참조.

9 위의 책, 144-146쪽 참조.

10 이도흠은 공감·협력 교육을 '상호생성자(inter-becoming)'로서 인간을 전제로 상대방의 눈동자에 비친 내 모습을 볼 수 있는 눈부처 주체가 될 수 있게 하는 교육이라고 정의한다. 이도흠(2016),「공감하고 연대하는 시민을 어떻게 키워낼 수 있을까」, 전국국어교사모임·시민행성,『교사인문학』, 세종서적, 108-113쪽 참조.

11 교육부(2015),『도덕과 교육과정』교육부 고시 제2015-74호[별책6], 3-5쪽 참조.

12 배영(2018),『지금, 한국을 읽다: 빅데이터로 본 우리 마음의 궤적』, 아날로그, 103쪽.

13 위의 책, 87쪽 참조.

14 홍원표(2017),「역량기반 교육과정의 가능성에 대한 비판적 재검토: 이론적·실제적 쟁점을 중심으로」, 한국교육과정학회,『교육과정연구』, vol.35, no.1, 240쪽.

15 마티아스 도프케, 파브리지오 질리보티, 김승진 옮김(2020),『기울어진 교육: 부모의 합리적 선택은 어떻게 불평등을 심화시키는가?』, 메디치, 15, 24쪽.

16 위의 책, 165-166쪽 참조.

17 서부원, '욕 먹는 한국교육, 해법 못 찾는 이유 따로 있다', 『오마이뉴스』 2020.7.16. 기사 참조. 현장 교사인 그는 우리 교육의 목표가 성공, 쉽게 말하면 '돈 잘 벌어서 편하게 사는 것'일 뿐이고, 그 과정에서 초등학교 아이들이 서슴없이 건물주가 꿈이라고 말한다고 지적하고 있다.

18 앵거스 디턴, 이현정·최윤희 옮김(2015), 『위대한 탈출』, 한국경제신문, 15쪽, 강조는 필자의 것이다.

19 위의 책, 410쪽.

20 피터 싱어, 박세연 옮김(2017), 『더 나은 세상』, 예문아카이브 참조.

21 김태완 외(2019), 『포용복지와 사회정책 방향』, 한국보건사회연구원 연구보고서 2019-01, 요약 5 참조.

22 장은주(2017), 『시민교육이 희망이다』, 피어나, 64-65쪽. 그는 이 이념이 "서구 근대자본주의 사회가 출현할 때 신분 등에 따른 차별을 배제하고 능력에 따른 대우를 강조하는 과정에서 등장했지만, 실제로는 유교적 동아시아 사회에서 먼저 발전한 것이어서 우리 사회에도 깊이 뿌리를 내리고 있다"라고 분석한다. 과거에 의한 인재등용의 역사가 중국과 한국, 일본 등에서 먼저 시작되어 특히 우리사회에 고시와 같은 형태로 그 흔적이 남아 있다는 점에서 적절한 분석이라고 판단된다. 같은 책, 65쪽.

7장
우리 학교 시민교육의
목표와 정당화 근거

07

우리 학교 시민교육의
목표와 정당화 근거

우리 시민교육에서 학교가 차지하는 비중과 위상은 관점에 따라 달라질 수 있다. 비관적인 관점에서는 학교가 시민교육을 망치는 공간이 되고 있다고 말할 수 있고, 거꾸로 학교만이 시민교육을 위한 유일한 공간이라고 말하는 것도 가능하다. 그러나 이런 극단적인 관점들은 현실을 제대로 보지 못하거나 학교가 지니는 시민교육 공간으로서의 가능성을 무시한 것일 수 있어 경계의 대상이 되어야 마땅하다. 우리 학교 상황을 있는 그대로 바라보며, 비관과 낙관의 두 뿔 사이를 슬기롭게 지나면서 실천적 대안을 모색하는 일이 꼭 필요하다. 말 그대로 여실지견如實知見의 지혜에 기반한 실천이 필요한 때인 것이다.

그럼 어디서부터 시작할 수 있을까? 이 물음 앞에 서면 막막한 느낌이 먼저 다가선다. 시민교육에서 학교의 위상과 역할에 관한 적절한 평가와 기대에서 출발해야 한다는 당위에 대해서는 동의할 수 있지만, 그 '적절한'이라는 말 자체가 지니는 애매성과 모호성으로 인해 다시 원점으로 돌아가고 마는 순환고리에 말려들고 있다는 느낌이 들기 때문이다. 21세기 초반 한국사회에서 학교는 바로 그런 느낌의 대상이고, '그런 느낌'은 이른바 교육전문가로서 나 자신에게 망설임의 원천으로 다가온다. 어떤 말도 쉽게 할 수 없고, 또 자신감을 드러내기 어렵다는 고백을 할 수밖에 없는 지점이다.

그럼에노 이 책의 서문에서 조심스럽게 밝힌 것처럼, 내가 시민교육에 관한 책을 써야만 하겠다는 결심을 하게 만든 배경이 분명히 있고, 지금까지는 에둘러 학교 시민교육을 둘러싼 현실적 배경과 이론적 근거를 찾아 방랑 같은 여정을 밟아 왔다. 이제는 더 이상 피해갈 수 없는 지점에 이른 셈이다. 중언부언의 오류를 범할 수도 있겠지만, 지금까지 해온 이야기들을 모아보면서 우리 학교 시민교육을 위한 실천적 대안을 모색해보는 것이 이 장의 목표다.[1] 크게 두 가지 문제를 중심으로 펼쳐보고자 한다. 하나는 민주시민교육을 민주와 공화의 교육으로 나누어 고찰하면서 염두에 두었던 이 시대 '한국시민상'에 관한 논의를 정리하는 일이고, 다른 하나는 그럼에도 더 부각되고 있는 학교 시민교육의 정당화 근거를 찾아 그 필요성과 시급성에 관한 공감대를 넓혀가는 일이다.

우리 학교 시민교육의 목표
: '교양 있는 한국시민'의 윤리와 역량

우리 학교 시민교육은 우리 시대의 '한국시민상'에 근거해서 이루어져야 하고 또 그럴 수밖에 없다. 모든 교육은 일정한 목적과 목표 지향을 지닐 수밖에 없기 때문이다. 만약 그렇지 못하다면 어디로 가야 할지를 알지 못한 채 항해에 나선 배처럼 표류할 수밖에 없을 것이다. 물론 그런 이상적인 시민상에 관한 합의에 이르는 일은 지난한 과제이고 시민교육의 목표를 합의의 과정 자체에 두는 일도 중요한 과제이지만, 이 경우에도 그 합의를 통해 도달하고자 하는 보다 나은 형태의 이상적인 시민상을 전제로 할 때 비로소 담론의 과정이 원활하게 전개될 수 있다는 순환적 맥락이 작동한다.

시민교육을 자신이 스스로의 삶과 자신이 속한 사회의 주인임을 자각하는 민주의 교육과 그 개개인들이 살아가기 위해 필요한 관계 기반의 공공의 것에 대한 인식과 실천을 요청하는 공화의 교육으로 구분하고자 하는 필자는, 기본적으로 그것들의 뿌리를 그리스나 로마 전통뿐만 아니라 우리의 전통 속에서도 찾을 수 있고 또 찾고자 하는 균형 잡힌 노력을 통해 비로소 제대로 된 우리 시민교육이 가능하다는 사실을 강조하고자 노력해왔다. 이런 강조와 관련해서 어떤 점에서는 과도할 정도의 이야기를 피하지 않은 것은 우리 학계와 교육계의 서구편향성이 심각하다는 현실 인식과 함께, 민주의 '주인됨' 속에 그런 주체적인 자각과 실천이 핵심 요소로 포함될 수밖에 없다는 판단이 있었기 때문이다. 언제까지 이런 비정상적 상황을 방치하면서 시민교육을 하자고 할 수 있을 것이며, 또 온전히 존재하지도 않는 핀란드나 프랑스, 덴마크 같은 이른바 '선진국'의 시민교육 모형을 무비판적으로 추종하는 한심한 행태를 반복할 것인가? 관련 학자들이나 교사, 관료들에게는 관행을 쉽게 벗어나지 못하는 이런 추종의 행태를 통해 살아가는 일이 불가피할지 모르지만 더 이상 우리 아이들을 볼모로 내줄 수 없다.

물론 필자는 전통 그 자체를 이상화하는 일에 대해서도 그 이상의 경계심을 갖고 있다. 한국고유사상이라는 것은 이미 점집 같은 주술정원으로 전락한 지 오래고, 불교는 자본주의의 못된 습성에 포섭되어 더 이상 추할 수 없는 지경으로까지 몰락했으며, 유교는 보이지 않는 갓을 쓰고 억지를 부리면서 전통이라는 이름으로 신분을 전제로 하는 가부장제의 질서를 예와 효, 충과 같은 시대착오적 개념을 중심으로 금과옥조金科玉條처럼 지키고자 하는 행태를 보여주고 있다. 불교학계와 유교학계를 포함하는 동양철학과 사상을 연구하는 학문공동체와 그 구성원들도 '동양사회사상학회'와 같은 일부 예외를 제외하면 불교계와 유교계에 물질적·정신적으로 종속되어 겨우 연명하고 있는 형편이다. 그렇지 않은 일반 철학과의 동양철학 전공자의 경우에도 서양학문에 의해 재구성된 오리엔탈리즘으로서 동양학에서 벗어나지 못한 채 서양철학 등 서구에 대한 열등감의 미몽에서 여전히 헤매고 있다는 느낌을 받는다. 이런 상황 속에서 재해석되지 않았을 뿐만 아니라 현재의 상황에 맞게 재구성되지 못한 '전통'은 말 그대로 버려져야 할 폐습이자 인습일 뿐이다.

21세기 초반 우리 한국인들에게 주어져 있는 문화식민지성의 극복과제는 이러한 두 뿔, 즉 맹목적인 서구 추수주의와 전통에 대한 무조건적 신봉에서 벗어남이라는 과제로 구체화되고 있다. 참으로 어려운 과제이지만 그렇다고 해서 포기할 수 없는 과제인데, 다행히도 '코로나 19'라는 비극을 공유하면서 우리가 맹목적으로 따라갈 수 있는 '그런 선진국은 없다'는 인식을 할 수 있는 천금 같은 기회를 맞고 있다. 그러나 이 기회는 우리가 제대로 활용하고자 적극적으로 노력하지 않을 경우 또 하나의 희미한 기억으로 묻힐 수 있는 가능성이 훨씬 더 높다. 조선 후기 이후 주희를 주자朱子로 신격화하면서 시작된 문화식민화의 뿌리가 일제 식민교육과 미국과 유럽 문화식민교육을 통해 깊이 자리 잡고 있어 언제든 회귀할 수 있기 때문이다. 아마 그 중심에 있는 이른바 우리 사회의 주류세력들은 지금 이 순간도 '미국과 일본, 유럽이 그럴 리가 없어'라고 마음속으로 외치면서 그 반동의 기회를 잡고자 노심초사하고 있을지 모른다.

그렇다면 시민교육의 목표인 '21세기 한국시민상'에 관한 논의는 어디에서 출발해야 할까? 먼저 우리는 그 출발점의 토대를 현재 담론의 중심을 차지하고 있는 서구 민주공화주의 이론에 대한 적극적 재검토와 수용, 우리 전통의 민주와 공화 요소에 대한 발굴에 바탕을 둔 재구성으로 삼아야 한다는 사실을 확인해야 한다. 우리는 이미 고대 그리스의 아테네 민주주의가 평민 이상의 남성만을 주인공으로 설정한 불완전한 것이고, 오히려 고타마 붓다의 승가공동체가 남녀를 포함하는 모든 신분의 사람들을 수용하면서 각자의 독존성獨尊性을 존중한 민주공동체에 가까운 것이었음을 확인했다. 그중에서 우리에게 더 가까운 것은 당연히 아테네가 아닌 붓다의 공동체이고 이 공동체는 현재까지도 왜곡된 형태이긴 하지만 우리 절집에 남아 있어 쉽게 확인할 수 있는 것이기도 하다.

공화의 뿌리 또한 마찬가지다. 고대 그리스와 로마에서 민주정과 군주정에 대비되는 형태의 혼합정으로 나타났던 서구적 공화共和는 '공공의 것'에 대한 공동의 관심을 불러일으킨 것으로 역사상 소중한 것임에 틀림없지만, 신라의 화백제도에서 모든 사안을 공동의 담론을 통해 결정했던 우리 공화의 역사 또한 충분히 주목받아야 한다. 더 나아가 유교와 불교를 관통하면서 관계를 존재의 근원으로 설정해왔던 '관계론'이 지니는 현재적 의미에 대한 충분한 주목과 재해석, 재구성 또한 민주공화의 이론화와 실천 과정 모두에서 빼놓아서는 안 될 과제이다. 그런 관계가 단순한 개념 수준을 넘어 우리 일상의 그것으로 상당 부분 구현되고 있기 때문에 그 과제의 절박성은 더 커질 수밖에 없다.

남은 문제는 필자 자신을 포함한 우리 학계와 교육계 구성원들이 이런 주체적인 학문을 할 수 있는 훈련을 받지 못한 채 이 자리를 지키고 있다는 사실이다. 그러다 보니 주체적 시각의 중요성에 관한 인식에 이르기도 쉽지 않고, 그것을 자신의 실존적 삶의 국면에서 수용하여 학문과 교육의 지침으로 삼는 일은 더 어렵다. 어쩌면 우리 세대에게는 불가능한 일이 아닐까 하는 회의감이 들 정도다. 그럼에도 포기할 수 없는 과제라면 각자가 할 수 있는 일을 찾아서 실천에 옮겨야만 하고, 기회가 닿은 대로 함께 할 수 있는 시간과 공간을 마련하며 공동으로 모색해가는 노력으로 구체화할 수밖에 없다. 필자가 이 작은 책을 통해 일관된 목표로 설정하고 있는 것이기도 하다.

먼저 우리 시민상 모색 과정에서 도움을 받을 수 있는 현대 서구의 민주 공화주의 담론의 주체적 수용부터 시작해보자. 이미 4장과 5장에서 부분적으로 이루어진 것이기도 하지만, 특히 최근에는 자유주의의 한계를 극복하기 위한 공화주의에 관한 논의들에 주목할 만하다. 이 논의들 중에서도 우리 학교 시민교육의 토대를 쌓는 데 적극적인 역할을 담당하고 있는 정원규2016의 논의와 서구의 시민 공화주의와 시민교육을 연결시키고자 하는 피터슨2020의 논의에 집중하고자 한다.[2] 정원규의 논의는 민주주의와 공화주의 사이의 연결고리에 주목하면서 '공화민주주의'라는 개념을 채용하고 있을 뿐만 아니라, '한진중공업 사태와 갈등관리 방안'과 같이 우리 상황에 적용하고자 하는 노력을 포함하고 있다는 점에서 주목받을 만하고, 피터슨의 논의는 시민교육과의 직접적인 관련성을 전제로 '시민공화주의'을 사용하면서 최근의 공화와 민주 관련 논의를 포괄적이면서도 일목요연하게 보여주고 있다는 점에서 주목할 만하다.

정원규는 민주주의의 문제가 국민주권 원리와 그 실행원칙으로서 다수결 원칙 사이의 긴장이라는 사실에 주목하는 것으로 논의를 시작한다.[3] 민주라는 개념 속에 내재되어 있는 국민주권의 원리는 실제 정치적 맥락 속에서 다수결 원칙으로 구현되는 경향이 있는데, 이것은 자칫 민주주의를 다수의 독재로 해석하는 결과를 낳을 수 있다는 지적이다. 특히 이런 우려는 자유민주주의에서 두드러지게 현실화될 수 있기 때문에 절차주의적 공화민주주의 모델을 통한 보완이 요구된다고 강조하고 있다. 그는 절차주의적 공화민주주의 모델이 다수결 원칙을 제약하는 원리로 작용하는 정치적 구성권이 만장일치를 통해 형성되는 것이라는 점에서, 또 다수결 원칙의 지위가 규범적 차원으로 상승된다는 점에서, 더 나아가 다수결 원칙의 보완을 위해 제시하는 권리의 범위가 정치단위 구성권과 사회구성원들 모두에 의해 승인될 수 있는 것만으로 제한함으로써 분명해진다는 점 등을 들어 자유민주주의 모델이 지닌 문제를 해결할 수 있는 대안이라고 주장한다.[4]

그의 이러한 논의 과정에서 우리 시대 한국시민상에 관한 직접적인 제안이나 주장을 찾을 수는 없지만, 그가 민주주의의 핵심 원리로 국민주권 원리를 상정하면서 그 실행원칙으로서 다수결주의가 지닌 한계를 다른 정당화 기제인 만장일치를 통해 보완해야 함을 지속적으로 강조하고 있다는 점에서 그 배경 속에 담긴 한국시민상을 유추하는 일이 불가능하지는 않다. 그가 생각하는 시민교육의 목표로서 한국시민은 아마도 우선 주권자의식을 분명히 지닌 사람이고, 더 나아가 그 실행원칙으로 다수결과 만장일치가 지니는 장점과 한계를 인식하고 이를 현실 속에서 적용할 수 있는 정치적 역량을 갖춘 사람인 것으로 보인다. 이러한 시민상은 곧바로 시민교육의 목표를 주권자의식과 그 의식을 실행할 수 있는 정치적 역량의 함양으로 설정할 수 있는 이론적 근거가 되기도 한다.

이런 주권자의식의 강조는 우리 민주주의의 역사 속에서 가장 중심에 있었던 것이고, 아직까지도 미흡하다는 점에서 의미 있는 시도로 해석될 수 있다. 특히 민주의 교육 영역에서 강조되어야 하는 것이다. 그러나 과연 공화의 교육 영역에서까지 핵심 목표로 부각될 수 있는지에 대해서는 검토가 필요하다. 우리 민주화 이후의 과제 중 하나는 어떤 점에서 고립적인 권리의식의 과잉을 극복하는 것이기 때문이다. 자신이 속한 정치공동체의 관계적 맥락과 권리를 가능하게 하는 의무와 책임이라는 대응 개념을 제대로 인식하지 못한 '주권자'의 과도한 권리의식이 우리 공동체를 무례와 불쾌함으로 채우는 요인으로 작동하고 있다는 현실을 감안한다면, 여전히 '주권자의식'을 시민교육의 일차적 목표로 설정하는 일은 재검토의 여지가 있다.

정원규도 유의하고 있는 것처럼 대체로 신아테네 공화주의와 신로마 공화주의로 나뉘는 현대 공화주의 이론은 자유를 '정치적 자유'로 해석하면서 이사야 벌린I. Berlin의 소극적 자유 중심의 자유론에 대해 비판적이라는 공통점을 지니고 있지만, 그 구체적인 주장의 맥락이 각각 달라서 쉽게 요약되기 어렵다.[5] 또한 그가 사용하고 있는 '공화민주주의'라는 개념 또한 서구학계에서 일반적으로 사용되는 시민공화주의civic republicainsm와 어떻게 구별될 수 있는지 혼란스럽다. 이 시민공화주 개념을 자신의 논의에서 중심에 놓은 피터슨A. Peterson에 따르면, 시민공화주의의 시민성 개념은 그 안에 특정한 자유 개념을 갖고 있고 실천을 강조하면서 다음과 같은 네 가지의 상호 관련된 원칙에 대한 공약을 포함한다.

"첫째, 시민은 특정한 책무를 갖고 있다는 사실을 인식해야 한다. 둘째, 시민은 사적 이익에 우선하여 존재하는 공동선에 대한 인식을 발전시켜야 한다. 셋째, 시민은 시민으로서의 덕을 갖추어야 하고 그 덕에 따라 행동해야 한다. 넷째, 시민참여는 심의적인 측면을 포함해야 한다. 나는 이러한 주제를 분석의 명확함을 위해 이 책 전반에서 개별적으로 다루지만, 사실 이 원칙들은 서로 밀접하게 관련되어 있다 개별적인 공화주의 공약은 다른 공약을 알려주고 규정하는 역할을 수행한다. 이런 의미에서 공화주의 공약의 핵심은 상호의존적인 것이다."[6]

피터슨의 시민공화주의에 관한 논의에서 특히 주목할 만한 지점은 위의 인용을 통해서도 확인할 수 있는 것처럼, 시민공화주의에서 상정하는 시민상 속에 포함된 시민의 책무와 공동선, 덕, 심의 역량 등이다. 그는 시민공화주의과 시민교육 사이의 긴밀한 연계성을 토대로 하는 시민성 모델을 제안하면서 시민공화주의의 특징을 다음과 같은 다섯 가지로 요약하고 있다.

"나는 현대 시민공화주의 시민성 모델에는 다섯 가지의 요약된 교리가 있다고 믿는다. … (1) 시민공화주의는 자치로서 자유 개념 또는 비지배로서 자유 개념으로 자유주의의 불간섭으로서 자유 개념을 대체한다. … (2) 시민공화주의는 시민성의 지위와 실천에서 기인하는 책무를 인정한다. … (3) 시민공화주의는 정치공동체에서 공동선의 역할과 중요성을 강조한다. … (4) 시민공화주의는 시민들이 필수적인 시민의 덕을 갖추는 것을 필요조건으로 제시하고, 그 덕을 시민들에게 고취할 필요가 있다는 관점을 강조한다. … (5) 시민공화주의는 민주적 실천과 정통성의 핵심 원천으로서 심의적인 정치참여의 역할과 중요성을 강조한다."[7]

이러한 시민공화주의의 핵심 원리들은 특정한 의미로 재해석된 자유 개념, 즉 자율이나 비지배로서의 자유를 전제로 하기 때문에 민주 원리를 충분히 반영하고 있다는 평가가 가능하지만, 그럼에도 시민의 권리보다 는 책무와 공동선, 덕, 심의적인 정치참여 등의 규범적 개념들을 중심에 둔 다는 점에서 몇 가지 정당화의 부담을 지닌다. 우선 공동선 개념의 도출 과 정에서 정당화 요구가 생기고, 책무와 덕, 심의적인 정치참여라는 실천 또 한 일반 시민이 왜 그렇게 해야 하는지를 정당화해야 하는 부담을 지닌다. 그런 점에서 주권자의식을 중심으로 시민교육을 강조하는 관점 못지않 게, 시민공화주의에 기반한 시민교육 또한 다양한 반론에 직면할 수밖에 없다.

그런 점을 고려하여 필자는 오히려 다른 차원의 접근을 시도하는 일이 우리 학교 시민교육의 목표를 점검하는 데 도움이 될 것이라고 생각하고 있다. 그것은 바로 우리 한국시민들이 함께 어울려 인간답게 살아가는 데 꼭 필요한 가능성으로서 역량力量, capability 개념에 초점을 맞추어 시민교육 의 목표를 설정하는 노력이다. 이때의 역량은 아마르티아 센Amartya Kumar Sen이나 마사 누스바움Martha Nussbaum의 그것에서 힌트를 얻은 것이기는 하 지만, 그들이 역량을 인간다운 삶을 위한 요건으로 받아들이고 있다는 점 과는 차별화된다. 그러다 보면 교육도 그 역량의 한 요소로 배치되는 문제가 생긴다.[8] 세계적 차원의 정의 문제에 관심을 갖는 그들에게 이런 역량 설정은 의미 있는 일이고 그런 차원에서 교육에의 정당한 접근 기회 또한 인간다운 삶을 위한 필수요건이 된다는 데도 충분히 동의할 수 있지만, 그렇다고 해서 역량 개념을 꼭 그렇게만 사용할 필요는 없다. 오히려 시민교육의 목표로 '인간다운 생존 역량'을 설정하면서, 그 역량을 이루는 구체적인 요소 또는 내용으로 재구성하여 활용함으로써 우리 시민교육의 목표를 둘러싼 혼란을 적극적으로 제거하는 데 도움을 받을 수 있다.

필자가 사용하고자 하는 '인간다운 생존능력으로서 역량capability'은 생존과 실존의 영역을 포괄하는 개념일 뿐만 아니라 실존과 생존 사이의 긴밀한 연계성을 강조하고자 하는 개념이다. 인간의 생존은 태어나기 이전부터 타자와의 의존 속에서만 가능하고, 그것은 실존의 영역에도 그대로 적용된다. 뒤에서 '연기적 독존'의 개념으로 더 구체화할 계획이므로, 여기서는 비교적 간략하게 그 의미를 규정하고 넘어가고자 한다. 인간으로서 생존하기 위해서 우리는 먼저 몸이 필요로 하는 것들, 즉 옷과 집, 먹을거리 등을 확보할 수 있어야 한다. 그것을 자연과의 관계 속에서 얻는 시대를 벗어난 이후에는 특히 그것들을 살 수 있는 '돈'을 벌고 모을 수 있는 능력으로 치환되는 경향이 나타난다. 자본주의의 정착과 세계화 흐름에 비교적 빠르게 올라탄 우리들에게 앞 장에서 '우리 사회의 불평등 구조와 능력주의, 교육 사이의 관계'를 살펴보면서 논의했던 것과 같은 다양하고 다층적인 문제들과 직면하고 있다.

이 문제들을 해결할 수 있는 출발점은 인간이 차별화될 수 있을 뿐만 아니라 차별화되어야 하는 생존능력에 새롭게 주목하는 일이다. 인간의 생존은 타자와의 의존 속에서만 가능할 뿐만 아니라, 삶의 의미 물음을 배제할 수 없는 실존의 차원을 동시에 포함한다. 그것을 중심축으로 삼아 '인간다운 생존능력'을 시민교육의 목표로서 '역량'으로 설정할 수 있고 또 그렇게 해야 한다는 당위를 이끌어낼 수도 있다. 그 역량에는 여러 요소들이 포함되지만, 특히 우리 시민교육의 관점에서는 시민의 교양과 윤리 문제를 부각시킬 필요가 있다. 교양과 윤리를 갖추지 못한 생존능력은 그 자체로 불완전한 것일 뿐만 아니라, 온전한 생존을 지속적으로 보장받을 수 없는 결함 있는 것임을 인식할 필요성과 마주하고 있는 것이다.

> "잘 차려입은 한 남성이 고급 승용차를 몰고 동네를 달리다 모퉁이를 급하게 꺾어 지나갔다. 그때 횡단보도에는 초록색 신호등을 확인한 후 두 아이와 함께 길을 건너던 여성이 있었다. 그런데도 남자는 아랑곳하지 않고 아슬아슬하게 이들 곁을 지나갔다. 나와 잘 아는 사이인 그 여성의 말에 따르면, 초록색 신호등을 가리키며 운전자에게 항의하자 그 남자는 차창을 내리며 이렇게 말했다고 한다. '입 닥쳐, 미친년아!'"9

2016년 독일 뮌헨과 프랑크푸르트 등을 여행하면서 필자가 충분히 경험했던 일이고, 그것은 프랑스와 영국이라고 해서 다르지 않았다. 특히 임산부 앞에서도 거침없이 담배를 피워대는, 이른바 선진국 시민들의 모습은 놀라움 그 자체였다. 자유에 따르는 최소한의 단서, 즉 내 마음대로 할 수 있는 자유는 타인의 그것과 마주치는 곳에서 일단 멈추어야 한다는, '로크적 단서Lockian Proviso'의 최소한마저 갖추지 못한 '후진국 시민'이었던 것이다. 독일에서 벌어진 이 황망한 사태는 우리 운전자라면 누구나 난폭운전에 놀라 항의하려는 마음을 내면서 갖게 되는 공포와 그대로 연결되어 있다. 정말 무례한 사회에서 무례한 사람들과 마주치게 될 가능성은 점점 더 커지고 있고, 이것은 기본적으로 시민의 교양과 윤리 문제다.

시민의 교양은 더불어 살아가야 하는 존재로서 인간에 대한 자각을 바탕으로 하는 문화성과 도덕성을 주로 의미한다. 문화성은 내면의 인격성을 바탕으로 함께 살아가는 데 필요한 여러 요소들을 포괄한다는 차원에서 도덕성을 포함한다. 그럼에도 도덕성 또는 윤리성은 상대적인 자율성을 지니는 개념일 뿐만 아니라, 시민교육의 목표로서 중심에 두어야 하는 것이라는 점에서 따로 떼어내 사용하고자 하는 것이다. 이런 전제를 바탕으로 우리는 시민의 역량과 교양, 윤리 사이의 관계를 설정할 수 있다. 인간다운 생존을 위한 역량은 교양을 포함하고, 교양은 윤리를 포함한다. 다만 시민교육 담론에서는 목표 설정과 내용 선정 등을 위해 편의적으로 구분할 필요가 있고, 실제 시민교육을 위한 각 교과의 역할 분담 등을 위해 필요하기도 하다.

시민의 교양은 자신의 생존이 삶의 의미를 묻는 실존과 분리되어 있지 않다는 사실을 인식하고 받아들이는 데서 생긴다. 일상 속에서 삶의 의미 물음을 배제하지 않고자 하는 시민은 일단 '교양 있는 시민'의 가능성을 지닌 것으로 평가받을 수 있고, 그것에 더해 그런 지향성을 내면의 습관과 성향으로 정착시키고자 하는 노력을 통해 완성될 수 있다. 그런 의미의 교양이 예술과 문학 등에 관련된 최소한의 소양을 배제하는 것은 아니지만, 그렇다고 해서 그런 것들에 한정되는 것도 결코 아니다. 시민의 교양은 자신의 삶의 의미와 일상 속에서 가치의 차원을 인식하고 '더불어 삶'의 차원을 보다 바람직한 방향으로 이끌고자 하는 모든 노력과 실천을 포함한다. 그 구체적인 요소로는 넓은 의미의 인문학적 소양뿐만 아니라, 자신을 포함하는 자연과 우주의 현상과 원리를 알고자 하는 과학적 소양 또한 포함되어야 마땅하다.

시민의 윤리는 그런 측면에서 당연히 교양에 포함된다. 시민의 윤리는 더불어 살아가는 존재로서 자신의 내면적 도덕성과 관계적 맥락의 도덕성을 분리시키지 않는 데서 출발한다. 다만 이 지점에서 우리가 유의해야 하는 것이 하나 있다. 그것은 바로 시민의 윤리는 기본적으로 익명적 관계를 기반으로 하는 시민들 사이의 우정을 중심에 둔다는 사실이다. '시민적 예의禮儀, etiquette'는 기본적으로 모르는 사람들 사이에서 요구되는 것이고, 아는 사람과 모르는 사람을 심하게 구분하는 경향이 있는 우리 한국시민들에게서 특히 강조되어야 하는 윤리이다.

우리 삶에서 사적인 관계는 정체성의 근간일 뿐만 아니라 삶에 의미를 부여하는 원천이기도 하다. 그러나 "민주주의는 그 사적인 관계와 공적인 관계 사이의 상호적 전문화에 토대를 두어야 한다"라는 베슐레르의 적절한 주목과 같이, 공적 관계가 사적 관계에 의해 훼손되지 않아야 하고 역의 관계도 마찬가지다. 그런 의미에서 시민은 사적 관계와 공적 관계의 긴장에 주목해야 한다는 그의 주장도 일리를 지닌다.[10] 최소도덕과 최대도덕 사이의 긴장과 공존이 시민윤리의 핵심을 차지해야 하는 이유이기도 하고, 사회교과와 도덕교과 사이의 독립과 협력이 필요한 근거이기도 하다. 우리 사회교과를 통해서도 시민윤리가 다루어져야 하지만 그것은 주로 최소도덕의 차원에 초점을 맞추어야 한다면, 도덕교과는 삶의 의미 물음을 윤리적인 주제를 가지고 함께 물어가는 '도덕함'을 중심에 두어야 한다.

우리 학교 시민교육의 정치적 정당화
: 올바른 주인의식과 공론장 형성

시민공화주의 관점에서 시민교육은 당연한 요청이자 귀결이다. 자율 또는 비지배로서 자유를 전제로 시민의 책무와 덕, 공동선, 심의 등을 성립의 필수요건으로 내세우는 순간 그것을 확보하기 위한 실천적 노력으로서 시민교육은 당연히 뒤따라올 수밖에 없기 때문이다. 그러나 다른 한편 이 시민공화주의는 바로 그러한 당위적 요청들로 인해 정당화 근거를 다시 물어야 하는 부담을 지니고 있고, 이 부담은 시민교육에도 거의 그대로 부과된다.

시민공화주의는 우리가 '대한민국은 민주공화국이다'는 헌법적 명제를 공유하게 된 이후에 비교적 익숙한 형태로 받아들이고 있는 것이지만, 그 익숙함이 현대의 공화주의 논의의 수입에서만 유래하는 것은 아니다. 오히려 우리는 당연히 '함께 살아야 함'이라는 의미의 전통적 공화의식共和意識에 의한 익숙함에 먼저 열려 있었다고 보아야 한다. 공회公會로서 제천의식에서 출발점을 이루고 불교와 유교의 관계와 공동체론을 통해 보다 온전한 형태로 형성된 전통적인 공화 개념은, 그런 점에서 우리 시민교육의 토대와 정당화 근거를 모색해야 하는 이 시점에서 정당한 관심의 대상이 되어야 마땅하다.

우리 시민교육의 정당화 근거를 모색하는 작업은 이상과 같은 특정한 이론에서 출발하는 연역적 방법과 함께, 실제 삶의 경험 속에서 근거를 찾아가는 귀납적 방법을 통해 시도해볼 수 있다. 우리 일상의 경험을 통해 시민교육, 특히 학교 시민교육이 꼭 필요한 것인지를 생각해보는 일은 연역적 접근 못지않게 중요하다. 그동안 시민사회와 시민교육에 관한 연역적 접근이 그 출발점을 서구의 이론에 두고 있었다는 점을 감안하면 그 중요성은 더 커질 수밖에 없다. 우리가 한반도 남쪽을 중심축으로 삼아 함께 살아가고 있는 21세기 초반 대한민국은 어떤 시민교육을 필요로 하는 사회일까? 이 물음이 핵심이다.

우리 사회가 시민이 주인인 민주주의 사회라는 사실을 부인할 사람은 없다. 그 주인됨의 구현 정도에서는 불평등 구조의 심화로 인해 상당한 차이를 보일 수밖에 없지만, 언론의 자유와 자유로운 선거문화, 과도할 정도의 집회의 자유 등에서 민주주의 사회가 아니라고 주장할 수 있는 근거는 거의 없다. 자신들은 시민의 대표인 대통령에 대한 최소한의 존중도 하지 않는 욕설에 가까운 표현을 서슴지 않으면서, 우리 사회가 민주주의 사회가 아니라고 강변하는 일부 극우주의자들의 존재 자체가 민주주의 확립의 반증이다.

우리 사회가 공화주의 사회인가에 대해서는 의견이 엇갈릴 수 있다. 앞에서 살펴본 피터슨의 시민공화주의에 따르면, 시민이 자신의 책무와 공동선 의식을 바탕으로 덕을 갖추어야 할 뿐만 아니라 정치참여 과정에서 심의를 중심에 두고자 하는 자세까지 갖추어야 한다. 우리의 공화 전통을 재구성하는 관점에서 보면, 선공후사先公後私의 자세가 아니라 자신의 이익을 지키기 위해서라도 소속된 공동체 또는 관계 맥락에 관한 정당한 인식과 최소한의 헌신이 있을 때 비로소 공화주의의 시민이라고 할 수 있다. 그런데 이런 기준을 우리 시민사회는 어느 정도나 충족하고 있는 것일까? 이 물음에 대해 긍정적인 답변을 하기는 어렵다. 우선 시민의 대표라고 하는 국회의원들이 자신의 이익을 위해 부동산 관련법을 망설임 없이 제정하거나 개정하고 있다는 합리적인 의심이 사실로 드러나고 있는 현실이 부

정적인 답으로 이끌리게 되는 전형적인 사례이다.[11]

정치참여 과정에서 심의의 장을 마련해야 한다는 공화주의자들의 공통된 주장을 근거로 보면, 특히 우리 시민사회에 하버마스J. Habermas가 강조하는 공론장이 제대로 형성되어 있는지 의심하게 할 정도로 문제가 심각하다. 우리 전통의 공론장 이론은 불교의 화쟁和諍 개념을 통해 적절히 마련될 수 있는데, 간략히 요약하면 세 단계 또는 과정으로 전개된다. 첫째는 각자의 주장에 최소한의 진리[一理]가 담길 수 있도록 하는 쟁諍의 단계이고, 둘째는 다른 사람의 주장에 담긴 일리에 귀를 기울이는 청聽의 단계이며, 마지막은 자신과 상대방의 주장에 담긴 일리들을 모아 보다 나은 결론을 이끌어내는 화和의 단계이다. 이러한 화쟁의 논리에 기반한 공론장은 그 안에 포함된 진리 개념을 열어두어야 한다는 재해석의 요청을 전제로 해서 민주공화의 그것으로 펼쳐질 수 있다. 진리 또는 보편의 가능성을 배제하지 않으면서도 그것에 온전히 도달할 수 없음이라는 실존적 한계에 관한 인식이 화쟁에 포함되어 있지만, 이제는 그것 이상으로 보편적 진리 개념 자체에 대한 회의까지 포용할 수 있어야 한다는 것이다.

그런데 우리 시민사회는 그런 외형적인 공론장을 마련하고자 하는 노력을 지속하고 있음에도, 실질적으로 화쟁이 작동하는 공론장을 찾아보기는 매우 어렵다. 국회의원들뿐만 아니라, 교수와 교사, 언론인을 포함하는 이른바 여론 주도층 또한 그다지 차별화된 모습을 보여주지 못하고 있다. 민주와 공화를 전제로 하는 시민교육이 강화되어야 하는 경험적 근거의 핵심이다. 학교 시민교육에서 그 출발점을 튼튼하게 마련해야 하고, 그것을 사회 전반의 민주주의를 통해서 확인하고 강화해가야 하는 실천적 과제로 다가온 지 오래고, 더 이상 미룰 수 없는 시급성을 지니고 있기도 하다. 이런 공론장을 정착시킬 수 없다면 우리 시민사회의 존재 자체가 의심받을 수도 있기 때문이다.

시민사회의 공론장은 한편으로 현실에 존재하는 사실적 차원을 지니면서도, 다른 한편으로는 특히 공화의 성립을 위한 규범적 요건이라는 가치의 차원을 지니는 개념이다. 이 점에 유의하면서 우리가 좀 더 살펴보아야 하는 문제가 경험에 기반한 미덕의 문제다. 서양 근대 이후의 윤리학을 지배한 한 축인 칸트의 형식주의 윤리에 근거해서 우리에게도 일정한 도덕적 압박으로 작동하고 있는 인간으로서의 의무나 인권 같은 추상적인 개념은 실제 우리 일상에서는 거의 영향력을 발휘하지 못하고 있다는 보고가 끊이지 않는다. 그 대표적인 사례로 전 세계의 여러 곳을 돌아다니면서 윤리적 대화를 나누며 확인한 이그나티에프M. Ignatieff, 2018의 보고를 들 수 있다.

> "우리와 대화를 나눈 개인들은 각자의 개인적 딜레마와 자신들이 처한 더 넓은 갈등의 사회적 맥락을 결코 분리하지 않았다. 인간의 의무와 도덕적 추론에 관한 일반론은 그들에게 사실상 아무 의미가 없었다. **맥락이 전부**였다. 각자의 장소에서 우리들은 대화상대자들이 일상에서 씨름하는 문제들을 가지고 고민하는 동안, 그들의 말에 내포되어 있는 **공통의 윤리 언어**에 귀를 기울였다."[12]

이그나티에프가 관찰한 '공통의 윤리 언어'는 추상화된 원리나 원칙이 아니라 평범한 미덕들, 즉 '경험을 통해 터득한 행위양식으로서 삶의 기술'이었다는 것이다. 이것은 도덕적 판단에 따른 실천이나 의도적 사고에 바

178

탕을 둔 행위와는 다른 것이다.[13] 미국의 뉴욕과 로스앤젤레스, 브라질의 리우데자네이루, 보스니아, 미얀마, 일본의 후쿠시마, 남아프리카공화국 등에서 만난 사람들과 나눈 대화를 근거로 삼아 이끌어낸 결론이어서 주목할 만하다. "도덕적 결정을 내릴 때 우리는 우리 앞에 있는 실제 인간에 대해 판단하고, 도덕과 관련해 우리가 그들에게 품는 느낌은 그들과 우리의 관계에 전적으로 의존"한다는 것이다.[14] 그는 "인간이 아니라 인간들이 지상에서 살아가고 세계에 거주한다"라는 한나 아렌트의 말까지 인용하면서, 도덕 문제는 전적으로 맥락의 문제이고 그런 점에서 도덕의 핵심은 추상적 개념이 아닌 평범한 미덕의 공동체에서 찾아야 한다고 강조한다.

이그나티에프의 이런 주장은 그 맥락 속에 보편의 지향이 담길 수 있는 가능성을 충분히 고려해야 한다는 윤리학적 비판과, 일상 속 도덕 관련 상황에 처하기 전에 그런 상황을 유추해보면서 가상의 이야기를 나눔으로써 도덕적 역량을 길러줄 수 있다는 교육학적 비판으로부터 자유롭지 못하다. 그럼에도 그의 주장은 우리 논의의 맥락인 '한국시민교육'의 차원에서 시민들이 일상에서 주고받는 대화와 관심사에 충분히 주목할 필요가 있다는 요청으로 재해석될 수 있다. 시민사회의 문화적 종속성과 추상화된 서구적 근대성에 기대는 논의의 과잉 등을 고려해볼 때 더 강조되어야 하는 지점이기도 하다.

그렇다면 우리 시민사회의 '평범한 미덕의 공동체'는 어떤 상황일까? 포괄적인 경험연구의 필요성을 인정한다는 전제 위에서 도출해볼 수 있는 사안은 두 가지이다. 하나는 위에서 살펴본 시민적 공론장의 미형성 또는 미성숙으로 주로 공화의 차원에 해당하는 것이고, 다른 하나는 과도하고 편협한 주권자의식의 과잉 현상으로 주로 민주의 차원에 해당하는 것이다. 온전한 의미의 주권자의식은 민주공화국으로서 대한민국을 이끌어가는 출발점이지만, 우리 사회의 그것은 과도할 뿐만 아니라 최소한의 의무와 책임의식을 결여한 경우가 많아 우려스럽다. 자신의 집에 쓰레기를 가득 쌓아놓고도 자신의 사유재산권에 해당한다고 주장할 뿐만 아니라 공권력조차 개입하기 어려운 사례들이 그런 잘못된 주권자의식의 대표적인 표출이다. 또한 주로 아파트를 매개로 하는 투기 열풍으로부터 대부분의 한국시민이 자유롭지 못한 것도 그 투기가 야기하는 사회적 폐해가 얼마나 큰지에 대한 최소한의 고려도 결여하고 있는 폐쇄적인 소유권의식의 과잉을 보여주는 사례다.

다행히 '코로나 19 사태'를 겪으면서 그런 폐쇄적이고 배타적인 권리의식은 상당 부분 완화될 수 있는 가능성이 생기고 있다. 오히려 우리가 그동안 모범적인 시민사회라는 환상을 가지고 있었던 미국이나 유럽 국가들과 비교해서도 사회적 방역이라는 공공의 이익을 위해 자신의 자유를 제약하는 정부정책에 자발적으로 참여하는 모습을 보여주었고, 정부 또한 정보의 투명성과 사생활보호를 전제로 방역을 거의 온전한 공공영역에 위치시키는 모범을 보여주었다. 이 사실과 관련지어 프랑스혁명사를 전공한 한 원로 역사학자는 다음과 같이 묘사하고 있다.

"코로나 19가 세계를 휩쓸면서 우리나라의 민주주의가 진가를 발휘하고 있다. 감염경로를 공개하고 낱낱이 파악하여 확산속도와 치사율을 낮추는 한국의 방역능력을 모든 나라가 인정한다. 모든 자료를 공개하니 국가 신뢰도가 어느 때보다 향상되었다. '사회적 거리두기'가 세계인의 생활방식을 변화시키고 있지만 우리는 잘 대응한다. 정보통신 선진국으로서 새로운 교육방식도 실험하고 있다. 코로나 19 이후의 문화혁명에 잘 대처하면서 선진국의 면모를 갖춘 우리나라는 집단지성의 힘으로 '촛불항쟁'을 연착륙시키리라 전망한다."[15]

이런 진단에 대해 이의를 달 수 있는 사람은 많지 않다. 그의 글에도 어김없이 등장하는 '선진국의 면모'라는 말은 비판적 검토의 대상이지만, 최소한 자신의 권리의식을 앞세우거나 객관적인 관련 정보를 감추면서 아무렇지도 않은 듯 행동하다가 감염자 숫자를 폭발적으로 늘리는 다른 나라 정치인들의 모습을 우리나라에서 찾아보기 어렵다는 점은 우리가 함께 확인한 엄연한 사실에 속한다. 그렇다면 이제 우리는 시민들의 고양된 주인의식을 좀 더 심화시키면서 그것을 다시 시민의 책무와 덕, 공론장에의 참여 같은 요소들로 확장시켜가는 시민교육에 힘을 기울여야 한다는 당위에 도달하게 된다. 위기 상황이 지나고 나면 권리 과잉의 주권자로 돌아갈 수 있는 가능성은 여전히 열려 있어, 학교 시민교육을 통해 학생들이 그런 균형 잡힌 주인의식을 온전히 지닐 수 있을 때 비로소 우리 시민사회도 제대로 자리 잡을 수 있을 것이기 때문이다.

이 과정은 자연스럽게 우리 시민사회가 치명적으로 결여하고 있는 공론장 형성과 참여라는 시민교육의 목표로 이어진다. 우선 시민사회 속에 토론이 가능한 실질적인 공론장이 제대로 자리 잡는 일이 중요하지만, 그것은 '학생시민'들이 자신이 속한 학교와 가정의 공간 속에서 공론장을 만나는 일과 분리될 수 없다.[16] 언론 등을 통해 사회의 모범적인 공론장을 지속적으로 만날 수 있으면 좋겠지만 우리 상황 속에서 그런 기대는 비현실적이기 때문에, 가정과 학교의 시공간 속에서 일상적인 공론장이 형성될 수 있어야만 스스로 주인임을 자각하면서 자율적인 일상을 이끌어갈 수 있는 기회를 부여받을 수 있게 된다. 특히 학교에서 그 공동체의 구성원으로서 책무와 덕에 관한 인식을 공론장에의 참여를 통해 고양시키는 과정을 밟아갈 수 있다면, 우리 시민사회의 공론장은 좀 더 온전한 형태로 조만간에 자리할 수 있게 될 것이다.

한국시민의 독존성(獨存性)과 관계성
: 연기적 독존의 미학과 학교 시민교육

시민은 인간이다. 그러나 모든 인간이 곧 시민은 아니다. 시민을 어떻게 정의하느냐에 따라 논란이 가능한 이 명제는 시민은 교육을 전제로 해야만 비로소 가능한 존재자라고 하는, 교육학적 전제를 보여주는 데는 충분한 의미를 지닌다. 우리가 여기서 염두에 두고 있는 시민은 당연히 민주와 공화의 이념을 바탕에 두는 민주공화국으로서 한국의 시민이지만, 다른 한편 자본주의 시장경제라는 경제체제 속에서 살아가는 존재자로서 시민이기도 하다.

인간이 특정한 사회의 역사와 문화 속에서 태어나 자라날 수 있을 때 온전한 인간이 될 수 있다는 명제, 즉 인간은 사회적 동물이라는 명제를 시민에게 적용해본다면, 시민은 시민사회에서 태어나 자랄 때 비로소 시민이 될 수 있다는 논리적 귀결에 도달하게 된다. 그런데 이 명제 속 시민사회는 단지 가치중립적으로 기술된 것이라기보다 일정한 가치 지향을 담고 있는 것으로 보아야 한다. 한 시민사회의 구성원으로서 인간을 지칭하는 개념인 시민이 연구의 필요성에 따라 가치중립적인 기술記述의 대상이 될 수는 있지만, 그 이전에 '시민사회'라는 가치론적 지향을 지닌 개념에 포섭된 존재자인 것이다.

민주와 공화의 이념을 토대로 삼은 민주공화국인 한국 시민사회의 구성원인 '한국시민' 또한 마찬가지다. 한국시민이라는 말을 사용하는 순간 우리는 그 가치론적 지향을 받아들이고 있는 셈이 되는 것이다. 그런데 민주와 공화가 주로 정치적인 차원의 이념이어서, 한국시민은 그것만으로 살아갈 수는 없다. 그것에 더해 경제적 토대가 마련되어야 하고 그것을 광복 이후의 역사 속에서는 자본주의 시장경제로 선택해서 살아오고 있다. 물론 일제강점기도 식민지 수탈경제로서 부정적인 의미의 자본주의를 전제로 살아내야 하기는 했지만, 그것은 우리 자신의 선택이 아니었을 뿐만 아니라 식민지배자들의 경제를 부양하는 '수탈收奪'이 핵심이라는 점에서 고려의 대상이 되지 못한다.

한국시민은 그것에 더해 1950년 한국전쟁 이후 분단구조로 인한 이념 대립을 또 하나의 생존 기반이자 정신적 걸림돌로 설정해야만 했다. 반공과 반미·반제국주의라는 대립의 부정적이고 소모적인 이념들은 21세기 초반 현재까지도 우리 시민사회의 공론장 형성 과정과 시민교육 자체에 짙은 그림자로 새겨져 있다.

분단을 전제로 하는 민주공화의 정치적 이념과 세계화된 자본주의 시장경제라는 경제적 이념을 중심축으로 삼아 한국전쟁을 기점으로 해도 70년 이상을 함께 살아온 우리 한국시민들은 어떤 생각을 하면서 자신과 사회, 세계를 바라보고 있을까? 이 물음은 현대 한국인의 세계관에 관한 물음이기도 하고, 한국시민교육의 목표와 내용, 방법과 관련된 교육학적 물음이기도 하다. 그것을 바탕으로 해야만 비로소 제대로 된 시민교육의 목표를 설정할 수 있고, 그 목표에 맞는 내용과 방법, 평가가 가능해지기 때문이다.

특히 우리의 학교 시민교육은 국가 수준의 교육과정을 중심으로 펼쳐지고 있어서 이 문제에 관한 좀 더 명료한 논의는 교육과정에 담아야 하는 것들을 결정하는 데 필수 요건이 된다. 국가 수준 교육과정을 정권의 등장 주기에 따라 하는 경향을 갖게 된 우리는 이런 논의의 과정들을 그 특정정권이 설정해놓은 이념적 구호에 맞춰 형식적으로 진행하곤 한다. 그러다 보니 실제 학교 교육과정 운영에서는 문서 수준 이상의 반영을 기대하기 어렵게 되고, 그 와중에 교사들은 교육과정에 대한 무관심과 냉소로 일관하는 상황으로 내몰린 지 오래되었다. 이제 더 이상 이런 잘못을 반복해서는 안 된다. 특히 시민교육과 관련해서는 그것이 학생과 교사들 삶의 실존적 차원과 직결되는 문제라는 점에서 더 이상 반복되어서는 안 된다.

학교 시민교육의 목표를 무엇으로, 어떻게 설정할 것인가를 고민하고 있는 이 지점에서 이 문제를 좀 더 근원적으로 짚어보고 넘어갈 필요성을 느낀다. 학교 시민교육은 학생시민이 현재 어떤 환경 속에서 어떻게 살아가고 있는지를 아는 데서 출발해야 하고, 이 출발점에서 우리는 다시 그 학생시민들이 관계 맺고 있는 '한국시민'이 어떻게 살아가고 있는지를 살펴보는 문제로 연결된다.

평범한 미덕의 공동체 속에서 세상 사람들이 살아가고 있다는 이그나티에프2018의 관찰 결과는 우리 시민들의 삶에도 적용된다. 우리도 우리 나름의 맥락 속에서 생존에 힘쓰는 한편, 나와 직접적으로 관계 맺고 있는 사람들이 좀 더 나은 삶을 사는 데 기여하고 싶다는 열망을 지니고서 하루하루를 꾸려가고 있다. 나 자신이 먹고살 수 있고 밤이면 찾아가 쉴 수 있는 공간이자 장소로서 집을 마련하고자 하는 욕구에서 안정적인 직장을 구하고, 그 과정에서 특히 가족과 함께 희로애락을 누린다. 그러면서도 개인화 경향이 급속화되면서 갖게 된 개인적 삶의 여유와 고독을 즐기는 사람이 늘고 있고, 가족이나 친구관계의 친밀도도 점차 낮아지는 경향도 커지고 있다는 보고가 끊이지 않는다.

현대 한국시민의 일상에 관한 이런 표면적인 고찰의 이면 또는 심연深淵을 들여다보자. 우리는 사람들과의 관계망 속에서 비로소 온전한 인간으로 자라났고, 그 과정에서 주고받은 시선들이 우리 정체성 형성의 원천이었음을 알고 있다. 그런 이유로 우리는 죽을 때까지 타자의 시선으로부터 온전한 자유를 얻을 수 없고, 그런 점에서 '타자는 내게 지옥'일 수 있다. 또한 그렇게 형성되고 강화된 내면의 사회성[關係性]으로 인해 끊임없이 관계를 갈망하고, 그 관계를 통해 살아 있음을 느낀다. 그러나 다른 한편 그 관계는 내가 원하는 방식으로만 전개되지 않다 보니 관계로 인한 고통과 불행 또한 우리 일상의 상당 부분을 차지한다. 그럴 때 우리는 모든 관계들을 떨쳐버리고 자신만의 '고유한 영역'으로 후퇴하고자 하는 '독존성獨存性'의 열망을 지닌다.

이러한 독존성과 관계성의 교차된 열망 또는 지향은 민주와 공화의 이념에 정착한 토대이기도 하다. 우리는 우리 전통맥락의 관계성을 내면화하면서 자라나 시민이 되었고, 그 근간은 온전한 하나의 인격체로서 존중받아야 한다는 자각과 자신의 삶의 주인이라는 의식, 동시에 내가 속한 사회를 이끌어가는 공동의 주인공이라는 의식이다. 바로 이런 것들이 우리 전통의 공화와 민주이념으로 뿌리를 내려왔고, 그것은 19세기 모든 신분의 사람이 곧 하늘[人乃天]이고 함께 힘을 모아야만 그것을 인정받을 수 있다는 혁명적 운동으로 펼쳐졌던 동학東學의 이념과 실천으로 구체화되었다. 20세기에 들어서는 19세기 말 지배층이 불러들인 일제에 대한 평화적 저항인 3.1 운동으로 승화되었고, 그 중심축 또한 천도교로 이름을 바꾼 동학이었다.[17] 3.1 운동이 있었던 그 해1919 4월에 대한민국 임시정부가 세워지고, 이 정부가 택한 이념이 민주공화였다는 사실은 의미심장하다.

독존성과 관계성의 교차하는 열망은 생존 차원의 문제인 경제적 이념으로서 자본주의와 연결되면서 보다 복잡한 양상을 지니게 된다. 자본주의 이념과 체제는 각자의 생존을 각자가 책임지라는 각자도생各自圖生의 명제를 중심으로 전개된다. 이 과정에 경쟁의 공정성이 중요한 윤리적 기준으로 도입되면서 능력주의가 등장하고, 그 능력주의는 과거제도와 같은 동아시아 공개경쟁 제도를 통해 인류 역사에 뿌리를 내린다. 우리는 그 제도를 고시高試의 형태로 유지시키고 있는 특별한 사례에 속하고, 그것에 더해 이른바 일류대학 졸업장이라는 것에 능력주의의 옷을 입혀 통용시키는 비정상적인 모습을 유지하고 있기도 하다. 앞선 논의에서도 지적했던 것처럼, 능력주의 자체는 문제가 아니다. 장은주2018의 지적과 같이 '능력지상주의'라는 형태로 왜곡되면서 실제 능력과 그에 상응하는 대우 사이의 격차가 심각하게 벌어짐으로써 문제가 생겨나고 있을 뿐이다. 어찌되었건 이 지점에 주목하면 자본주의 이념과 체제는 독존성을 강화하는 방향으로 작동하는 경향이 있다는 결론에 이를 수 있다.

그런데 우리가 이 책의 초반에서부터 지속적으로 관심을 보인 것처럼, 인간의 생존력은 각 개인의 것임과 동시에 그것이 형성되고 작동하는 방식에는 관계성 또는 사회성이 적극적으로 개입된다는 데서 문제가 생긴다. 우리 사회의 시민의 생존은 오로지 자연과의 교섭만을 통해서는 거의 불가능하고, 생존을 위해서는 직접적이든 간접적이든 다른 사람들과 관계를 맺어야만 하는 것이다. 그러다 보니 돈을 벌 수 있는 좋은 기술을 가지고 있다고 해도 그 기술을 써먹을 수 있는 관계의 기회를 갖지 못하면 무용지물이 되고 만다. 기술을 가진 자영업자라고 해도 나름의 관계 맺기가 불가능하면 먹고살기 어렵고, 그 기술을 주로 활용할 수 있는 취업기회를 갖지 못해도 마찬가지 결과가 나온다. 또 어떤 생존능력은 그 자체로 관계능력을 의미하기도 하고, 어떤 방식으로든지 관계를 배제하고 발휘될 수 있는 '고립적인 생존능력'은 존재하지 않는다고 말할 수 있다. 이러한 경제적 차원의 생존에서 생겨나는 문제들은 곧바로 민주와 공화를 전제로 하는 우리 시민사회의 실존 차원, 즉 보다 인간다운 삶을 살아가고자 하는 실존의 열망과도 직접적인 연결고리를 형성한다.

인간 생존의 이러한 고유성은 시민교육을 통해 우리가 무엇을 해야 하는지의 문제를 고려할 때 반드시 염두에 두어야 하는 요소이다. 시민사회의 교육 모두를 시민교육으로 정의하는 넓은 관점을 택할 때, 그 교육의 목적은 시민들이 각자 자신의 생존과 실존을 책임지고 이끌어갈 수 있는 능력, 즉 역량을 길러주는 것이 된다. 그 역량은 독존성과 관계성 모두를 포함할 수밖에 없고, 우리 시민교육의 목표는 독존성과 관계성 각각의 온전한 함양과 함께 이 둘 사이의 줄다리기를 상황과 맥락에 맞게 해낼 수 있는 역량까지 길러주어야 한다.

독존성獨存性은 관계성과 만나 독존성獨尊性으로 승화된다. "혼자만 잘 살면 무슨 재민겨"라는 동화작가 권정생 선생의 맛깔스러운 표현에 담긴 의미이기도 하고, 고립된 독존성은 존재할 수 없고 타자와의 의존 속에서만 비로소 가능하다는 붓다의 진리 발견을 통해 확인되는 것이기도 하다. 다른 사람과 존재자들과의 관계로 인해 우리는 존귀한 존재가 될 수 있다는 붓다의 진리는 뇌과학과 같은 경험과학은 물론 우리 일상의 평범한 미덕의 공동체를 통해서 사실로 확인할 수 있는 것이다. 나는 때로 홀로 있음을 갈망하지만, 그 '홀로 있음'은 '함께 있음'의 대응어로서만 성립가능하다.

우리 학교는 이런 홀로 있음과 함께 있음 사이의 연기적 미학을 일상적 상황을 통해 경험할 수 있게 시공간을 제공하는 데서 그 존재근거를 찾는다. 한 교실과 한 학교 안에 함께 있으면서 그 관계성을 토대로 혼자서도 살아갈 수 있는 주체적인 생존능력을 쌓을 수 있는 기회를 제공하는 것이 학교의 존재이유이고, 시민사회의 학교는 그것을 시민교육의 형태로 제공해주어야 하는 의무를 지닌다.

이런 관점에서 보면 학교 시민교육은 연기적 독존의 미학을 일깨우는 것을 목표로 삼아야 한다고 말할 수 있다. 자신의 삶의 토대 위에 새겨져 있는 관계성에 대한 자각을 바탕으로 삼아 독자적인 생존을 추구하는 온전한 독존성獨存性을 지향할 수 있는 자세와 역량을 갖춘 시민이 학교 시민교육의 목표가 되는 시민상이다. 이 관계성 또는 연기성과 독존성이 서로를 요구하는 상관적 맥락 속에 존재하는 것임을 자신의 일상 경험과 수업을 통해 배우고 익히는 것이 곧 학교 시민교육이고, 그것은 단순한 정치교육의 차원을 넘어서서 도덕교육과 철학교육의 차원을 동시에 지닌다.

1 우리는 이 책 전반을 통해 시민교육을 민주시민교육과 동일한 개념으로 사용하고 있다. 민주를 전제로 하지 않는 시민교육이 가능하지 않기 때문이다. 우리 시민교육 담론에서도 대체로 유사한 개념 선택이 이루어지고 있는데, 장은주 지적과 같이 '시민교육의 왜곡을 경계하는 맥락에서 민주시민교육이라는 개념을 선호하는' 것으로 보인다. 필자 또한 그 점에 충분히 유념하면서도 사용 맥락에 따라 두 개념을 혼용하고자 했지만, 좀 더 간단한 '시민교육'을 중심 개념으로 삼아 논의를 펼쳐왔음을 확인하고자 한다. 장은주(2018), 『시민교육이 희망이다-학교 민주시민교육의 철학과 실천모델』, 피어나, 35쪽 참조.

2 정원규(2016), 『공화 민주주의』, 씨아이알, 앤드류 피터슨, 추병완 옮김(2020), 『시민 공화주의와 시민교육』, 하우.

3 정원규(2016), 위의 책, 88-89쪽 참조.

4 위의 책, 112-113쪽 참조.

5 위의 책, 243-244쪽 참조.

6 앤드류 피터슨, 추병완 옮김(2020), 『시민 공화주의와 시민교육』, 하우, 22쪽.

7 위의 책, 285-289쪽, ( )와 번호는 필자가 추가한 것이다.

8 정원규 외(2019), 『학교 민주시민교육의 기본 개념 및 추진원칙 연구』, 교육부·성공회대 민주주의연구소, 32쪽 참조.

9 악셀 하케, 장윤경 옮김(2020), 『무례한 시대를 품위 있게 건너는 법』, 쌤앤파커스, 14-15쪽.

10 쟝 베슐레르, 최종철 옮김(2019), 『왜 민주주의인가?: 민주시민교육의 첫 걸음』, 진인진, 162-163쪽 참조.

11 경제정의실천연합(경실련)이 21대 국회의원들의 재산을 부동산을 중심으로 조사한 바에 따르면, 여야를 막론하고 20대 국회에서 통과시킨 부동산 관련법(초과이익 환수 유예 조치 등)으로 최소 수억 원의 불로소득을 누린 의원들의 비율이 높은 것으로 나타났다. 특히 제1야당 의원들의 비율이 훨씬 더 높았다.
    https://www.hankookilbo.com/News/Read/A2020072717400005104?did=NA/20200729 검색.

12 마이클 이그나티에프, 박중서 옮김(2018), 『평범한 미덕의 공동체』, 원더박스, 45쪽. 강조는 필자의 것이다.

13 위의 책, 46쪽 참조.

14 위의 책, 310쪽 참조.

15 주명철, '우리나라는 혁명 중', http://www.unipress.co.kr/news/articleView.html?idxno=1723/20200729 검색.

16 우리 학생들은 미래의 시민이기 이전에 이미 현재의 시민이다. 다만 배움의 단계에 있다는 점을 고려하여 학생시민, 청소년시민 등의 개념을 사용하고자 한다.

17 3.1 운동의 주축은 손병희를 비롯한 천도교 지도자들이었고, 이들의 요청에 의해 감신
계통의 기독교가 적극적으로 동참했다. 그것에 불교계의 용성과 만해가 힘을 모았고
천주교는 당시 베트남 등을 식민지로 거느리고 있던 프랑스의 주교가 중심이 되어 참
여를 공식적으로 막았다. 보다 상세한 사항에 대해서는 박병기 외(2019),『3.1 운동 백주
년과 한국 종교개혁』(모시는 사람들, 3.1 운동 백주년종교개혁연대 엮음)을 참고할 수
있다.

8장
우리 학교 시민교육의
실천적 대안들

08

우리 학교 시민교육의
실천적 대안들

지금까지 필자는 시민사회의 교육 자체를 시민교육으로 보는 넓은 정의를 바탕으로 삼아, 시민이 생존과 실존의 두 차원을 넘나들면서 자신의 삶과 사회를 주체적으로 이끌어갈 수 있는 역량을 지닐 수 있게 하는 것을 시민교육의 목표로 설정해야 한다고 주장해왔다. 그것은 관계성과 함께 그것을 전제해야만 온전히 성립할 수 있는 독존성獨存性 사이를 슬기롭게 넘나들 수 있는 연기적 독존緣起的 獨存의 미학을 갖출 수 있는 것을 의미하기도 하고, 보다 구체적으로는 인간다운 또는 인간만의 고유한 생존 역량을 이 차원에서 갖출 수 있도록 도와주는 것이 우리 시민교육의 궁극적 목적이자 목표라는 것을 의미하기도 한다.

이런 이론적 차원의 이야기들이 우리 시민교육의 출발점에서 꼭 필요하고, 특히 그 필요성은 우리 시민교육을 이끌어가고 있다는 느낌을 주는 이론적·현실적 담론들이 철학의 부재나 서구적 편향성을 극복하지 못하고 있다는 점에서 더 크게 부각된다. 이 책 전반의 이야기를 통해 필자가 일관되게 초점을 맞추고자 했던 것은 두 가지이다. 하나는 바로 이러한 이론적·학문적 결손이고, 다른 하나는 우리 학교와 교육이 처한 현실에 대한 직시이다. 전자에서는 특히 열등감에 기반한 서구적 편향성 극복과 함께 우리 교육문제를 우리 자신의 눈으로 볼 수 있는 실천적이고 주체적인 이론 정립이 주된 과제로 부각되고, 후자의 영역에서는 현장의 목소리에 정당한 몫을 부여하면서도 그것이 지닐 수밖에 없는 성급한 일반화의 오류 가능성과 거리 확보의 어려움으로 인한 객관성 상실의 가능성에도 충분히 유념하는 것이 주된 과제이다.

우리 시민교육의 이론적 배경과 실천적 현실이라는 두 차원을 적절하게 고려하면서 이제 어떻게 하면 우리 학교 시민교육이 좀 더 나은 방향으로 전개될 수 있을지를 고민해야 하는 시점에 이르렀다. 어쩌면 지금까지 나눈 이야기들은 이 이야기를 하기 위한 전경前景에 해당하는 것인지 모른다. 그것도 잘 가꾸어지지 못한 채, 흠결이 많은 한 연구자가 그 한계 안에서 돌보아온 앞마당을 보여준 것에 불과한 것인지도 모른다. 그럼에도 주체적이고 실천적인 이론정립과 현장의 목소리에 대한 정당한 귀기울임이 우리 학교 시민교육이 제자리를 찾아가기 위한 기본 전제라는 사실을 발견한 것에는 충분한 의미부여가 가능하다.

이 마지막 장에서는 그런 정당한 의미부여를 바탕으로 삼아 크게 두 가지 차원의 실천적 대안 모색을 시도해보고자 한다. 하나는 우리가 그동안 모범으로만 받아들여왔던 이른바 서구 국가들의 시민교육적 노력을 비판적으로 검토하면서 우리 시민교육을 위한 실천적 함축을 조심스럽게 찾아보는 것이고, 다른 하나는 보다 독자적으로 학교 시민교육이 제자리를 잡을 수 있게 하는 실천적 대안들을 주로 '교실 수준 교육과정'을 중심으로 찾아 제시해보는 것이다. 두 번째 작업에는 당연히 '교실 수준 교육과정'을 중심에 두는 교육부와 지역교육청, 시민사회 차원의 시민교육 정책에 대한 재검토와 함께, 대안까지 포함시키고자 한다.

외국의 시민교육 사례에 대한 비판적 인식
: 영국과 독일, 프랑스를 중심으로

우리 사회에서 시민사회론이나 시민교육론을 말하는 사람들은 그들이 의식하는지의 여부와 관계없이 공통적으로 이른바 '서구 선진국의 모범 사례'를 적극적으로 수용하면서 쫓아가야 한다는 강박관념을 지니고 있다. 한동안은 미국이 그 모범이었는데, 최근 미국 시민사회가 트럼프와 같은 대통령을 선출해내는 과정과 감염병 사태에 속수무책인 것을 지켜보면서 슬그머니 핀란드나 프랑스, 독일 등 유럽국가들로 대체해가고 있는 중이다. 이른바 '오이씨디OECD 국가들'을 무비판적으로 언급하는 학자나 교사들의 의식 속에서 시민교육의 모형을 제공하고 있다는 강한 신념을 형성하고 있는 나라들이다. 정말 그럴까?

여기서는 이 물음에 대한 답을 시민교육을 위한 국가적인 노력을 기울이고 있는 국가들 중에서 특히 영국과 독일, 프랑스의 사례를 통해 살펴보고자 한다. 이런 작업이 선행되어야 하는 이유와 근거에 대해서는 지금까지 여러 번 강조해왔듯이, 우리 시민교육이 독자적인 길을 찾지 못한 채 그런 선진국의 존재하지도 않은 시민교육의 모범사례를 앵무새처럼 반복해서 수용하는 과정에서 범하고 있는 시행착오를 더는 반복하지 말아야 하기 때문이다. 교육에서 이상적이고 당위적인 목표 설정은 꼭 필요한 것이지만, 그 전제는 열등감과 우월감 없이 자신의 현 위치를 인식하고 수용하는 균형과 자존감이어야 한다.

영국: 크릭(Crick) 보고서의 시민교육과 도덕교육, 종교교육

영국은 모든 나라가 그렇듯이 독특한 역사를 갖고 있다. 잉글랜드와 스코틀랜드, 아일랜드, 웨일즈 등 네 나라의 연방이면서, 호주 등 넓은 의미의 영국 연방에 속하는 나라들이 여왕을 자신의 왕으로 받아들이는, '특이한 나라'다. 21세기까지 왕이 있는 나라라니… 그것 자체가 이상한 일임에도 우리는 그 제도를 동화 속 여왕을 떠올리며 환상적으로 받아들이는 경향이 있다. 물론 이웃 일본과 같이 실질적인 정치는 내각 총리가 하고 왕은 상징에 불과한 것으로 자리매김되고 있지만, 그 왕을 본 지 100여 년을 넘기고 있는 우리들에게는 분명 특이한 일임에 틀림없다. 시민사회와 왕정이 어떻게 조화를 이룰 수 있을 것인지 별로 고민해보지 않고 그 왕을 왕궁으로부터 쫓아내는 것으로 마감한 우리 20세기 초반의 역사는 그렇게 이전의 것에 대한 무조건적 거부와 청산만이 올바른 길이라는 강박관념을 동반하면서 중반 이후 '새마을운동'으로까지 이어진다.

영국의 교육도 특이하기는 마찬가지다. 그들은 한편으로 시민교육의 중요성을 강조하면서도 다른 한편으로 공교육체제 속에 현재까지도 주로 그리스도교를 전제로 하는 종교교육을 필수로 하고 있다. 아침에 학교에 오면 예배를 드리는 것으로 하루 공부를 시작하는 모습이 현재까지도 이어지고 있는 것이다. 변화가 있다면 영국성공회와 가톨릭, 기독교 이외에 이슬람 인구가 늘고 있어 종교 공존의 문제가 중요한 관심사로 떠오르고 있는 점이다. 앞으로 영국이 어떻게 이 문제에 대응할지 흥미롭게 지켜볼 만하다. 특정 종교를 갖지 않는 인구 비율이 50%를 넘어섰을 뿐만 아니라, 공교육 체제에서 특정 제도종교를 전제로 하는 종교교육을 금지하고 있는 우리의 눈으로 보면 역시 특이한 일이다.[1]

영국의 학교에서는 종교교육과는 별도로 '개인·사회·건강교육Personal· Social and Health Education'과 '정신·도덕·사회·문화 발달Spiritual·Moral·Social and Cultural development'이라는 과목이 설치되어 있다.[2] 그런데 그것으로 학교 시민교육이 제대로 이루어지지 않고 있다는 판단에 근거해서 '영국 시민교육자문위원회'가 만들어졌고, 그 의장인 버나드 크릭Bernard Crick의 이름을 내건 보고서를 1998년에 내고 특히 중등학교에서 집중적인 시민교육을 시도하고 있다.

이 보고서의 핵심은 다음과 같은 선언이다. "넓은 의미로서의 민주주의와 시민의식에 대한 교육이 학교생활이나 국민생활 전체의 입장에서 볼 때 아주 중요하다는 것이다. 따라서 모든 학생들이 필수적으로 이수해야 하는 법정 교과목으로 지정할 것을 교육노동부 장관에게 권고한다."[3] '시민의식을 가르치는 것으로서 시민교육'의 구체적 내용은 사회적·도덕적 책임감, 사회참여, 정치문제 등 세 가지 요소로 제안하고 있기도 하다.[4] 주목할 만한 점은 다음과 같은 책임감에 대한 강조이다.

> "무엇보다 학생들은 학교 안에서든 밖에서든 자신이 한 행동에 대한 사회적·도덕적 책임을 져야 한다. 교사와의 관계나 학급 친구들과의 관계에서도 마찬가지로 책임을 져야 한다. … 어떤 사람들은 이와 같은 책임의식은 당연한 것이라서 따로 배울 필요가 없다고 주장할지도 모른다. 하지만 전혀 그렇지 않다. **어린 시절부터 몸으로 체험해야 하는**

시민의식의 요체가 바로 책임감이다."[5]

민주공화를 전제로 하는 영국의 시민으로서 신민subject이 아닌 시민이 되기 위해서는 기존의 도덕교육이나 인성교육 관련 과목들과는 별도로 시민 과목이 설치될 필요가 있다고 판단하면서, 그것을 국가 수준 교육과정을 결정하는 책임을 맡고 있는 교육노동부 장관에게 건의하는 것이 이 보고서의 핵심 내용이다. 그런데 이 시민교육에서 책임감을 첫 번째 요소로 강조하고 있는 것은 당시 영국 상황에서 시민들의 책임감이 문제가 되고 있었음을 짐작하게 하는 내용이다. 이것은 그 전에 이미 '정신·도덕·사회·문화 발달SMSC' 과목을 만들 때도 강조되었던 내용인데, 제대로 교육이 이루어지지 못하고 있다는 비판에 근거해 다시 강조되는 것이기도 하다.

같은 맥락에서 우리의 흥미를 끄는 내용이 이 보고서의 부록으로 실려 있다. 그것은 '개인·사회·건강교육위원회' 위원장인 존 톰린슨과 크릭이 주고받은 편지인데, 핵심은 톰린슨이 이미 자신이 위원장을 맡아 제안하여 학교에서 가르치고 있는 '개인·사회·건강' 과목을 통해 시민교육을 하고 있는데, 왜 다른 시민교육 과목이 더 필요하냐고 묻는 편지에 대한 답장에서 크릭이 밝히고 있는 다음과 같은 주장이다. "그 (과목)교육의 중요성에 대해서는 잘 알고 있지만, 그 과목과 시민교육 간의 경계가 다소 불분명하다는 점만을 지적할 따름"이고, 특히 초등학교 단계에서는 그 과목에서 시민교육에 좀 더 관심을 가져주는 것으로 충분하지만, "중등학교 단계에서는 보다 적극적인 시민교육 과목이 필요하다"라는 것이다.[6]

이 보고서를 함께 읽어가면서 우리가 생각해볼 수 있고 또 숙고할 필요가 있는 것은 다음 두 가지이다. 하나는 '영국 여왕'과 공교육의 '종교교육'으로 상징되는 영국 시민교육의 특수성에 대한 이해이다. 그들은 시민사회를 성립해가는 과정에서 자신들의 전통을 재구성하여 계승하였고, 현재까지도 지속적인 재해석과 재구성 요구에 직면하고 있다. 그런 배경으로 그리스도교 중심의 종교교육을 공교육체제에서 그대로 유지하면서 종교성과 도덕성을 가르치고자 하고 있고, 그것만으로 부족하다고 판단해서 '정신·도덕·사회·문화 발달'이라는 긴 이름의 도덕과목을 개설하고 있다. 이런 최소한의 정보도 없이 아직까지도 교육학계와 교육계에 '도덕교과가 우리에게만 있는 교과'라고 강변하는 학자들이 있다는 현실이 우리 교육계 전반의 슬픈 자화상이다. 물론 영국의 도덕 교육이 성공하고 있는지 또 미래에도 그대로 유지될 수 있는지 등에 대해서는 열린 눈으로 지켜보아야 하지만, 자신들의 전통에 대한 정당한 관심을 근간으로 삼아 지속적인 해석과 재구성을 시도해가고 있다는 점은 확실하게 인정해줄 만한 부분이다.

다른 하나는 톰린슨과 크릭 사이의 논쟁에서 볼 수 있는 도덕교육과 시민교육의 관계 설정에 관한 예시이다. 도덕교육이 개인의 도덕성뿐만 아니라 그 개인이 속한 사회의 제도적이고 구조적 차원의 사회윤리까지 교육대상으로 삼는다는 점에서 당연히 시민사회의 시민교육 내용을 포함한다. 마찬가지로 시민교육은 시민이 단순한 특정 정치공동체의 구성원일 뿐만 아니라 특정 문화와 도덕공동체의 구성원이라는 점에서 도덕교육적 내용을 배제하고는 성립할 수 없다. 문제가 되는 지점은 그 각각의 중요성과 필요성을 판단하는 특정 시점과 그 시점에서의 사회적 합의이고, 21세기 들어 이 문제는 우리 교육에서도 중요한 쟁점으로 떠오르고 있다. 도덕교육과 시민교육 각각이 독자적인 필요성을 지닌다는 점에서는 누구나 동의할 수 있지만, 각각의 내용 구성이나 관계 설정에서는 이견이 있을 수밖에 없다. 이런 이견을 충분히 부각시키면서 당시 상황에서 할 수 있는 최선의 선택을 하는 일만이 우리에게 가능해야 하고, 그 과정에서 서로에 대한 부당한 공격이나 특히 이른바 외국 선진국의 정보를 왜곡해서 자신들의 정당화 근거로 삼는, 비민주적이고 부끄러운 행위는 이제 정말 삼가야 마땅하다.

> "겹친다는 말이 반드시 같은 것을 두 번 가르친다는 말은 아닐 것입니다. 다른 방향에서 다르게 접근한다는 뜻도 될 것이고, 우리들 각각의 역할이 따로 있다는 뜻도 될 것입니다. 결론적으로 저(크릭)는 '개인·사회·건강' 과목 교육이 훌륭한 시민의식을 함양하는 데 필요조건이지 필요충분조건은 아니라고 봅니다."[7]

크릭이 새로 만들어야 한다고 주장하는 시민 과목과 다른 두 과목 사이의 관계, 특히 그중에서도 초등학교의 '개인·사회·건강' 과목에서 이루어지고 있다고 틈린슨이 주장하는 시민교육과의 관계 설정에 대한 결론 부분이다. 이런 논쟁은 우리에게도 꼭 필요하고 그 과정에서 크릭 보고서는 영국 도덕교육과 시민교육의 현실을 들여다볼 수 있는 하나의 창으로서만 가치가 있을 뿐이다.

프랑스: 정교분리 원칙과 '도덕·시민교육', 철학교육

프랑스도 우리에게는 특이한 나라다. 한편으로는 파리의 박물관과 미술관으로 상징되는 문화의 나라이면서, 다른 한편으로는 3.1 운동 당시 베트남 등을 식민지로 거느리면서 일본의 식민정책에 동조해서 가톨릭교도의 운동 참여를 엄격히 금지했던 주교를 배출한 나라이기도 하다. 우리는 그 프랑스를 그곳에 유학하거나 체류한 사람들에 의해 과장된 '똘레랑스의 나라'의 나라이자 선망의 문화선진국으로 소개받곤 했지만, 막상 가보면 길거리 곳곳에 버려진 담배꽁초와 무질서, 파리 시민들 사이에서 점차 노골화되는 신분 차별과 혐오 등으로 경험해야 하는 복잡한 나라이기도 하다.[8]

다른 한편으로 프랑스는 근대 이후의 시민사회를 가능하게 했던 '프랑스혁명'의 중심지이고, 그 결과 가장 먼저 세속화를 이루면서 학교 교육에서 정교분리 원칙을 적용하는 데 성공한 나라이기도 하다. 그 결과물 중의 하나로 고등학교 마지막 단계에 이르면 자신들이 그렇게 중시하는 '프랑스어'를 포기하고 대신 '철학'을 주당 최소 4시간 이상씩 학교 종류에 따라 필수로 이수하게 하고 있을 뿐만 아니라, 대학에 입학하려면 누구나 치러야 하는 바깔로레아라는 시험에서 철학 과목을 필수로 부과하는 나라이기도 하다. 2016년 6월에 파리에 머문 적이 있는데, 마침 그즈음에 바깔로레아가 치러져서인지 길거리 카페 의자를 길 쪽으로 돌려놓고 옆사람들과 철학 문제를 가지고 토론하고 있는 일반 시민들의 모습이 인상적이었다. 물론 누군지 정확히 기억나지는 않지만, 그즈음 장관급 고위 관료에게 고등학교 철학수업이 어떠했느냐고 묻는 기자에게 스스럼없이 '끔찍했다'고 답변하는 모습을 보며 '여기도 이상과 현실의 차이는 엄연하구나'라고 생각했던 기억도 함께 남아 있다.

프랑스 시민교육과 관련된 정보가 그리 많은 편은 아니지만, 비교적 최근인 2018년에 경기도교육연구원에서 나온 「프랑스, 왜 다시 시민교육인가?」라는 보고서는 현재 우리의 시민교육을 중심에 두고 프랑스 시민교육의 역사성과 현재성을 잘 담고 있어 주목할 만하다. 이 보고서에서는 프랑스 시민교육에 관한 내용을 다음과 같은 요약으로 한눈에 볼 수 있도록 해주고 있다.

"프랑스 시민교육은 첫째, 초·중·고 전 교육과정에서 단독 교과목이자 선택과목이 아닌 의무과목으로 편성되어 있다는 특징을 지닌다. 둘째, 시민교육은 독립교과목 운용 외에도 의무과목인 역사·지리 과목 또는 선택과목인 경제사회 등의 과목과 융합되어 있다. 셋째, 시민교육의 내용이 초·중·고에 이르기까지 단계별로 체계적인 연관성을 갖고 구성되어 실행되고 있다. 넷째, 토론 방식 등 수업에서 학생들의 수업 참여와 자유로운 사고가 가능하도록 유도한다는 특징이 있다."[9]

이 보고서에서 밝히고 있는 프랑스의 시민교육에 대한 새로운 관심은 2015년 시민교육법 개정으로 학교 교육 전반을 통해 시민교육을 강화하는 데 초점이 맞춰져 있다. 1970년대 이후 프랑스 전역에 걸쳐 테러가 끊이지 않았고 2000년대에 접어들어서는 그 세력들이 지역주의자와 분리주의자에서 경제적·사회적으로 차별을 받았던 이민 2세들로 확대되었다. 특히 이들 2세들은 프랑스 제도교육을 받고 자란 사람들이어서 교육에 문제가 있는 것 아닌가 하는 사회 전반의 성찰이 필요해졌고, 그 결과가 2015년 시민교육법 개정과 그에 따른 새로운 교육과정 편성으로 나타났다.[10] 필자가 파리에 있었던 2016년 6월에도 프랑스 남쪽 휴양도시에서 테러가 일어나 잠시 공포감을 느꼈던 기억이 있고, 다음 여정이었던 독일 뮌헨 등에서도 테러가 이어져 괜히 가족과 함께 여행을 온 것 아닌가 하는 후회를 했던 기억도 있다. 특히 독일에서는 여행지 인근에서 아시아 가족에 대한 전철 테러가 일어나, 만약 그런 상황에 처하면 어떻게 대응할까 싶어 숙소 베란다에 나가 오래전에 배우기만 했던 태권도 연습을 해보았을 정도로 그 공포는 실제적인 것으로 다가왔다. 우리가 알고 있었던 '풍요롭고 문화적이며 선진적인 유럽'은 이제 더 이상 존재하지 않는 것이다.

프랑스혁명 당시 계몽주의자들을 중심으로 '공적 이성으로 무장한 공화국 시민 양성, 즉 민주주의를 공고화함으로써 구체제로 돌아가는 것을 막는 데 목적'을 두었던 시민교육은 국가 주도의 공민을 위한 '일반교육'의 형태로 실시되었다.[11] 현대적 의미의 시민교육은 1882년 초등 의무교육과 함께 정교분리 원칙 또는 세속성을 중심으로 실시되어 종교적 색채를 배제한 '도덕·시민교육'을 도입했고, 제1차 세계대전이 끝난 1923년에 중등학교에서도 지리학·법학·정치경제학 과목과 연계하여 시민교육을 실시하도록 했다. 그러다가 1968년 6.8 혁명의 영향으로 시민교육이 약화되거나 폐지되었고 1980년대 중반부터 경제침체로 인한 실업률과 이민 증가, 인종차별, 학교폭력 등의 문제가 가중되자 재도입 필요성이 부각되면서 1985년 도덕 내용은 배제한 시민교육 과목이 부활했다. 2015년 이후에는 다시 '도덕·시민교육'으로 바뀌어 현재에 이르고 있다. 다만 이 과목 전담교사는 존재하지 않고 대개는 역사지리 과목 교사가 담당하고 있어 독립성과 전문성이 어느 정도 확보되어가고 있는지에 대해서는 비판적 검토가 필요한 부분이다.[12]

프랑스 시민교육이 정교분리의 원칙을 중심으로 펼쳐질 수밖에 없었던 역사적 배경에서 나온 또 하나의 과목이 앞서 살펴본 고등학교 마지막 단계의 '철학' 과목이다. 이전 단계 시민 과목의 토론과 발표 수업을 통해 다져진 비판적 사고력을 포함하여 타인에 대한 존중, 프랑스적 가치의 습득과 공유, 시민문화 습득 등의 시민교육 과제를 마무리하는 과목이 바로 철학과목이라고 할 수 있다.[13]

　이처럼 프랑스 시민교육도 역사적 배경과 사회적 필요성 등에 따라 부침을 거듭하고 있지만, 우리가 관심을 가질 만한 부분은 정교분리 원칙에 따라 특정 종교를 배경으로 형성된 도덕을 주로 가르치던 도덕교육에 대한 반감으로 시민교육만으로 내용을 구성했다가 다시 '도덕·시민'이라는 이름을 붙여 도덕교육과 시민교육 사이의 연계성을 강조하는 방향으로 전환하고 있다는 사실과 고등학교 마지막 단계에서 철학 과목을 개설하여 '프랑스 시민'으로서 갖추어야 할 교양으로서 비판적 사고력과 시민문화, 윤리로서 배려와 프랑스적 가치 등을 교육하는 데 초점을 맞추고 있다는 점이다. 이 보고서가 적절하게 유의하고 있는 것처럼, 교사들에 대한 관련 연수가 제대로 이루어지지 않고 있을 뿐만 아니라 2018년에 개정된 교육과정에서도 학교 교육과정을 통한 시민교육에만 집중되는 등의 한계를 노출시키고 있어 얼마나 성공적일 수 있을지에 대해서는 판단을 유보할 필요가 있다.[14] 또한 고등학교 철학 과목이 차별과 같은 심화된 사회적 문제들을 은폐하는 장식품으로 활용되고 있다는 비판도 있는 만큼 쉽사리 그들의 사례를 모범으로 삼아서도 안 된다.

　다만 우리가 프랑스 시민교육 사례를 통해 생각해볼 수 있는 것들에 대해서는 충분히 관심을 가질 필요는 있다. 필자가 보기에 그것은 두 가지 정도이다. 하나는 정교분리 원칙에 대한 주체적 해석의 필요성이다. 그들은 혁명 과정을 통해 당시 교육에 막강한 영향력을 행사하고 있던 가톨릭을 학교 밖으로 내모는 데 일정한 성공을 거두었다. 우리의 경우는 19세기 말 대한제국에 의해 시민교육이 본격적으로 도입되었고, 당시 현재와 같은 의미의 특정 종교가 존재하지 않았다. 불교는 이미 천민으로 전락한 승려들과 아녀자들 중심으로 믿어지던 미천한 것에 불과해서 무속과도 그다지 차별화되지 않았고, 대신 유교가 조상신에 대한 제사를 중심축으로 삼아 세속종교로서의 역할을 해내고 있었을 뿐이다. 그런 점에서 우리에게는 정교분리의 요구가 그다지 절박한 것일 수 없었고, 오히려 세속화된 종교로서 유교를 전제로 하는 도덕교육을 '수신(修身)'이라는 과목을 설치해 실시하는 데 쉽게 합의를 볼 수 있었던 것이다. 21세기 초반 현재는 유교적 가치의 종교성이 문제가 되는 것이 아니라 신분에 따른 수직성 극복이 주된 과제로 설정되어 있고, 이미 상당 부분에서 극복되어가고 있기도 하다. 수신 교과가 도덕 교과로 바뀌면서 2015 개정 교육과정에서 비판적 사고와 성찰, 실천을 함께 모색하는 '도덕함'을 핵심 목표로 삼고 있는 데서도 확인 가능한 부분이다.

두 번째로 우리 시민교육을 위해 생각해볼 수 있게 하는 지점은 역시 도덕교육과 시민교육 사이의 관계 설정 문제이다. 이 문제는 다시 이론적 차원과 실제적 차원으로 구분하여 제시될 수 있는데, 이론적 차원에서는 시민의 교양과 윤리를 기반으로 하여 정치적인 역량을 갖추게 하는 것이 시민교육이라고 정의할 경우에 도덕교육은 그 한 영역으로 자리매김된다. 실제적 차원에서는 유치원과 초등 단계에서는 도덕교육 중심의 시민교육, 즉 자신의 삶을 주체적으로 이끌어가면서 타자와의 관계 맺기를 잘 해나갈 수 있는 도덕교육에 초점을 맞추고, 중등학교 단계에서는 그런 도덕교육의 성과를 기반으로 삼아 실질적인 정치경제적 역량을 갖추는 데 초점을 맞추는 정치경제교육으로서 시민교육에 초점을 맞추는 방향 설정을 해볼 수 있다. 그 마지막 단계라고 할 수 있는 고등학교 고학년에서 철학교육을 강화함으로써 자율적인 성찰을 기반으로 주체적이면서도 열린 자세로 자신이 속한 정치공동체에 참여할 수 있는 역량을 기르는 데 도움을 줄 수 있을 것이다. 우리에게는 이미 '생활과 윤리', '윤리와 사상', '고전과 윤리'와 같은 윤리 선택과목을 통해 일정하게 해내고 있는 철학교육을 보다 체계화하는 과제가 남아 있다.

독일: '보이텔스바흐 협약은 충분한가?'

독일은 우리에게 철학과 통일이라는 두 개념으로 각인되어 있는 나라다. 일제강점기 독일과 일본은 침략동맹을 맺고 있었고, 그 일본을 통해 서양철학을 수입해야 했던 우리는 그것이 주로 독일철학이었음을 나중에야 알 수 있었다. 나치에 부역했던 하이데거가 가장 최근까지 가장 많은 신봉자를 가진 독일철학자이고, 칸트, 헤겔 등이 그 뒤를 따른다. 그런 이유로 '철학'을 하려면 그 독일로 가야만 한다는 압박감이 상당한 시간 동안 우리 철학계를 지배했고, 필자도 학부와 석사과정 시절 그런 유학을 당연시하며 서울 종로 뒷골목에 자리한 독일어학원을 다녔던 기억이 있다.

그런 열망들은 우리 철학계가 서양철학을 적극적으로 뒤따라가는 데 긍정적인 요인들로 작동했고, 독일에 유학한 철학자 중 일부는 그것을 넘어서고자 하는 몸짓을 포기하지 않는 '진정한 철학자'의 모습을 보여주고 있다. 이기상과 김상봉 등이 대표적인 사례이다. 둘은 서로 다른 듯하면서도, 안병무 등 민중철학자에서 시작해서 그의 스승인 함석헌, 유영모, 동학

등으로 거슬러 올라가면서 '이 땅에서 우리말로 철학하기'와 같은 주체적인 몸짓을 보여주는 데서는 유사한 지향을 보여주고 있다.[15]

독일은 또한 20세기 동안 분단을 극복한 나라다. 우리와는 달리 제2차 세계대전을 일으킨 침략자로서 책임을 지는 과정에서 동독과 서독으로 분리되었고, 그들 스스로의 노력으로 다시 통일을 이루어내는 모습을 보여줌으로써 분단체제를 유지하고 있는 우리에게 통일을 위한 경험적 지혜를 줄 수 있는 나라라는 평가를 받고 있다. 철학과 통일의 나라라는 이미지 때문인지, 시민교육과 관련해서도 독일은 '선진국'으로 분류되곤 하고 특히 '보이텔스바흐 협약 또는 합의Beutelsbacher Konsens'는 우리 시민교육을 위한 금과옥조와 같은 원칙으로 소개되고는 한다.[16] 그중에는 물론 우리 민주시민교육과의 관련성을 중심으로 이 협약을 비판적으로 검토하는 문헌도 포함되어 있지만, 대체로는 이 협약 또는 합의를 이상적인 지침으로 상정하고 소개하는 경우가 더 많다.[17]

이 협약은 1976년 독일의 작은 도시 보이텔스바흐Beutelsbach에 모였던 일군의 교육학자들이 주로 학교 정치교육을 하는 과정에서 지켜야 할 세 가지 원칙에 합의함으로써 마련되었다. 그런 점에서 '보이텔스바흐 합의'라는 말로 번역하는 것이 더 적절할 수도 있지만, 그것이 이후에 독일 정치교육을 이끌어가는 준거로 확립되었다는 점에서 '보이텔스바흐 협약'이라는 말을 사용하는 것이 적절하다고 판단된다. 1976년은 독일을 비롯한 유럽에서 '6.8 혁명'이라는 변혁의 바람이 휩쓸고 지나간 후유증에 시달리던 때였고, 극심한 이념대립 양상이 초·중등학교로까지 스며들어 도저히 정치 관련 수업을 할 수 없는 상황이었다. 말 그대로 독일판 '정치수업 붕괴 현상'이었던 셈이다. 그 난관을 타개해보고자 1976년 보이텔스바흐에

모인 시민교육 교수법 학자들의 '형식 없는 동의서'가 바로 이 합의이고, 이후 꾸준한 지지를 받으면서 실질적인 정치수업을 위한 지침으로서 자리를 확보하게 되었다.[18]

그 협약이 나온 지 20년이 되는 해인 1996년, 독일의 다른 도시인 바드 우어아허라는 곳에서 바덴 뷔템베르크주 정치교육원이 주최하고 각 주의 정치교육원과 시민교육을 위한 독일 통합위원회 구성원들이 모여 '보이텔스바흐 협약은 충분한가?'라는 제목으로 학술세미나가 열렸다. 그 세미나 결과를 모은 자료집에 실린 지그프리트 쉴레(Siegfried Schiele)의 글은 당시 모임에서 보이텔스바흐 협약에 대해 어떤 평가가 이루어졌는지를 잘 담아내고 있다.

> "몇 달 전에 고등교육청 소속 정치교육담당 상임연구원이 '저의 정치교육 선생님은 형편없었는데, 심지어 그분조차도 보이텔스바흐 합의를 알고 있더군요'라고 내게 말한 적이 있다. … 이제 이 협약이 독일 정치교육의 중요한 지표가 되었다는 확신은 과장이 아니다. 우선 이 협약은 분열되어 있던 정치교육 분야의 각 진영들을 이끌어서 다시 대화를 나눌 수 있도록 하였다. … 이 협약으로 인해 정치교육은 정치적으로 도구화되지 않을 때만 비로소 가능해진다는 사실이 분명해졌다."[19]

그러나 이렇게 독일 정치교육을 가능하게 하는 기반을 마련하는 데 기여한 보이텔스바흐 협약은 일반적이고 상식적인 것으로 받아들이게 되었고, 급속한 세계화나 국제화된 테러 같은 새로운 상황이 나타나고 있는 독일에서 충분한 것일 수 없다는 비판이 제기되기 시작했다. 이런 비판적 검토와 보완의 필요성은 우리에게 더 크게 부각될 수밖에 없다. 강제성 또는 강압 금지, 논쟁성, 관심사항의 원칙 등 세 가지는 우리 학교 시민교육의 기본원칙이 되기에 손색이 없는 보편성을 지니고 있다. 당연히 우리들은 특정한 이념을 강제적으로 주입하고자 하는 시도를 해서는 안 되고, 그렇기 때문에 열린 토론이 가능한 수업을 이끌어야 하며, 그 과정에서 가능한 범위 안에서 학생들의 관심사가 반영된 주제가 수업 소재로 채택될 필요가 있다는 원칙을 거부할 명분은 전혀 없다.

다만 우리는 그들에게서 특히 세 번째 원칙과 관련된 보완이 필요하다는 목소리가 높아지고 있다는 사실에 주목해볼 필요가 있다. 학생들의 관심 사항만을 논쟁의 주제로 삼는다는 것은 '개인화로 인한 경쟁의식의 심화, 쇠락하는 공중도덕'에 대한 토론을 제외시키는 결과를 빚을 수 있다는 우려이다.[20] 교육을 바라보는 두 관점, 즉 교육은 학생의 자율적인 발달을 지켜보며 지원하는 것 이상을 해서는 안 된다는 자율론적 관점과 교육은 먼저 그 학생이 속한 사회 또는 공동체 구성원으로 자리하게 하는 데 기여하는 실천적 노력이라는 사회화론적 관점 사이의 대립 속에서 보이텔스바흐 협약의 세 번째 원칙은 자칫 일방적으로 첫 번째 관점만을 수용하는 결과로 이어질 수 있다는 비판과 우려로 해석해볼 수 있다.

선불교와 성리학으로 상징되는 우리 전통에 기반한 교육론에 따르면, 교육은 먼저 자신이 속한 공동체의 규범에 입문하는 과정을 거친 후에 스스로 수행과 수양을 이끌어가는 단계적 접근을 전제로 해서만 성립할 수 있다. 선불교에서 계율준수나 경전공부를 소홀히 하는 것처럼 보이는 경향이 있지만, 그것은 그 두 과정을 마친 후의 단계에 적용될 수 있는 교육론적, 수행론적 선택의 결과물일 뿐이다. 그렇지 않을 경우 경전도 모르고 계율도 지키지 않으면서 제멋대로 행동하는 땡중이 될 수밖에 없다. 계율준수와 경전공부, 선수행이라는 세 가지 공부방법이 함께하는 삼학三學을 통해서만 온전한 깨달음을 얻을 수 있는 것이다. 성리학의 공부법도 크게 다르지 않다. 주변을 정리정돈하고 응대예절을 습관화하는 작은 공부[小學]에서 출발해 스스로 자신의 마음을 다스리는 큰 공부[大學]로 나가는 것이 올바른 수행법이자 공부법이다.[21]

보이텔스바흐 합의의 세 원칙은 기본적으로 교사의 가치중립성과 절차적 전문성을 전제로 성립된 것이고, 우리에게도 여전히 유효하지만 그것으로 충분한가에 대해서는 새로운 상황 변화에 맞춘 재검토가 필요하다. 특히 세 번째 원칙은 자칫 "표면적으로만 관철될 경우 이기주의적 경향이 교육을 통해 강화될 수 있다"라는 독일 정치교육학자들의 우려가 우리에게는 이미 상당한 부분 현실로 입증되고 있다.[22] 촛불 정국에서 청문회에 불려나온, 이른바 이 땅의 출세한 얼굴들이 보여준 후안무치한 행태들은 우리 교육이 성적만 좋으면 다른 모든 것들을 학생에게 맞춰주는 비교육적 상황이 빚어낸 결과물이다. 시민교육이 단지 좁은 의미의 정치교육을 의미하지 않는다는 점에서, 학생의 관심을 우선적으로 고려하는 원칙은 '최소한의 윤리적 합의'라는 전제 위에서 새롭게 해석될 필요가 있다. '공동체에 반하는 사회적 책임감이 문제가 될 때 많은 사람들이 교육에 대해, 특히 정치교육에 대해 생각'하게 되고 그것은 단지 수업시간에 사회적 덕행에 관한 지식을 전달하는 것으로 해결되지 않는다는 사실을 우리도 충분히 공감할 수 있게 되었다.[23] 2015 개정 도덕과 교육과정에서 도덕적 현상에 대한 탐구와 자신의 내면적 도덕성에 관한 성찰에 더해 일상의 실천을 포함하는 개념인 '도덕함'을 강조한 이유이기도 하다.[24]

보이텔스바흐 합의의 세 원칙을 우리 시민교육의 장에 맞게 재구성하고자 하는 노력들이 있다.[25] 그중에서도 2019년에 나온 교육부 민주시민교육 정책중점연구소인 성공회대학교 민주주의연구소의 「학교 민주시민교육의 기본 개념 및 추진원칙 연구」는 그 체계성과 내용의 심도 등에서 주목받을 만하다. 정원규가 세부연구책임자를 맡아 완성한 이 보고서는 민주시민교육에 관한 정의에서 시작해서 목표, 공통 내용 요소, 추진 원칙, 교육주제 활용 방안에 이르기까지 포괄적인 내용을 담고 있다.[26] 민주시민교육을 주로 주권자교육의 관점에서 정의하고자 하는 이 보고서는 그 이론적 배경을 로크J. Locke와 루소J. -J. Rousseau의 사회계약론에 두고 있음을 밝히고 있다.[27] 이런 개념 정의는 신민교육과의 대비를 통해 스스로 성장하는 민주시민이라는 전제 위에서 "정부나 사회의 역할은 각각의 학생들이 우리 사회의 시민적 가치나 제도 등을 충분히 체험하고 자신의 관점과 태도, 또 그것을 사회적으로 실현하는 데 필요한 역량 등을 형성해나갈 수 있도록 지원하는 것에 그쳐야 하고, 또 그런 한에서 모든 다른 정책적 고려가 이루어져야 한다"라는 분명한 입장을 보여주고 있다.[28] 민주시민교육과 관련된 정책을 만들고 시행하는 과정에서 기본적인 지침으로 삼아야 할 제안이라고 평가할 수 있다.

이 보고서에서 강조하는 학교 민주시민교육 교육 원칙에서 보이텔스바흐 합의의 영향이 발견된다. 보이텔스바흐 합의의 교화금지의 원칙과 논쟁성 재현 원칙, 학습자 이해관계 인지 원칙, 행위 역량 원칙 등 네 가지 원칙을 확인한 후에, 학습자 평가 최소화 원칙과 주입식 교육 금지 원칙, 모든 학습자 포용 원칙, 논쟁성 재현 원칙 등 4가지 원칙을 부분적으로 수정하여 제안하고 있다.[29] 시민적 가치로 먼저 제안한 존중, 자율, 연대에 맞게 재구성한 것이고, 시민교육 현장에서 누구나 동의할 수 있는 원칙을 설득력 있게 제안하고 있다는 평가도 가능하다. 그러나 이 보고서는 서구적 시민교육론의 한계를 벗어나지 못하고 있을 뿐만 아니라, 역량 문제에서도 단지 교육적으로 구성하기 어렵다는 이유로 가능성으로서 역량capability을 쉽게 배제하는 한계를 보여주고 있기도 하다. 아마르티아 센Amartya Kumar Sen과 마사 누스바움Martha Nussbaum의 역량 요소 속에 교육이 포함되어 있는 것은 사실이지만, 시민들이 그런 가능성으로서 역량을 함양하는 데 도움을 주는 노력으로서 시민교육을 설정하는 일은 충분히 가능하고 그렇게 하는 것이 최소한 경쟁력으로서 역량competency을 함양하는 데 초점을 맞추는 시민교육 개념이 지니는 위험성을 극복할 수 있는 대안임을 적극적으로 평가하여 재구성할 필요가 있다는 사실을 앞에서도 이미 충분히 논의한 바 있다.

우리 학교 시민교육의 올바른 정착을 위한 실천적 대안들

시민교육을 위한 교사의 전문성과 민주적 권위 회복

학교 시민교육을 이끌어가는 주체는 당연히 교사다. 그 교사들이 학생들과 만나면서 이루어지는 교육적 상황을 전제로 할 때 비로소 시민교육을 비롯한 모든 교육적 노력이 의미를 지닐 수 있게 된다. 시민교육의 또 다른 주체는 부모이다. 그 부모들은 주로 가정을 중심으로 지역사회, 국가공동체 등으로 확장해가는 시민사회의 주인공들이기도 해서, 시민사회 자체가 시민교육의 주체라는 명제가 성립하게 된다.

그런데 이렇게 시민교육의 주체를 설정할 때 우리가 쉽게 빠질 수 있는 함정이 있다. 그것은 바로 다른 주체인 학생들에 대한 경시 또는 그들과의 수직적인 관계 설정의 위험성이다. 시민사회의 모든 구성원들은 평등한 관계를 전제로 살아가고, 그 평등성은 부모와 자녀, 교사와 학생 사이에서도 당연히 유지되어야 한다. 필자가 이 책을 통해 노블리스 오블리주나 선비정신의 위험성을 부각시키고자 했던 것도 그런 맥락이다. 노블리스나 선비라는 말에 이미 신분에 근거한 수직적 관계가 전제되어 있어, 수평적 관계를 전제로 성립하는 시민사회에서는 그 고상한 의미에도 쉽게 사용해서는 안 되는 말이라는 경고이다.

교사와 부모, 학생의 관계에 전제된 이러한 평등성 지향은 시민사회의 기본 원칙이자 가치이지만, 시민교육이 작동하는 교육적 상황에서는 그것으로 모든 것이 완성되는 것은 아니다. 우리가 '학생시민'이라는 개념을 사용하고자 했을 때 기본 전제는 개별 시민의 비지배자유를 전제로 하는 시민들 사이의 수평적 관계성 또는 평등성과 함께, 교육적 상황에서 요구되는 최소한의 다른 관계성을 배제하지 말아야 한다는 것이다. 그 '다른 관계성'이 우리 시대에 구체적으로 무엇을 의미할 수 있고 또 의미해야 하는지는 열린 물음이어야 하지만, 단지 수평적 관계성만을 전제로 할 경우에는 교육적 상황이 제대로 전개될 수 없다는 사실에 대해서도 충분히 유념할 필요가 있다.

동서양의 교육전통 속에서 그 다른 관계성은 대체로 학습자의 결여를 전제로 삼아 교사와 부모의 수직적 권위를 인정하는 방향으로 형성되었다. 율곡의 『격몽요결』에서 전제하는 '아동의 어리석음을 깨뜨리는 일'이나, 크세노폰의 『키루스의 교육』에서 전제하는 어린 시절의 키루스에 대한 교육 경험 강조는 모두 그런 교사와 학생 사이의 수직적인 관계성을 전제로 하는 것이었다. 그런 점에서 본다면, 우리 상황 속에서 부모나 교사의 권위 하락은 시민사회로 진입하면서 자연스럽게 이루어져야 하는 과정의 산물일 수 있다. 그런데 교육이 그 수평성을 전제로 하는 다른 의미의 권위를 설정하지 않고는 좀처럼 성립될 수 없는 과업이라는 점에서 또 다른 문제가 부각된다.

앞 절에서 우리는 독일 정치교육의 기본원칙인 보이텔스바흐 협약이 우리 시민교육의 원칙으로 충분한 것이 아닐 수 있다는 사실을 확인했다. 특히 학생의 관심사를 고려하는 수업의 경우, 그것이 학생들의 관심사만을 반영하는 수업으로 연결될 경우 공공의 것에 대한 최소한의 고려를 배제하는 결과를 낳거나 최소한의 윤리에 대한 고려조차 하지 않는 방향으로 전개될 수 있는 위험성이 있다. 그런데 그런 위험성이 왜 나타나는가를 고찰해보면, 학생과 교사의 관계를 온전히 수평적인 관계만으로 설정한 데서 오는 것임을 알 수 있게 된다. 교사는 인격적인 관계에서는 수평성을 전제로 하면서도, 자신의 수업에 관해서는 전문성과 함께 학생들로부터 존중받을 수 있을 정도의 교육적 권위를 지니고 있어야 하는 존재자인 것이다. 그 교육적 권위는 교사가 자신의 수업에서 보여줄 수 있는 전문성과 함께 일정 수준의 도덕성에 기반하여 학생들로부터 존중받을 수 있을 때 비로소 등장한다. 그렇게 보면 교사의 권위는 교사가 부리는 것이 아니라, 학생들에게서 자연스럽게 우러나오는 것이다.

우리 시민교육은 바로 이런 차원에서 교사의 **민주적 권위**를 회복해가는 데서 출발해야만 한다. 그렇지 않은 채 단지 논쟁적인 주제를 가지고 토론수업을 잘 하거나 학생들의 관심사에만 귀 기울이는 교사의 노력은 의

도치 않게 반시민교육적 결과, 즉 자신의 이익만을 위해 토론에서 배운 논리와 말솜씨를 거침없이 활용하는 '반시민적 시민'들과 함께 살아야 하는 불행으로 이어질 수 있다. 그 민주적 권위는 토론 수업 등을 시민교육적 관점에 맞게 잘 이끌어갈 수 있는 **교과 전문성**과 함께 할 수 있을 때 더 강화되고 심화된다.

시민교육 중심의 주체적 교육담론 형성

우리 학교 시민교육이 제자리를 찾기 위한 기본 전제는 교사의 전문적이고 도덕적인 권위에 기반한 학생과의 수평적이면서도 교육적인 관계 정립이지만, 이 과제는 오랜 시간의 수직적 관계 문화 잔존과 무분별한 수평적 관계 지향성의 급속한 정착으로 인해 쉽게 현실화되기 어렵다. 그런 이유로 이 과제의 완결을 전제로 하는 시민교육의 출발 또한 비현실적인 것일 수밖에 없다. 한편으로 이 과제를 지속적인 실천의 장으로 옮기는 노력을 포기하지 않으면서도, 다른 한편으로 학교문화를 좌우하는 변인들을 살펴 하나씩 바꿔가고자 하는 노력이 병행되어야 한다.

그 노력의 첫 번째는 우리가 이 책을 통해 반복해서 확인하고자 했던 '시민사회의 교육으로서 시민교육'이라는 명제의 실천적 구현이다. 우리 사회는 이미 시민사회이고, 따라서 우리 사회의 모든 교육은 당연히 시민교육이어야 한다. 그런데 자칫 일부 외국의 사례를 무분별하게 수용해서 시민 과목이나 교과를 만드는 일에 치중할 경우, 그것 외의 시민교육은 방치되거나 현재의 반시민교육적 학교문화와 분위기를 강화하는 결과로 이어질 수 있다. 그나마 그 외국의 사례들을 언급하는 과정에서도 이른바 '선진국 담론'의 폐해를 그대로 드러내면서, 존재하지도 않는 외국의 사례를 침소봉대하여 그것 자체로 자신의 주장이 정당화되는 것처럼 거리낌 없이 말하는 교수나 교사는 이제 침묵해야 한다.

학교의 모든 교과 교육과정은 물론 비교과 활동, 잠재적 교육과정은 모두 시민교육이라는 목표를 공유해야 한다는 명제는 아주 당연한 것임에도, 우리 학교에서는 매우 낯선 것으로 받아들여지는 경향이 여전하다. 이 문화를 바꾸는 데서 우리 시민교육이 출발해야 한다. 이 명제를 중심에 두는 학교문화는 사실 우리에게 낯선 것이 아니다. 조선시대까지 전통교육의 중심은 유교나 불교경전 공부와 계율과 같은 학교규칙 준수를 바탕으로 삼아 수양修養과 수행修行을 통한 인격완성이라는 목표가 모든 교육기관의 중심축을 이루고 있었다. 이때 인격완성은 그 자체로 완결된 목표임과 동시에 수기안인修己安人이나 하화중생下化衆生과 같은 사회적 확산으로 이어지는 것이었다. 물론 율곡의 시대에도 과거공부 때문에 학문을 제대로 할 수 없다는 불만이 선비들 사이에 퍼져 있었다는 것을 감안해보면, 이러한 교육의 목표가 현실 속에서 얼마나 구현되고 있었는지에 대해서는 비판적 검토가 필요하고, 이 시대의 교육이 당시 지배층의 언어인 한문漢文 해독 능력에 기반한 엘리트교육으로 한정되어 있었다는 사실에 대해서도 충분히 관심을 가져야 한다.30 그렇지만 당시 교육의 목표를 사회윤리를 포함하는 도덕교육으로 확고히 하면서 전개하고자 했다는 사실 자체가 지니는 의미까지 퇴색되는 것은 아니다.

교육의 본질을 인격완성과 그것을 통한 보다 나은 사회의 지향에 두었던 우리 교육 전통의 적극적 재해석을 바탕으로 삼아, 이제 우리는 우리 교육의 목표가 넓은 의미의 시민교육에 보다 확고하게 뿌리내릴 수 있게 해야 한다는 과제와 마주하고 있다. 이미 우리 헌법과 교육법에는 그런 목표들이 충분히 반영되어 있지만, 현실 속에서는 주로 대학입시에 도움이 되는 이른바 주지교과, 즉 국영수 중심의 왜곡된 교육과정 운영이 일상화되어 있는 것에 대한 직시가 선행되어야 한다. 이미 우리가 함께 살펴본 것처럼, 이런 학교 교육과정의 왜곡은 학부모가 자신이 처한 시대적·사회적 상황에 근거하여 학교의 역할과 위상에 대한 평가를 달리하는 데서 큰 영향을 받는다는 사실도 똑바로 볼 수 있어야 한다. 특히 자신의 자녀들이 살아가야 할 미래에 특정 교육기회의 취득으로 인한 생존의 안정적 보상에 관한 예측이 학부모의 학교에 대한 기대에 결정적인 영향을 미치는 요소라는 사실을 인정할 필요가 있다. 학교가 학생들의 인간다운 생존 역량을 기르는 데 초점을 맞춰야 함과 동시에, 우리 사회의 불평등이 지속적으로 완화되는 방향으로 진전하고 있다는 확신을 함께 주는 사회개혁이 병행되어야 하는 지점이기도 하다.

이런 전제를 바탕으로 해야만, 시민교육을 우리 교육의 중심에 두는 방향으로 진전시키기 위한 법적·제도적 대안들도 모색될 수 있고 그 정당화 기반도 마련될 수 있다. 그렇지 않는다면 특정 사회문제가 생길 때마다 관련 교육법을 만들어온 그동안의 시행착오를 시민교육과 관련해서도 반복하는 어리석음을 범할 것이 뻔하다. 우리는 통일교육, 환경교육은 물론 최근에 '인성교육진흥법'까지도 무분별하게 만들어 통과시켰지만 과연 이 교육들이 어떤 성과를 거두고 있는지에 대해서는 부정적인 평가가 더 우세하다. 특히 박근혜 정권에서 졸속으로 만들어진 인성교육진흥법의 경우, 수직적 질서를 전제로 하는 예禮와 효孝를 중심가치이자 덕목으로 명시함으로써 반시대적이라는 비판을 받고 있는 상황이다. '민주시민교육진흥법'(가칭)이 필요하다는 주장이 동의를 얻을 수 있기 위해서는 먼저 이런 과오를 반복하지 말아야 하고, 특히 특정 교과나 과목을 강제하는 형태의 경직된 조항을 배제하고 전반적인 지원에 초점을 맞추어야 한다. 그러면서 학교 교육과정 운영의 중심에 시민교육이 자리할 수 있도록 '국영수' 비중을 학교급별로 다르게 설정하고 제한하면서 시민교육 관련 교과의 비중이 획기적으로 늘어날 수 있는 방안 등의 조치를 고려해볼 수 있다.

이렇게 될 수 있기 위해서는 먼저 우리 교육 관련 담론들이 온전하고 주체적인 담론공동체 속에서 형성되고 전개될 수 있는 분위기가 함께 만들어져야 한다. 우리 교육과 관련된 정서는 한편으로 개인화와 물질화를 중심으로 하는 세계화 분위기에 편승하는 듯 보이지만, 그것 못지않게 우리 전통 교육문화의 영향으로부터 자유로울 수 없다. 그런데 우리 부모나 교사들은 서양교육학자나 이론만 편향적으로 소개받으면서 그 자리에 선다. 우리에게 교육학자는 여전히 존 듀이거나 페스탈로치, 아니면 칸트일 뿐이고, 남명이나 율곡, 지눌 등의 전통교육(론)자들에 대해서는 낯선 이방인으로 느끼는 데 익숙하다. 남명은 평생의 삶을 교육에 바친 조선 선비이고 율곡은 단계에 맞는 교육 관련 저서를 남긴 전통 교육학자로 분류될 수 있는 선비이며, 지눌은 화엄 기반의 선불교를 바탕으로 삼아 한국적인 승가교육체제를 만들어 현재의 우리 승가에 전해주고 있는 전통교육학자이자 교사인 승려다. 이 땅의 부모나 교사라면 이제 칸트나 듀이보다는 당연히 이들의 이론과 가르침에 먼저 귀를 기울여야 하지 않을까?

'역량' 함양을 목표로 하는 '교실 수준 교육과정' 구현

우리가 여러 번 확인한 것과 같이, 모든 교육과정은 결국 교사와 학생이 만나는 교실 수준에서 마무리된다. 다시 말해서 교실에서 만나는 학생과 교사가 그 만남의 장에서 실제로 구현해내고 있는 '이야기와 몸짓의 주고 받음'인 교실 수준 교육과정을 통해 그 이외의 모든 교육과정이 마무리될 뿐만 아니라 그 성패를 조심스럽게 가름해볼 수 있다. 여기서 '교실 수준 교육과정'이라는 개념은 이미 많이 사용되어온 '교사 수준 교육과정'과 '학생 수준 교육과정' 모두를 고려한 새로운 것인데, 특히 학생과 교사 사이의 다층적인 상호작용에 초점을 맞출 필요가 있음을 강조하기 위한 것이다.

학생들이 학교에 와서 하는 일이 무엇일까? 학교에 오면 학생들은 주로 교실에 머문다. 이 교실 안에서 조회를 통해 담임교사를 만나고 수업을 통해 교과담당 교사들을 만난다. 유치원과 초등의 경우에는 대체로 그 학급 담임과 교과 담임이 같지만, 중등의 경우는 담임의 교과 시간을 제외하면 각각 다른 과목 선생님들과 만나야 한다. 그리고 학급 친구들과 만나고 가끔씩은 쉬는 시간이나 점심시간을 활용해 옆 반 친구나 다른 건물 선후배를 만난다. 이런 여러 종류의 만남으로 학생들의 하루는 학교 교실을 중심으로 채워진다.

교사의 일상도 크게 다르지 않다. 학교에 출근해서 그날 수업을 챙기고 담임을 맡은 경우 조회를 생각하다가 교실에 들어가고, 이후에는 주로 수업과 관련 업무로 하루를 채운다. 그 업무 중에는 학생들과의 일상적인 만남이나 수업과 직접 관련된 것도 있지만, 더 많은 것은 '교사인 내가 왜 이런 일까지 해야 하지'라는 생각이 들곤 하는, 이른바 '잡무'다. 새로운 정부가 출범할 때마다 교사의 잡무를 줄여준다고 홍보하곤 하지만, 정작 얼마나 줄었는지에 대해서는 회의적이다. 그러다 보니 학교에서 교사의 주요 업무인 수업과 학생들과의 일상적인 만남은 뒷전으로 밀리고, 수업전문성을 심화시킬 수 있는 기회는 좀처럼 주어지지 않는다. 그나마 다행인 것은 이런 문제를 적극적으로 인식하고자 하는 교사들의 자발적인 학습공동체와 자율연수의 기회가 늘어나고 있다는 점이다. 한때 '참교육'을 외쳤던 교사 출신들이 교육감 등으로 자리를 잡으면서 이뤄낸 성과와도 일정 부분 겹치는 것이지만, 그들에 대해서는 교사와 학부모들의 실망과 비판 또한 만만치 않다는 사실도 함께 기억해야 한다.

우리의 삶은 만남이다. 세상에 나오기 전에도 이미 엄마와 만나면서 인간으로서의 몸을 갖추게 되고, 태어난 후에는 좀 더 적극적으로 주변의 의미 있는 타자들과 만나면서 육체적·정신적 성숙을 이룬다. 그 후에도 이렇게 어린 시절의 만남을 통해 형성된 '잠재적인 정체성'을 바탕으로 또 다른 자신과 타자들과의 만남을 이어가면서 삶의 과정과 결과를 완성해간다. 그런 점에서 인간의 삶은 곧 만남이고, 그 만남은 서로 분리되지 않는 자신과의 만남과 타자와의 만남으로 구별될 수 있다. 그런 만남들을 통해 주로 몸의 생존을 확보함과 동시에 정신적 실존을 구성해낸다. 우리 교육은 바로 이런 만남들을 잘 이끌어갈 수 있도록 도와주는 노력 이상의 것일 수 없다.

만나서 우리가 하는 일은 몸과 마음을 통한 대화이지만, 때로 기氣의 소통을 전제로 하는 '함께 있음' 자체가 목적이 되기도 한다. 우리는 그런 온전한 기의 공유를 갈망하면서 사람들을 만나고, 그런 사람을 통해 다른 수단적 가치를 전제로 하지 않는 진정한 만남을 경험하면서 진정한 행복감에 젖어든다. 마틴 부버M. Buber의 나와 너 사이의 만남이나, 에마뉘엘 레비나스E. Levinas의 타자윤리가 20세기 서구에서 새삼스럽게 주목받은 배경도 이런 만남에 대한 열망일 것이다.[31] 이런 열망들은 그 서구인들의 삶을 무

비판적으로 수용해서 외형적인 성공을 거두었다는 평가를 받은 21세기 초반 우리 한국인들에게서 더 강렬한 형태로 나타나고 있다.

유교적 맥락의 수직적 관계성과 불교적 맥락의 수평적 연기성緣起性이 교차하면서 이뤄낸 우리의 전통적 관계성은 20세기 역사를 거치면서 부정과 극복의 대상으로 전락했고, 우리 일상 속에서 서구적 합리성에 근거해 가능하면 빠르고 적극적으로 극복해야 하는 대상이 되었다. 그 결과는 21세기 초반 한국사회의 급속한 개인화와 그로 인한 외로움과 불안의 일상화이다. 그런 가운데 전통적 관계성은 아이가 어릴 때 버리고 떠났음에도 친권을 내세워 그 아이의 재산을 가로채고자 하는 후안무치한 부모의 얼굴이나, 나이를 들먹이며 억압하는 '꼰대'의 성난 목소리로 출몰하곤 한다. 이 책을 통해 일관되게 강조하고자 한 것은 이러한 전통적 관계성이 그럼에도 내 안에 자리하고 있고, 그렇다면 이제는 있는 그대로 바라보면서 현재적 관점에서 재구성할 수 있어야 한다는 것이다. 그 재구성의 출발점은 당연히 수평성을 전제로 하는 인격적 만남이다.

불교나 유교가 관계에 주목했던 맥락이 서로 다르지만, 그 출발에는 일상 속 인간의 삶에 관한 관찰과 성찰이라는 공통점이 있다. 불교의 경우는 나의 생존과 실존 모두가 타자와의 의존을 통해서만 가능하다는 사실의 발견이 자리하고, 유교의 경우에는 내 생명을 가능하게 한 것이 부모와의 관계라는 사실의 인식이 자리한다. 둘 다 과학적인 관찰과 철학적 성찰에서 출발한 것이다. 그것을 바탕으로 세운 관계망의 성격은 각각 불교의 수평성과 유교의 수직성으로 갈리게 되었지만, 그 수직성도 선진유교와 성리학이 작동하고 있던 그 시대적 맥락에서는 충분히 정당화될 수 있는 근거를 지니고 있었다. 이제 그 시대적 맥락이 달라졌으니 그 맥락을 근간으로 하는 적극적인 재해석과 재구성은 당연하면서도 절박한 요청이 될 수밖에 없다. 그렇지 않고 어설픈 정당화를 시도하는 동양철학계의 대부분의 담론들은 더 이상 유효성을 지닐 수 없는, 폐기의 대상이 되는 것이 당연한 귀결이다.

2,500여 년 전에는 혁명적이었던 수평적 관계에서 출발한 불교의 관계성도 21세기 초반 한국사회에서는 비판적 검토의 대상이다. 특히 신분과 남녀 차별이 극심했던 붓다 시대에 여성의 출가를 허용하면서 조건으로 붙였던 이른바 비구니 팔경법을 이 시대에 그대로 준수해야 한다고 말하는 비구나, 출가자와 재가자 사이의 차별을 당연시하는 시대착오적인 출가보살의 모습은 더 이상 우리 사회에서 용납할 수 없는 대상들이다.[32]

21세기 초반 한국 시민사회에서 만남은 당연히 수평성을 전제로 하는 인격적 만남이어야 하고, 그것은 교사와 학생, 부모와 자녀의 관계라고 해서 예외일 수 없다. 다만 그 관계에 교육이 포함될 수 있으려면, 교사와 부모의 민주적 권위에 근거한 교수학적 전문성이 더해져야만 한다. 그중에서도 교사의 전문성과 민주적 권위는 우리 시민교육의 성패를 좌우하는 핵심 요소임을 지속적으로 확인하며 공유할 필요가 있다. 그 대응요소로는 학생시민의 자율성에 기반한 만남 역량의 함양이 부각된다. 만남 역량은 당연히 만남의 경험 속에서 함양될 수 있고, 그 경험은 교사의 전문성과 민주적 권위를 통해 교육적 상황을 담보함으로써 비로소 시민교육의 장으로 승화될 수 있다.

그렇다면 교실 수준의 교육과정은 바로 이 **만남의 역량**을 중심축으로 삼아 구성되어야 하고, 그 구성의 구체적 양상은 자신과의 만남과 타자와의 만남, 그리고 이들 사이의 적절한 관계 설정으로 전개된다. 우리의 생존과 실존은 우선 자신과 잘 만날 수 있어야 제대로 이루어질 수 있다. 특히 생존生存은 자신의 몸과 잘 만나는 연습을 통해 안정적으로 확보된다. 몸이 필요로 하는 옷과 음식, 휴식, 수면 등에 적절히 응대할 수 있는 역량이 생존 역량의 핵심이다. 그런 후에는 그 몸과 분리되지는 않지만 그렇다고 하나도 아닌 마음 또는 정신의 요청에도 적절하게 응함으로써 우리 실존實存이 보다 윤기 있게 전개될 수 있다. 교실 상황은 바로 이러한 실존과 생존 역량의 함양을 목표로 공유하는 교사와 학생의 만남을 보다 나은 방향으로 이끌어갈 수 있는 '교실 수준 교육과정'을 중심으로 교육적 상황으로 전환된다.

여기서 만남의 역량은 경쟁력으로서 역량competency이 아니라, 우리가 새롭게 구성하여 주목하고 있는 인간 존재의 가능성으로서 역량capability의 핵심 요소이다. 컴피턴시가 경쟁력 이상의 것을 배제하지는 않지만, 기본적으로 경쟁을 전제로 하는 역량 개념이라는 사실을 부정할 수는 없다. 물론 우리는 생존의 차원에서 공정한 경쟁이 필요하다는 사실을 무시해서는 안 된다. 누구나 원하는 한정된 자원과 자리 등을 놓고 경쟁해야만 하는 상황이 있고, 또 이 상황이 공정성이라는 윤리적 기준을 전제로 전개될 수 있고 그 경쟁의 패자에게 다른 기회가 공정하게 보장된다는 전제를 한다면 기꺼이 받아들일 수 있다. 문제는 우리 교실 상황 속 경쟁이 그런 차원의 경쟁이 아니라는 데서 생긴다.

공정성을 기반으로 패자에게도 다른 공정한 기회가 또 주어진다는 전제를 하는 경쟁은 한 인간의 잠재력을 이끌어내는 데도 도움이 될 수 있다. 그런 의미의 경쟁력, 즉 컴피턴시는 가능성으로서 케이퍼빌리티에 포함되는 역량으로 볼 수 있다는 것이다. 그런 점을 고려하여 우리의 '교실 수준 교육과정'은 가능성으로서 역량 개념을 중심으로 구성되어야 하고, 그 구체적인 목표와 내용은 생존과 실존을 위한 만남을 잘 만들고 이끌어갈 수 있는 만남의 역량이어야 한다. 만남이 자신과의 만남과 타자와의 만남으로 이루어진다고 전제하는 우리 논의의 맥락에서 그것은 다시 자신과 잘 만날 수 있는 역량과 타자와 바람직한 상호작용이 가능한 역량으로 나뉘게 된다.

수평적 관계를 전제로 하는 만남의 역량은 그 자체로 시민적 역량이기도 하다. 자신을 있는 그대로 받아들이면서 보다 나은 삶의 의미를 지향하는 실존적 만남의 역량과, 타자의 의미를 적절하게 인식하는 관계 맺기를 통해 생존과 실존을 확보해가는 차원의 만남 역량은 시민 역량의 두 차원이다. 그렇다면 어떻게 해야 우리 교실 상황 속에서 이런 역량의 함양을 기대할 수 있을까?

이 물음에 대한 답을 찾는 일에 우리는 당연히 신중해야 하고, 쉽사리 어떤 하나의 해결책을 제시할 수 없는 화두話頭의 성격을 지닌 물음이라는 사실에도 충분히 유의해야 한다. 그런 조심스러운 자세를 바탕으로 몇 가지 대안을 제안해보고자 한다. 우선 **우리 교실 상황 자체에 충분히 주목하는 일**이 전제되어야 한다. 다행히 최근에 교사들의 목소리를 담은 시민교육 관련 글들이 지속적으로 나오고 있고, 가능한 범위 안에서 학생들의 목소리에도 최대한 귀를 기울이면서 우리 학교 교실 상황의 현실을 파악해보고자 노력하는 것이 선행되어야 한다.[33]

우리 교실 상황에 관한 정확한 인식에서 출발해서 다음으로 할 수 있는 일은 **잠재적 교육과정에 해당하는 훈습熏習의 영역을 점검해보는 일**이다. 훈습은 교실 안에 향기를 뿜는 것이 있을 때는 교사와 학생의 몸에 그 좋은 향기가 스며들지만 악취를 풍기는 물건이 있을 때는 모두에게 악취가 스며드는데, 정작 본인들은 느낄 수 없게 되는 과정을 가리키는 개념이다. 시민교육에 근원적으로 영향을 미치는 교실의 잠재적 교육과정을 먼저 점검해보아야 하는 까닭을 직시하게 해주는 개념이어서 우리 교육계에서 더 많이 활용되었으면 하는 바람을 갖는다. 교실 안 훈습을 좌우하는 요인들이 많지만, 그중에서도 핵심은 교사와 학생 사이의 만남 형태를 좌우하는 학교의 민주적 분위기와 교육적 상황 조성 노력이다. 이 둘은 모두 형식적 교육과정과도 분리되지 않지만, 그렇다고 해서 교장실에 걸린 학교 경영 목표와 긍정적으로만 연결되는 것도 아니다. 오히려 그런 공식 목표와 교장과 교사들이 실제 행동으로 보여주는 목표 사이의 거리가 멀 경우에 후자가 훈습의 주요 요인으로 작동한다.

그 다음 순서로 비로소 **시민교육 관점에서 형식적 교육과정을 비판적으로 검토하여 재구성하는 일**이 필요하다. 자신 및 타자와의 생존과 실존을 위한 만남 역량을 기르는 데 실질적인 도움이 되는 교과 활동의 순서로 교과들을 배치하면서, 모든 교과와 비교과 활동 또한 시민적 역량으로서 만남 역량에 초점을 맞출 수 있도록 해야 한다. 유치원과 초등학교에서는 자신의 의사를 말과 글로 표현하고 셈할 수 있는 역량을 길러주는 교과들이 좀 더 강조될 필요가 있지만, 그 과정이 단지 국어나 수학 시간을 통해서만 이루어지는 것이 아님을 감안하여 일상 속 체험과 그 체험에 관한 성찰을 가능하게 하는 교과들의 비중이 적극적으로 강화될 필요가 있다. 중학교 단계에서는 좀 더 적극적으로 시민교육에 기여할 수 있는 교과들을 중심으로 학교와 국가 수준 교육과정이 구성되어야 하고, 그 출발점은 교사와 학생이 만나는 교실 수준 교육과정이어야 한다. 고등학교 단계는 시민교육이 완성되는 지점임을 감안하여 국영수와 같은 이른바 주지교과의 비중을 획기적으로 줄이고 그 자리에 시민 관련 교과들을 배치할 필요가 있다.

시민교육 관련 개념들의 관계 설정과 고교 시민 과목의 재구성

우리 학교 시민교육을 보다 나은 방향으로 이끌고자 한다는 전제에 동의할 수 있는 교사나 학부모가 실천의 영역에 접어들자마자 부딪치는 문제는 시민교육 관련 개념들의 혼란스러운 등장일 가능성이 높다. 인성교육과 도덕교육, 인권교육, 평화·통일교육, 환경교육 등의 개념들이 어지럽게 교육과정에 등장하고, 그것들 사이의 관계가 어떻게 설정될 수 있을지에 대해서는 거의 설명이 없거나 있다고 하더라도 모호하거나 자의적인 경우가 대부분이기 때문이다.

시민교육이라는 개념을 민주시민교육과 동일한 개념으로 사용하고 있는 이 책을 마무리해가는 시점에서 이 문제를 빼놓을 수 없다는 압박감을 느낀다. 이런 개념상의 혼란은 곧바로 실천 상의 혼란이나 왜곡으로 이어질 가능성이 높기 때문이고, 이런 혼란을 극복하는 데 도움을 주어야 하는 것이 도덕교육과 시민교육 전문가로서 필자에게 주어진 의무이기 때문이기도 하다.

시민사회의 모든 교육이 시민교육이라는 우리의 정의에 따르면, 그 외의 모든 시민교육 관련 개념들은 이 시민교육에 포함되어야 마땅하다. 그런 맥락에서는 인성교육人性教育도 마찬가지다. 유교 전통의 성선性善과 불교 전통의 불성佛性을 포괄하는 의미로 사용되는 경향이 강한 인성人性 개념은 현대 서구 교육학의 성격性格, personality 개념의 번역어로도 채택되면서 처음부터 모호한 개념이 되어버렸다. 그것에 주로 20세기 후반 우리 학교의 폭력적 상황에 대한 실천적 대응이라는 목적으로 새롭게 강조되는 과정에서 실천 중심의 실제적 도덕교육이라는 의미가 더해지면서 한때 교과로서의 도덕교육을 보완하거나 대체할 수 있는 대안으로 강조되기까지 했다. 그것이 특정 정권의 시대착오적 국민교화 노력과 겹치면서 '인성교육진흥법'이라는 문제적 법률로 드러나 현재에 이르고 있다.

인성교육은 때로 미국 중심의 인격교육 운동에서 수입된 '인격교육 character education'과 동일시되기도 하면서 혼란을 무주겨왔다. 그늘의 인격교육 개념 자체의 이론적 토대가 부실할 뿐만 아니라. 상당 부분 자의적으로 수입되면서 우리 시민교육으로서 도덕교육을 오염시키는 결과를 빚고 있기도 하다. 특히 존중과 책임이라는 미국적 가치의 주입을 전제로 성립하는 인격교육의 방법론은 때로 충돌하기도 하는 수많은 수업방법들의 무책임한 나열로 이어지면서 혼란을 가중시켜왔다.[34] 이제 이런 혼란상을 극복하기 위해서라도 시민교육을 가장 큰 울타리로 두고, 그 안에서 도덕교육을 말하고 그 도덕교육에 인성교육을 통합하는 노력이 필요한 시점이다. 그 관점의 도덕교육에서 말하는 도덕성 또는 인성은 '시민적 도덕성'이면서, 동시에 개인의 삶의 의미 물음과 관련된 가치치향을 포함해야 한다.

인권교육과 평화·통일교육, 환경·생태교육 또한 당연히 시민교육의 하위 영역으로 재배치되어야 한다. 그 모든 교육적 노력이 보다 온전한 시민에 맞춰질 수밖에 없기 때문이다. 인권교육은 더 말할 나위가 없고, 21세기 한국시민에게 요구되는 평화·통일교육 또한 평화를 점진적으로 확보해가면서 단계적인 통일을 지향하는 시민성을 목표로 삼는다. 환경이나 생태교육 또한 시민이 자연과 어떤 관계를 형성할 것인가를 핵심적인 목표로 삼는다는 점에서 당연히 시민교육에 포함된다.

그런데 이런 당연한 사실들이 무시되면서 학교 교육과정에서 서로 분리된 영역으로 설정됨으로써 교무분장의 한 요소로 전락하는 현상이 일반화되어 있고, 그것은 다시 교실 수준 교육과정에서 지루한 반복과 교과 사이의 장막을 형성하는 요인으로 작동하고 있다. 문제를 해결할 수 있기 위해서는 시민교육 안에 이 모든 개념들이 포함된다는 사실에 관한 명확한 인식이 선행되어야 하고, 특히 현행 국가 수준 교육과정에서 관련 개념들을 나열하고 있는 문제를 시급하게 해결해야 한다.[35]

이 과제와 관련지어 꼭 강조하고 싶은 주제가 있다. 바로 국가 수준 교육과정 개편 문제다. 우선 우리 시민들은 정권이 바뀌면 교육과정도 바꿔야 한다는, 비교육적인 강박관념으로부터 자유로운 정권을 선택할 수 있어야 한다. 진보와 보수를 떠나 이런 강박관념을 가진 정권은 반드시 교육을 훼손하거나 최소한 시민교육을 정체시키는 결과를 초래함을 우리는 경험을 통해 충분한 수준 이상으로 목격해오고 있다. '2015 개정 교육과정'의 개정 문제를 예로 들어 생각해보자. 필자도 초, 중, 고 도덕과 교육과정의 개정연구 책임자로 참여한 이 교육과정은 많은 문제를 안고 있다. 상처를 남기면서 해결된 역사교과서 국정화 문제도 그렇고, 이전에 비해 상대적으로 나아지긴 했지만, 짧은 시간 안에 한정된 예산을 가지고 교육부가 주도가 되어 개정된 교육과정이라는 점에서는 그다지 차이가 없다. 그렇지만 각 교과의 연구책임자들이 총론 차원에 논의에 지속적으로 참여할 수 있었고, 특히 시민교육적 관점에서는 고등학교 필수과목으로 **'통합사회'**와 **'통합과학'**이라는 과목을 만들어 그 이전의 모든 시민교육적 노력들을 통합하고 점검하면서 이후의 선택과목들을 통해 보완해갈 수 있는, 결정적인 통로를 만드는 성과를 거두었다. 그중에서도 '통합사회'는 도덕교과가 이전의 '공통사회'에 합류함으로써 시민교육의 가치론적 차원을 적극적으로 보완할 수 있는 가능성을 부여받았고, 2018년부터 새로 마련된 교과서를 가지고 학생과 교사들이 의미 있는 만남을 이어가고 있다는 보고가 지속적으로 들어오고 있다.

'통합사회'와 함께 더 강화된 형태로 등장한 '통합과학' 역시 시민교육적 차원에서는 충분히 주목받을 만하다. 20세기 이후 세계는 학문과 삶 거의 모든 분야에서 과학, 특히 자연과학의 영향력이 강화되었다. 모든 진리가 과학적 방법의 결과여야 한다는 인식까지 확산되면서 사회현상을 보는 사회과학은 물론, 인간과 삶의 문제를 탐구하는 인문학마저 인문과학이어야 한다는 압력을 받아 인문대학을 '인문과학대학'으로 부르면서, 자연과학과 사회과학에 열등감을 감추지 못하는 현상이 꽤 오래 지속되기도 했다.[36] 그런 자연과학의 과잉은 인간의 본질과 사회현상을 다루는 과정에서 좀 더 엄밀하고 수치화할 수 있는 방법을 제공해주었다는 기여와 함께, 복잡성을 전제로 하는 인간과 사회에 관한 해명을 단순화시켜 오히려 왜곡하는 결과를 빚을 수 있다는 비판에 지속적으로 직면해오고 있다. 예를 들어, 경제현상을 연구하는 주류 경제학은 수리경제학 등에 치중한 결과 거시적인 경제흐름을 놓치고 말아 경제위기가 올 때마다 뒷북만 친다는 비판을 받은 지 오래되었다. 그 문제에 대응하는 과정에서 행동경제학 등이 등장해서 보완하고자 하고 있지만, 우리 경제학계에서는 그 목소리가 여전히 잘 들리지 않는다.[37]

이러한 자연과학의 과잉에 대한 경고가 우리 시대와 사회에 영향을 미치고 있는 과학의 영향력에 대한 과소평가로 이어져서는 안 된다. 우리 시대는 과학과 그것에 기반한 기술이 없이는 설명되지 않고, 그 안에서 살아가고 있는 사람들의 일상 또한 과학기술을 빼고 지속시키기는 거의 불가능에 가깝다. 우리 손 안에 들어와 있는 휴대전화가 없는 하루를 생각해보라. 불과 20여 년 정도의 시간 동안 휴대전화가 우리 시민들의 일상에서 필수품 중의 핵심으로 자리했고, 우리는 휴대전화 배터리 잔량 표시줄에 끊임없이 눈길을 주는 하루를 보내는 데 이미 충분히 익숙해져 있다. 저녁에 집으로 돌아오거나 여행지에 가서도 휴대전화 충전기 코드를 꽂는 일에 우선순위가 주어지고, 깜박 잊고 집에 두고 온 날은 안절부절 좌불안석이다. 무언가 중요한 연락이 꼭 부재중 전화 표시로 와 있을 것만 같고 그것으로 결정적인 피해를 입는 것은 아닌지 하는 불안에 휩싸이곤 하다가 집에 돌아와 확인해보면, 별로 중요한 연락은 없고 광고성 문자나 부재중 전화만 있는 허탈함을 한번쯤 경험하게 된다.

과학기술이 우리 삶에 미치는 영향은 당연히 휴대전화 수준에 머물지 않는다. 그것이 기반한 소비생활의 극대화와 과도한 편리성, 세계화 등이 모두 우리 일상에 직접적인 영향을 미치는 요소가 되고 있고, 우리의 경우 북한과 미국, 중국의 핵무기와 일본, 한국의 원자핵발전소 폭발 공포, 과도한 소비와 석유자원 기반의 산업경제로 인한 심각한 기후위기 등과도 직접적으로 마주하고 있다. 핵무기와 핵발전소 문제도 심각하지만, 그것들은 곧바로 기후위기와 환경재앙 문제와도 얽혀서 우리 아이들의 미래는 물론, 우리 자신의 일상을 미세먼지와 세계화된 감염병으로 심각하게 위협하는 현재적 공포가 되고 있다. 그 배경에 있는 과학을 비판적으로 이해하는 일이 우리 시민교육의 중요한 목표로 등장해야 하는 이유이고, 시민의 교양에 과학적 소양이 반드시 포함되어야 하는 이유이기도 하다.

이런 맥락에서 2015 개정 교육과정을 통해 등장한 고등학교 필수과목인 '통합사회'와 '통합과학'은 그 자체로 우리의 시민 과목이라고 평가받을 만하다. 그중에서도 '통합사회'는 광복 이후 미 군정기를 거치면서부터 미국 시민교과의 수입으로 등장한 시민 교과인 '사회과Social Studies'와, 유교와 불교 배경의 전통교육의 맥락을 교과목 체제 중심의 근대학교에 맞게 재구성하여 19세기 말에 만든 '수신修身'을 비판적으로 계승한 '도덕과道德科'의 성과를 시민교육의 완성단계인 고등학교 수준에서 통합하고자 하는 목적으로 등장한 대표적인 시민 과목이다. 행복과 정의, 평화, 인권, 시장, 공간 등의 주제를 중심으로 여러 시각의 접근이 가능하도록 내용을 구성함으로써, 학생시민들이 자신의 삶 속에서 꼭 생각해보아야 하는 주제에 관한 이야기와 토론을 할 수 있는 기회를 제공해주고자 했다.

> "통합사회는 인간, 사회, 국가, 지구 공동체 및 환경을 개별 학문의 경계를 넘어 **통합적인 관점에서 이해하고, 이를 기반으로 기초 소양과 미래 사회의 대비에 필요한 역량을 함양하는 과목**이다. 통합사회는 단순히 지식 중심의 교육에 머무르는 것이 아니라 다양한 활동을 통해 지식, 기능, 가치ㆍ태도, 행동을 통합적으로 학습하는 것을 지향한다('통합사회' 과목의 성격)."38

> "'통합과학'은 자연현상을 통합적으로 이해하고, 이를 기반으로 자연현상과 인간의 관계에 대한 이해, 과학기술의 발달에 따른 미래 생활 예측과 적응, 사회 문제에 대한 합리적 판단 능력 등 미래 사회에 필요한

과학적 소양 함양을 위한 과목이다. '통합과학'의 초점은 **우리 주변의 자연현상과 현대사회의 문제에 대한 통합적 이해를 추구하고, 합리적 판단을 할 수 있는 민주시민으로서의 기초 소양을 기르는 데 둔다.**"('통합과학' 과목의 성격)[39]

이 두 과목의 성격 중에서 (민주)시민 과목으로서 정체성을 보다 직접적으로 드러내고 있는 것이 '통합과학'이라는 점이 흥미롭다. 당시 교육과정 개정에 참여했던 연구자들과 교사들, 교육부 관계자들 사이에 이 과목을 핵심 시민 과목으로 자리매김해야 한다는 합의가 있었기 때문에 가능한 일이다. '통합사회' 교육과정 구성 과정에 도덕과를 대표하여 참여한 필자는 상대 과목인 '통합과학' 교육과정 구성 과정에 관심을 갖고 지켜본 기억이 있다. '통합사회'보다 많은 시수를 확보해야 한다는 주장이 주로 전해졌고, 그것이 반영되어 2단위가 '과학탐구실험'이라는 이름으로 더해져 10단위 필수가 되었고, '통합사회'는 8단위 필수과목으로 결정되어 고시되었다.

이런 성격과 목적을 가지고 대표적인 시민 과목으로 제안된 이 두 과목은 실제적으로 어느 정도의 성과를 나타내고 있을까? 불행히도 이 물음에 관한 공식적인 답변은 아직 제시되지 않고 있고, 교육과정을 연구하고 실행하는 책임을 지고 있는 한국교육과정평가원이나 교육부 교육과정 담당 부서에서는 2025년부터 적용될 예정인 고교학점제를 위한 교육과정 개편 문제에 주된 관심을 두고 있는 것처럼 보인다. 필자가 이런 현상을 '불행한 일'이라고 규정짓는 이유는 이미 충분할 정도의 시행착오를 거치면서 많이 보아온 풍경이기 때문이다. 2018년부터 본격적으로 적용되기 시작해서 이제 막 학교 현장에 뿌리를 내려가고 있는 '2015 교육과정'에 관한 객관적이면서도 실제적인 평가에 기반하지 않는 모든 국가 수준 교육과정 개정은 반드시 실패할 수밖에 없다.

시민교육을 중심에 두는 국가 수준 교육과정 개정의 필요성에 대해서는 동의한다는 의견을 이미 앞에서 제시한 필자가 이 문제, 현행 교육과정에 대한 실천적·이론적 평가에 기반하지 않는 교육과정 개정 문제에 대해 이토록 부정적인 이유는 그것이 교실 수준 교육과정을 와해시키거나 최소한 왜곡시키는 방향으로 전개될 수밖에 없다고 판단하기 때문이다. 우리 시민교육은 교사와 학생이 만나는 '교실 수준 교육과정'에 의해 그 성패가 좌우되고, 그 외의 학교, 교육청, 국가 수준 교육과정은 어떤 점에서는 주변적인 것일 수밖에 없다. 특히 우리가 주목하고 있는 훈습薰習 차원의 교육을 감안하면, 사회 전반의 분위기와 함께 연결되는 훈습의 영역에 머무는 것에 불과한지도 모른다. 그런데도 그 '교실 수준 교육과정'에서 '통합사회'와 '통합과학' 같은 상징적인 시민 과목이 어떻게 작동하고 있는지를 배제한 교육과정 개정 논의를 이어가는 것은 '눈 가리고 아웅' 하는, 헛된 몸짓일 수밖에 없다.

그렇다고 해서 이 두 과목이 온전한 시민 과목의 요소를 갖추고 있다는 것은 아니다. '통합사회'의 경우, 도덕과 일반사회, 역사, 지리 등의 각 교과에서 각자의 과목으로 접근해온 시민교육적 성과를 마지막 단계인 고등학교 수준에서 통합해본 후에 다시 각 교과의 선택과목으로 심화해가는 체제를 전제로 등장했지만, 그 통합의 정도와 함께 담당 교사들의 전문성 문제가 부각되고 있다. '통합과학'의 경우, 성격에 명시된 시민교육의 성과를 거두기 위한 통합이 제대로 이루어지지 않은 채 물리, 화학, 생물, 지구과학 교과가 각각 분리되어 나열되는 수준을 넘어서지 못하고 있다는 비판에 직면하고 있다. 그런 비판을 적극적으로 수용하면서 우선 이 과목들을 재구성하는 데 초점을 맞춰야 마땅하다. 그러면서 이전 학교 단계에서도 필요하다면 유사한 과목 신설을 신중하게 검토해보는 수순을 밟아갈 수 있을 때 비로소 우리 학교 시민교육은 제자리를 조금씩 찾아갈 수 있을 것이다.[40] 이러한 학교 시민교육의 제자리 찾기는 그 자체로 학교와 사회, 국가, 세계로 확장되면서 우리 자신과 아이들의 미래를 위한 출발점이기도 하다.

1   우리의 경우 종교계에서 설립한 학교에서 종교 과목과 시간을 운영하고 있지만, 공식적으로는 세계종교의 역사와 분포, 주요 교리 등을 모두 배우는 종교학교육을 하도록 규정되어 있다. 그런 이유로 이 과목을 담당하는 종교교사는 자신의 종교뿐만 아니라 다른 종교를 알아야 하고, 종교철학과 종교사회학, 종교심리학 등 종교학 관련 지식과 소양을 갖고 있어야 한다. 이런 필요에 부응하기 위해 한국교원대학교 교육대학원에는 '철학·종교교육 전공'이 설치되어 있고, 서울대학교 종교학과 등에서 종교교사를 대상으로 하는 연수를 담당하고 있다.

2   영국 시민교육자문위원회 편(1998), 민주화운동기념사업회(2008) 옮김, 『크릭 보고서: 학교 시민교육과 민주주의』, 36쪽 참조.

3   위의 보고서, 19쪽.

4   위의 보고서, 22쪽, 31-35쪽 참조.

5   위의 보고서, 31쪽, 강조는 필자의 것이다.

6   위의 보고서, 147, 149쪽 참조.

7   위의 보고서, 147쪽.

8   필자는 2016년에 막 대학에 입학한 딸과 함께 프랑스와 독일에 한 달 정도 머문 경험을 『딸과 함께 철학자의 길을 걷다』(작가와비평, 2016) 라는 제목의 책으로 낸 적이 있다. 1장 '파리 첫날 아침과 살아 있음의 미학: 장 뽈 사르트르와 미술관 카페'에서 4장 '우리는 어떤 사회에서 살고 있을까: 클레주 드 프랑스에서 피에르 부르디외와 한병철을 만나다'가 까지가 프랑스 파리의 민낯과 마주해야 했던 자신의 느낌을 있는 그대로 담아보고자 노력한 내용들이다.

9   진숙경 외(2018), 『프랑스, 왜 다시 시민교육인가?』, 경기도교육연구원 이슈페이퍼 2018-18, 3쪽.

10 위의 보고서, 5쪽 참조.

11 이기라(2012), 「프랑스 교양교육의 역사와 이념-공교육을 통한 시민교육과 한국적 함의」 『한국교양교육학회 학술대회 자료집』, 한국교양교육학회, 2012.6., 307-320쪽, 여기서는 위의 보고서 7쪽에서 재인용했다.

12 이기라(2012), 위의 글, 11쪽 외 참조.

13 위의 글, 18쪽 참조.

14 위의 글, 26쪽 참조.

15 이기상(2003), 『이 땅에서 우리말로 철학하기』, 살림, 김상봉(2007), 『서로주체성의 이념』, 길 참조.

16 보이텔스바흐 합의 또는 협약이라는 개념 중에서 당시 모임의 성격을 감안하면 '합의'가 더 적절한 것으로 보이고, 그 이후 시민교육 원칙으로 활용되는 과정에서 강화되는 측면을 감안하면 '협약'이 더 적절한 것으로 보인다. 여기서는 '합의'를 주로 사용하되,

맥락에 따라 '협약'도 혼용하고자 한다.

17 보이텔스바흐 합의를 우리 민주시민교육을 준거로 삼아 비판적으로 검토하고 있는 대표적인 자료로는 심성보 외(2018), 『보이텔스바흐 합의와 민주시민교육』(북멘토)을 꼽을 수 있다. 특히 대표저자인 심성보는 이 책의 5장에서 '보이텔스바흐 합의 정신과 한국 학교 민주시민교육의 방향'이라는 제목으로 비판적인 검토를 하면서 우리 시민교육을 위한 함의를 이끌어내고 있다.

18 지그프리트 쉴레·헤르베르트 슈나이더 편찬(1996), 민주화운동기념사업회 옮김(2009), 『보이텔스바흐 협약은 충분한가?』, 10쪽 참조.

19 위의 보고서, 13-14쪽.

20 위의 보고서, 20쪽.

21 선불교와 성리학의 공부법에 대해서는 박병기(2009), 『동양 도덕교육론의 현대적 해석』, 인간사랑, 8장 '불교 도덕교육론의 발달단계론적 해석', 9장 '도덕교육의 목표로서 군자와 시민'을 참고할 수 있다.

22 지그프리트 쉴레 외 편찬(1996), 위의 보고서, 23쪽 참조.

23 위의 보고서, 25쪽.

24 교육부(2015), 『도덕과 교육과정』교육부고시 제2015-74호[별책6], 4쪽 참조, 필자가 개정연구의 책임을 맡고 교육부가 확정·고시한 이 문서에서 도덕함은 '인간다운 삶을 위해 추구해야 하는 궁극적인 도리로서의 도(道)와 그것을 삶 속에서 구현하는 과정에서 요청되는 총체적 역량으로서 덕(德)을 스스로의 삶 속에서 인식하고 실천하고자 하는 역동적인 과정'을 가리키는 개념으로 정의되었다. 그 개념을 통해 강조하고자 하는 함(doing)은 '자신을 둘러싼 도덕현상과 규범 및 원리를 탐구하고 내면적으로 성찰하는 과정으로서 함과 이를 구체적으로 실천하는 과정으로서 함을 포괄하는 것'이다. 앞의 함을 마음의 함이라고 한다면, 뒤의 함은 몸의 함이라고 볼 수 있고 이 둘은 하나도 아니고 둘도 아닌 불일불이(不一不二)의 관계에 있다. 같은 문서 같은 쪽, 각주 1) 참조.

25 심성보 외(2018), 위의 책 외에도 허영식(2004), 『민주시민교육론: 독일의 정치교육과 역사교육을 중심으로』(배영사), 신두철 외(2010), 『민주시민교육의 정석』(오름) 등에서 먼저 소개된 바 있다.

26 정원규 외(2019), 위의 보고서.

27 위의 보고서, 14쪽.

28 위의 보고서, 15쪽.

29 위의 보고서, 40-42쪽 참조, 특히 이 보고서에서 주목할 만한 문제는 여전히 "학교 민주시민교육에 대한 개념 규정을 존 로크와 장 자크 루소의 사회계약론에 근거하고 있다"라고 명시하고 있는 부분이다(같은 보고서, 14쪽). 인민에 의한 동의(로크)와 자유로운 인간들 사이의 계약(루소)으로 요약되는 이 사회계약론은 이미 그 '자유롭고 자율적인 개인'의 성립 불가능성 문제와 함께, '루소'의 에밀의 배우자로 상정되고 있는 '소피'의

교육에 내재된 가부장적 한계 등으로 강한 비판에 직면하고 있다. 이런 반론에 대한 적절한 대응 없이 자신들의 논의를 전개해가는 것은 상당한 수준의 선결문제 요구의 오류를 범할 수 있는 가능성이 있다. Barbara Thayer-Bacon(2013), Democracies Always In the Making, Lanham: Rowman & Littlefield, pp. xiv-xix 참조.

30　율곡 시대 선비들의 공부에 관한 이야기는 그의『격몽요결』서문에 잘 나타나 있다. 구체적인 내용에 대해서는 박병기(2018),『우리는 어떤 삶을 선택할 수 있을까』, 인간사랑, 1부 '우리 시대에 공부란 무엇일까 – 공부가 고통인 시절에 율곡의 <격몽요결> 읽기'를 참고할 수 있다.

31　마틴 부버, 최재명 옮김(2001),『나와 너』, 문예출판사, 에마뉘엘 레비나스, 김도형 외 옮김(2018),『전체성과 무한』, 그린비 참조.

32　비구니 팔경법(八敬法)에는 "출가 후 수십 년 수행한 비구니(여성 출가자)라도 오늘 출가한 비구(남성 출가자)를 보면 예를 갖춰 절을 해야 한다"라는 계율이 포함되어 있다. 2,500년 전의 상황에서 궁여지책으로 마련된 이 계율을 오늘날에도 그대로 지켜야 한다고 말하는 비구들이 대한불교조계종단에는 여전히 있다. 출가자와 재가자 사이의 수평적 관계 설정은 대승불교의 핵심적인 내용이고, 그런 맥락에서 출가보살과 함께 재가보살이라는 말이 정립되어 오늘에 이르고 있다.

33　학교 현장의 목소리를 담은 시민교육 관련 책으로 김성천 외(2019),『학교, 민주시민교육을 만나다』(맘에드림)를 꼽을 수 있다. 이 책은 학교 시민교육에 관한 교사들의 목소리를 출발점으로 삼아 교육과정과 학교문화, 지역사회, 교육정책 등 광범위하면서도 실천적인 논의와 제안을 담고 있다. 특히 "우리 사회에는 마음이 병들고 아픈 아이들이 너무나 많다. 이들은 낮은 자존감과 낮은 자율성으로 무기력하며 우울함에 빠져 있다. 자해 놀이를 통해 스스로 상처를 내어야 간신히 살고 싶어진다는 아이들, 심리적 고통을 신체적 상처로 해소하는 아이들의 문화는 무엇을 의미할까? 일방적인 강요 속에서 현재의 행복을 희생당하고 있는 것이 미래의 시민이라 불리는 우리 학생들의 안타까운 현주소다"와 같은 진단은 우리 학교 시민교육의 출발점에서 꼭 살펴보아야 하는 문제이다. 같은 책, 24쪽.

34　미국 인격교육론과 운동에 관한 비판적 고찰로는 알렉스 몰네르 편, 박병기 외 옮김(1999),『아동 인격교육론』, 인간사랑, 13장 '인격교육의 난점'(알피 콘)을 참조할 수 있다. 인격교육론 전반에 관한 소개는 박병기·추병완(2017),『윤리학과 도덕교육1-개정증보판』, 인간사랑, 10장 '리코나의 통합적 인격교육론' 참조.

35　2015 개정 교육과정에서 범교과 학습 주제로 설정되어 있는 것은 10개이다. 안전·건강교육, 인성교육, 진로교육, 민주시민교육, 인권교육, 다문화교육, 통일교육, 독도교육, 경제·금융교육, 환경·지속가능발전교육 등인데, 우리 교육과정의 학문적·실천적 수준을 보여주는 부끄러운 부분일 뿐만 아니라 학교 시민교육의 통합성을 저해하는 핵심 요인이기도 하다. 교육부(2015),『고등학교 교육과정(1)』, 교육부 고시 제 2015-80호 [별책4], 7쪽.

36　필자가 근무하는 대학 인문관의 팻말은 여전히 '인문과학관'이다. 문제 제기를 해보았

지만 아직까지 '인문과학'에 대한 미련을 버리지 못하는 인문학자들이 더 많은 것인지 쉽게 시정되지 않고 있다.

37 우리 경제학계에서 주류 경제학의 한계에 대응하고자 하는 시도가 없는 것은 아니다. 그 대표적인 학자로 최정규를 꼽을 수 있는데, 그는 인간의 이타성에 경제학적으로 주목하고자 하는 노력을 지속해오고 있다. 최정규(2009), 『이타적 인간의 출현』, 뿌리와 이파리 참조. 영국에서 활동하면서 우리 경제를 비롯한 사회흐름에 지속적인 관심을 보여주고 있는 장하준도 주목받을 만하지만, 그의 경제이론은 우리 경제학계나 세계 경제학계의 기준으로 보면 비주류에 속한다. 장하준·지승호(2007), 『장하준, 한국경제 길을 말하다』, 시대의 창 참조.

38 한국교육과정평가원 국가교육과정 정보센터, '통합사회' 성격/20200803 검색, 강조는 필자의 것이다.

39 한국교육과정평가원 국가교육과정 정보센터, '통합과학' 성격/20200803 검색, 강조는 필자의 것이다.

40 '우리 학교 교육과정에 시민교과가 없다'는 주장이 있다. 그러나 광복 이후 미 군정기에 미국 시민교과인 사회과(social studies)를 수입한 이후, 우리 학교에 시민 교과는 항상 있었다. 다만 그 명칭이 '일반사회', '사회' 등이었을 뿐이다. 그리고 도덕 교과도 당연히 시민 교과의 범주에 속한다. 이름에 '시민(市民, civics)'이 들어가지 않았다는 이유로 없다고 주장하는 것은 사실에 대한 의도적인 왜곡일 수 있다.

우리 시민교육의 미래 상상과 실천

시민사회의 모든 교육은 기본적으로 시민교육이다. 이때의 시민교육은 시민사회를 정치공동체로 전제하는 정치교육으로서의 시민교육을 포함하면서, 동시에 넘어서는 것이다. 학교는 물론 가정, 지역사회, 국제사회 등을 배경으로 이루어지는 모든 형태의 교육이 시민교육이고, 개인으로서 인간과 사회적 존재로서 인간을 모두 그 대상으로 삼는 교육이기도 하다.

다른 한편 시민교육은 '우리의 시민교육'이다. 이 '우리'라는 개념은 다의성으로 인한 오해나 논란의 소지가 있기는 하지만, 대체로 '21세기 초반 한국사회의 구성원'이라는 의식을 공유하고 있는 대한민국 국민으로서 시민을 의미하는 것으로 규정해볼 수 있다. 그런데 이때의 '국민國民'이라는 말 앞에서 망설임을 경험하게 된다. 서구 근대사회 이후 본격적으로 등장한 국민국가nation state의 성원이라는 의미로 받아들일 경우 그 망설임이 덜하지만, 우리는 일제강점기의 황국신민皇國臣民과 유신 독재정권의 국민윤리國民倫理의 암울한 기억을 공유하고 있어 자신도 모르는 사이에 경계태세를 갖추곤 한다. 나치를 경험한 독일인들과 유럽인들이 그 표지만 보아도 경계태세를 갖추는 것과 비슷한 현상이다.

그럼에도 이 땅의 시민교육은 바로 그런 역사와 현실을 있는 그대로 바라보면서 미래를 향한 상상력을 발휘하고 실천의 발걸음을 멈추지 않는 가운데서 희망을 찾을 수 있을 뿐이다. 다행히 우리가 마주하고 있는 현실 속에는 미래의 상상을 위해 긍정적이고 희망적인 요소들이 포함되어 있다. 특히 '코로나 19 사태'라는 세계적인 감염병 위기 상황을 겪으면서 더 이상 우리가 맹목적으로 쫓아갈 수 있는 선진국은 없다는, 소중한 자각의 기회를 공유할 수 있게 되었다.

이 기회는 시민교육 차원에서도 많은 것들을 돌아볼 수 있게 하는 계기를 마련해주고 있다. 우선 서구 시민사회가 더 이상 우리가 추종할 수 있는 대상이 아닐 수 있다는 자각의 기회가 되고 있고, 그렇다면 시민교육 또한 마찬가지다. 사실 필자가 이 책 전반을 통해 지속적이면서 때로 반복의 지루함을 감내하면서 함께 공유하고자 한 지점이 바로 이 '시민교육의 주체성 회복'이다. 우리는 민주시민교육을 민주교육과 공화교육으로 나누고, 각각의 목표를 시민사회의 주인으로서 자각과 참여, 함께함의 불가피성 인식과 공동선 지향을 위한 덕의 함양으로 설정해보고자 했다. 그런데 이런 주인으로서 자각과 함께함의 불가피성 또는 본연성本然性은 우리 역사의 오랜 전통 속에서 지속적으로 확인할 수 있는 것일 뿐만 아니라, 그 범위와 심도에서도 지속적인 확산이 이루어지는 역사를 써왔다. 19세기 동학과 20세기 3.1 운동과 대한민국大韓民國의 등장이 그 생생한 역사적 증거이다.

물론 현재 우리가 이룩하여 누리고 있는 시민사회는 서구적 맥락의 민주주의와 공화주의를 적극적으로 수용하고자 한 노력의 산물이기도 하다. 특히 자신의 삶과 사회의 주인으로서 시민이라는 자각과 권리 주장의 일반화를 통한 현대적 인권의 확립, 국가를 견제할 수 있는 저항적 시민사회 형성 등에서 밀J. S. Mill에서 벌린I. Berlin에 이르는 자유론 배경의 민주주의 사상은 물론, 마르크스주의 배경의 저항적 시민사회론의 영향은 무시할 수 있는 수준이 아니다. 다른 한편 20세기 중반 이후 급속하게 전개된 세계화의 흐름에 동승하게 된 우리 한국인들의 생활세계가 서구인들의 그것과 상당히 가까워짐으로써 서구사상의 현실적 유효성이 함께 높아진 측면에 대해서도 충분히 유의할 필요도 있다.

그럼에도 우리가 지닌 특수한 맥락은 쉽게 무시할 수 있는 것이 아니다. 지금도 우리는 누군가와 만나면 그 사람 자체에 주목하기보다는 그가 맺고 있는 관계에 더 많은 관심을 보이는 데 익숙하고, 그와 공유할 수 있는 지점을 찾고자 노력하면서 혹시라도 찾게 되면 그것에 필요 이상의 의미를 부여하는 데도 익숙하다. 전자가 유교적 맥락의 관계론의 영향이라면, 후자는 불교적 맥락의 연기론의 영향이다. 어떻게 해서든 인연의 고리를 찾고 싶어 하고, 그렇게 찾은 관계와 인연의 고리는 긍정적 맥락과 부정적 맥락 모두에서 활용되곤 한다. 급속한 개인화로 인해 이런 경향들은 조금씩 약화되고 있지만, 그럼에도 우리의 문화유전자에 포함되어 있는 관계성의 맥락에 유의하지 않는 시민교육적 노력은 실패할 가능성이 높다.

개인화는 우리 사회의 변화 양상 중에서도 특별히 주목해보아야 할 대상임을 이미 확인한 바 있다. 시민교육적 맥락에서는 특히 공화의 교육 측면에서 주목해야 하는 대상이다. 그때의 개인이 이기성과 고립성을 전제로 하는 개인일 가능성이 높기 때문이다. 인민이 곧 자신의 삶과 사회의 주인공임을 강조하기 위한 사상적 가설로 등장한 이런 개인은 우리 사회에서 적극적인 규범성이 더해지면서 강력한 행동지침의 성격을 보여주고 있다. 그런 개인들이 다수를 차지하는 사회는 공공의 영역을 확보하는 과정에서 큰 곤란을 겪게 되고, 그것은 공화의 결손 또는 결핍으로 이어질 수밖에 없다. 우리가 이미 일상 속에서 경험하고 있는 현상이기도 하다.

이런 형태의 왜곡된 개인주의는 우리 사회의 급속한 물질화로 인해 그 속도와 폭에서 걷잡을 수 없이 악화되는 양상이 나타나고 있고, 그런 사회적 흐름은 곧바로 학교 현장에 반영되면서 학교의 시민교육적 역할을 방해하는 결정적인 요인으로 작동하고 있다. 우리 시민교육의 출발점이자 최후의 보루인 학교 시민교육을 시작하기 위한 전제가 우리 학교를 둘러싸고 있는 이런 개인화와 물질화 그리고 불평등 구조의 심화로 인한 학부모의 과도한 개입주의 등에 대한 성찰이어야 하는 이유다.

"과도한 교육열의 동기가 무엇 때문인가? 세계 최고의 청소년 자살률을 기록할 정도로 다음 세대를 몰아가는 살풍경의 이유가 무엇일까? 서울의 몇몇 명문대학에 들어가는 것으로 성공이 보장되던 낡은 신화의 미몽에서 벗어나지 못하고 있기 때문이 아닐까? 명문대학 졸업장은 우리 기성세대의 삶을 결정지었던 가장 중요한 변수였다. … 하지만 과거 몇십 년을 지배해왔던 졸업장의 신화는 서서히 저물고 있다. 그런데도 우리 교육현장의 일상적 실천은 이미 조종을 울리고 있는 석양의 풍경에 병적으로 고착되어 있다."[*]

"사람들은 성공과 출세를 위해 더 많은 학교 교육을 받는 것이 필요하다는 것을 잘 알고 있었지만, 막대한 학비를 부담할 능력이 없기 때문에 자발적으로 상급학교 교육기회를 포기하는 '사악한 효과perverse effect'를 경험하게 된다. 무엇보다 경제적 궁핍이 근대교육에 대한 참여를 어렵게 하는 중요한 요인이었다. '밥을 먹어야 학교에 가고, 옷을 입어야

---

[*]   이혁규(2015), 『한국의 교육 생태계』, 교육공동체벗, 10쪽.

학교에 가고 학용품이 있어야 학교에 가고, 또 수업료를 내야 학교에 갈 수 있는 고로 자력이 부족한 사람의 대다수는 자연히 통학을 계속하지 못하고 중도에서 퇴학하였다(조선일보 1926.3.19.)."[*]

100년 정도의 시차를 두고 우리 학교 교육의 현실을 진단한 두 교육학자(이혁규와 손준종)의 음성은 특히 두 가지 측면에서 주목받을 만하다. 먼저 우리는 두 학자의 고찰 속에서 지난 100년 동안 이른바 '한국적 교육열 현상'이라고 부를 만한 현상의 배후가 어떤 것인지를 비교적 명료하게 확인하게 된다. 그 교육열은 본질적 의미의 배움을 향한 열망이라기보다 상급학교 진학과 그 졸업장 획득을 위한 수단적인 성격을 지니고 있는 것이다. 유사한 맥락이지만 다른 차원에서 주목할 만한 것은 경제적 불평등으로 인한 교육기회의 격차 문제이다. 20세기 초반에는 초등학교(소학교) 이후의 상급학교 진학을 위한 여건에서 차이가 심해 상급학교 진학 자체에 위협을 받는 서민들이 있었다면, 21세기 초반 현재는 명문대학 진학을 위한 사교육비 등 가정적인 지원의 차이로 인해 고통받는 학부모와 그런 기회를 마련해주는 공교육에 대한 불신으로 인한 교사와 학생들 만남의 왜곡이 문제로 부각되어 있음을 확인하게 된다. 그런 만남의 왜곡은 당연히 학교 교육의 목적이자 목표로서 시민교육의 왜곡으로 이어져 있다.

이런 현실의 직시가 우리 학교 시민교육의 출발점이어야 한다는 당위는 더 이상 강조할 필요가 없을 정도로 필자가 강조해온 것이다. 그런데 많은 우리 시민교육 담론들이 이런 현실 직시에서 출발하지 못하거나 현실

---

[*] 손준종(2017), 『한국교육의 사회적 풍경: 교육사회학의 주요 쟁점』, 학지사, 41-42쪽에서 재인용.

에 주목한다고 말하면서도 실제로는 피상적인 고찰에 근거하면서 과도하거나 부분적으로는 왜곡된 주장을 함으로써 오히려 방해가 되는 경우까지 있다. 이 작은 책을 '한국적 교육열 현상'과 '사회적·경제적 불평등 구조의 심화'가 초래하는 우리 학교 시민교육의 미래를 위한 상상을 실천을 중심에 두고 조심스럽게 펼쳐보는 것으로 마무리해보고자 한다.

우리 학교 시민교육이 제자리를 찾을 수 있는 기반은 당연히 우리 시민사회의 바람직한 정착과 작동이다. 그리고 그 중심에는 학부모와 교사를 포함하는 '현재의 한국시민과 학생시민의 만남'이라는, 실천적이고 역동적인 과정이 자리하고 있다. 그런 이유로 시민교육과 시민사회는 서로 상호작용하는 관계에 있다고 규정지을 수밖에 없기도 하다. 시민사회의 올바른 정착과 작동 과정에서도 시민교육이 중요한 역할을 담당할 수 있고 또 해야 한다는 명제가 뒤따라온다는 것이다.

'코로나 19' 이후로 우리 시민사회에 대한 규범적 평가 문제는 더 어려운 과제가 되어 있다. 주로 개인의 자유와 권리, 시민사회의 공론장 형성 등을 기준으로 삼아 평가해온, 서구적 기준의 평가가 제대로 작동되기 어려운 것일 수 있음을 우리 모두가 경험하고 있기 때문이다. 우리는 이른바 그 서구선진국이 우왕좌왕할 때, 사재기를 하지도 않았고 개개인의 자유를 자신의 안전과 공공의 방역을 위해 기꺼이 유보하는 성숙한 시민상을 보여주었다. 그것에 대해 여전히 서구적 기준의 미몽에서 벗어나지 못하는 국내학자들이나 외국의 학자들이 유교적 배경의 후진성으로 설명하려는 시도를 하기도 했지만, 그런 주장에 대한 반론 또한 만만치 않다. 이제 다른 것은 모르지만, 더 이상 그런 수입품으로서 서구적 시민사회 평가 기준에 대해서는 유보적인 태도를 취하는 것이 바람직하다는 사실만은 확실해 보인다.

우리 시민의 현재 모습이 최소한 일정한 영역에서는 우리 시민교육의 성과일 수밖에 없다는 사실을 떠올리면, 우리 시민교육에 대한 규범적 평가도 달라져야 마땅하다. 우리 시민교육은 일제강점기 독립운동과 광복 이후의 민주화 과정의 중심축을 차지하면서 한국 시민사회 형성의 주된 배후로 작동해왔다. 그 결과 최소한 외형적인 차원에서는 시민의 자유와 권리를 보장받는, '자유민주적 시민사회'를 정착시킬 수 있게 된 것이다. 남은 문제가 있다면 공화의 영역인데, 이 문제도 나라가 위기에 처하면 기꺼이 자신의 자유와 권리를 내놓을 수 있을 뿐만 아니라 자원봉사를 통해 그 극복에 헌신할 수 있는 시민이 등장할 수 있음을 보여줌으로써 조금은 다른 평가를 해야 한다는 준거로 작동하고 있다.

예를 들어, 조동일은 이 지점을 '대등론對等論'이라는 개념을 만들어 설명하고자 한다. 여기서 대등은 경쟁과 협동이라는 서구적 민주주의의 운영 기준과 대비되는 것으로, '경쟁이 협동이고 협동이 경쟁이어서, 경쟁으로 협동이 바람직한 것이 되게 하고 협동으로 경쟁을 바람직한 것이 되게 하는 것'으로 정의하고 있다.[*] 서유럽의 민주사회는 누구나 평등을 위한 경쟁에 몰두하고, 북유럽의 복지사회에서는 평등을 위한 협동이 제도화되어 있어 새삼스럽게 경쟁하면서 협동할 필요가 없다고 여겨 재앙이 닥쳐도 국가가 잘 막아주리라 믿다가 낭패를 당했다는 것이다. 조동일의 이런 진단과 대안에 대해서는 적극적이고 비판적인 검토가 필요하지만, 그의 창조학문론에 기반한 진단과 대안제시 노력 자체는 높이 평가받아야

---

[*] 조동일(2020), 「대등사회가 자랑스럽다: 대등사회론1」, 『대학지성 In&Out』, 2020.3.29./ 인터넷판 http://www.unipress.co.kr/news/articlePrint.html/idxno=916/20200805 검색.

마땅하다.* 이제 더 이상은 수입학문에 기대 우리 현실을 진단하고 미래를 상상하는 일이 지속가능하지 않은 것임이 밝혀졌기 때문이다.

우리 시민사회와 학교 시민교육에 대한 주체적이면서도 객관적인 평가 자체가 물론 쉬운 과제가 아니다. 경험 연구와 이론화 작업이 함께 진행되어야만 가능한 일이기 때문이고, 불행히도 필자 자신을 포함한 이 땅의 학자들은 그런 과업을 제대로 해낼 수 있는 공부 과정을 경험하지 못했기 때문이기도 하다. 그럼에도 포기할 수 없는 과제이고, 부분적인 오류 가능성을 감내하면서라도 그 일을 해내면서 후학들이 계승해줄 수 있기를 기대할 수밖에 없다. 다시 말해서 길을 가다가 맨몸으로 건널 수 없는 강을 만났을 때 타고 건넌 후에는 버리는 뗏목이 필요한 시점이고, 이 책이 부실하지만 그 강을 건너는 데는 큰 도움이 되는 뗏목이 되기를 바라는 마음 간절하다.

그럼 이제 우리 학교 시민교육이 집중적으로 보완해내야 하는 실천적 과제를 중심으로 현실 진단과 미래 상상을 조심스럽게 해볼 차례다. 이 책에서 지속적으로 주목해온 세 가지 차원의 문제로 나누어 살펴보고자 한다. 그 각각은 우리 시민교육의 목표 차원과 그 목표에 따라 집중적으로 보완되어야 할 내용 차원, 그리고 목표에 적극적으로 다가설 수 있게 하는 방법과 정책적 지원 등의 차원이다.

첫째, 우리 학교 시민교육은 어떤 시민상을 목표로 할 것인가에 관한 사회적 토론과 합의의 과정이 선행되어야 한다. 그 시민이 개인의 자유와 권리를 배타적으로 주장하는 개인個人, individual이어서도 안 되고, 선공후사先公

---

* 조동일(2019), 『창조하는 학문의 길』, 지식산업사 참조.

後私를 맹목적으로 외치는 선비[士]여서도 안 된다. 그렇다고 서구의 신사 gentleman일 수도 없다. 그들 또한 선비와 같이 중세 기사에서 근대 부르주아에 이르는 역사적 배경을 지닌 특수한 인간상일 뿐이기 때문이다. 우리 시대의 '한국시민'은 지난 100여 년의 역사적 질곡과 성과를 주체적으로 인식할 수 있는 주체적인 인간이어야 하고, 그러면서도 세계를 향해 충분히 열려 있는 세계시민이어야 한다. "한국의 근현대 역사는 장기 20세기 세계사의 핵심적인 특징을 가장 상징적으로 보여준다"라고 말하는 한 미국 역사학자의 진단은 앞서 살펴본 조동일의 주장과 함께 최소한 한국시민이 지니게 된 그와 같은 이중적 과제의 필요성을 인식하는 과정에는 도움이 될 수 있다.[*]

이런 과제는 학교와 시민사회에서 시급히 제대로 된 공론장이 형성되어야만 실천으로 옮길 수 있고, 그것을 마련하고 작동시키고자 하는 과정 전체가 시민교육의 장으로서 중요한 의미를 지닌다. 우리는 이 책을 통해서 그 공론장을 이끌어가는 핵심 원칙으로 화쟁의 원리를 제시하고자 했다. 자신의 주장에 진리가 담길 수 있도록 하는 쟁諍과 타인의 주장에 담긴 일단의 진리에 귀를 기울이는 청聽, 둘의 주장에 담긴 일리一理를 모아 보다 나은 결론을 이끌어내고자 하는 화和의 세 과정이 우리 시민사회와 시민교육의 장에서 공론장을 형성하고 작동시키는 핵심 원칙으로 꼭 소환되어야 한다. 그런 다음에야 비로소 하버마스와 아펠K-O. Apel 등이 말하는 담화윤리에 근거한 담화공동체 형성 원리가 비판적인 검토와 수용의 대상이 될 수 있을 뿐이다.

---

[*] 에드워드 로스 디킨슨, 정영은 옮김(2020), 『21세기 최고의 세계사 수업』, 아름다운사람들, 7쪽, '한국어판 서문' 참조.

둘째, 우리 학교 시민교육은 시민으로서 인간이 지닌 연기적 독존緣起的
獨存의 맥락 인식을 바탕으로 고유성 또는 독존성獨尊性과 관계성 사이를 슬
기롭게 넘나들 수 있는 실천적 역량을 길러줄 수 있는 내용으로 구성되어
야 한다. 이 내용의 교육을 통해 학생시민들은 생존 역량뿐만 아니라 실존
역량을 온전히 확보할 수 있는 가능성을 지닐 것으로 기대된다. 스스로 존
재 자체만으로도 존귀한 존재임을 인식하게 하는 것은 시민의 인격 함양
을 위한 토대가 되고, 그 존귀함이 타자와의 관계성에 의해 뒷받침되기도
한다는 사실을 인식하는 일이 넓은 의미의 정치교육으로서 시민교육의
핵심 과제가 된다. 동시에 그것은 한국시민으로서 갖춰야 하는 교양敎養,
culture을 확보하는 길이기도 한데, 왜냐하면 시민의 교양은 자신의 존재성
에 대한 인식과 수용을 바탕으로 하는 관계 맺기 과정을 통해 드러나기 때
문이다.

　이 문제를 우리는 지금까지 시민의 역량이 독존성과 관계성 사이의 걸
림 없는 넘나듦에 뿌리를 둔 가능성으로서 '할 수 있음capability'으로 재정의
되어야 하고, 그런 측면에서 역량은 생존 역량과 실존 역량 사이의 간극을
최소화하는 교양이자 윤리임을 분명히 함으로써 해소해보고자 했다. 자
본주의 체제인 현대 한국사회에서 생존 역량은 주로 피상적인 경쟁을 통
해 확보되는 것처럼 받아들여지고 있고, 그것마저 추상화되면서 '명문대
학 졸업장'과 '수단과 방법을 가리지 않고 돈을 벌 수 있는 능력' 정도로 왜
곡되어 있다. 이 질곡을 넘어설 수 있는 길은 경쟁력으로서 역량으로 해석
될 수 있는 여지가 다분한 컴피턴시competency를 버리고, 모든 인간의 가능
성에 주목하는 '할수 있음'으로서 역량 개념을 채택해야 한다. 그래야만 시
민의 역량과 교양 및 윤리 사이에 생길 수 있는 심각한 괴리를 막을 수 있다.

마지막으로 학교 시민교육을 위한 구체적인 방법과 정책 지원 차원의 문제를 살펴보자. 앞에 제시된 화쟁의 원리가 학교 시민교육의 중심 방법론으로 자리 잡는다는 것을 전제로, 어떻게 하면 그런 학교를 만들 수 있을 것인가가 관건이다. 가장 중요한 문제는 우리 학부모들의 학교 교육에 대한 기대를 왜곡시키는 사회적·경제적 불평등 구조를 완화시키는 노력을 멈추지 않는 시민사회가 전제되어야 한다. 그러지 않고 학교 시민교육 내용만 바꾸고자 하는 국가 수준 교육과정 등의 개정 노력은 무모한 시행착오의 연속이라는 결과로 이어질 수밖에 없다. 우리 아이들이 특정 대학이나 학과의 졸업장을 갖지 않고도 인간다운 삶을 꾸려갈 수 있을 것이라는 예측이 가능한 사회를 만들어가는 데 우리 시민사회 모든 구성원들은 마음을 모으고 제도적 실천에 나서야 한다. 그래야만 학교 시민교육의 방법으로 채택하고자 하는 화쟁 차원의 토론과 합의 과정이 제대로 자리 잡을 수 있다. 그러지 않는다면 학력이 높을수록 자신의 부도덕한 행위에 대한 정당화 능력이 커져서 더 뻔뻔해지는, 이른바 우리 사회 엘리트들의 추악한 얼굴과 계속 만나야 하는 고통을 면할 길이 없다.

　　정부나 국회, 교육청 차원의 시민교육 지원 정책도 같은 맥락에서 조심스럽게 마련되고 시행되어야 한다. 학교 교육이 온전한 의미의 시민교육을 지향할 수 있는 분위기를 만드는 노력이 선행되어야 하고, 모든 교사들이 시민교육자로서 전문성과 민주적 권위를 갖출 수 있도록 지원하는 정책을 적극적으로 펼쳐야 한다. 그러기 위해서는 단기적이고 가시적인 성과에 집착하는 모든 정책들을 과감하게 포기해야만 한다. 우리 사회에서 교육문제는 곧 사회문제고, 따라서 사회적 맥락을 제대로 고려하지 않는 모든 교육정책은 반드시 실패할 수밖에 없다. 선거를 통해 일정 기간의 권력만을 보장받는 대의민주주의 체제의 정부가 시민의 표를 얻는 데 도움이 되는 정책만을 채택하고자 하는 유혹을 버리는 일은 결코 대통령이나 국회의원 개인의 차원에서만 이루어질 수 있는 것은 아니다. 오히려 그런 맥락을 적극적으로 인식한 바탕 위에서 정치인들이 그런 방향의 선택을 할 수밖에 없도록 만드는 시민의 역량이 꼭 필요하고, 그런 역량의 토대는 기본적으로 학교 시민교육을 통해 확보될 수밖에 없다. 그런 점에서 우리 학교 시민교육은 21세기 초반 한국 시민사회의 올바른 정착과 시민의 온전한 삶을 위한 출발점이자 어쩌면 최후의 보루일지 모른다는 필자의 관점은 비교적 탄탄한 정당화 근거를 마련할 수 있을 것이다.

그런 바탕 위에서 우리 시민교육은 변화에 대한 적극적인 인식과 수용, 한국시민이 몸담고 살아가고 있는 현실에 대한 객관적이면서도 긍정적인 포용, 세계를 향한 열린 시각 사이의 균형을 목표로 삼을 수 있다. 이 목표를 달성하기 위한 적절한 내용 선정과 함께, 대면과 비대면 사이를 넘나드는 수업 방법과 기법의 활용, 사회적 신뢰를 이끌어낼 수 있는 논술형 평가의 확산 같은 총체적이면서도 체계적인 실천이 뒤따라야 한다. 우리 모두가 함께 감당해내야 하는 과제다.

참고문헌

『십문화쟁론』(원효)

『수심결』(지눌)

『격몽요결』(율곡)

『성학십도』(퇴계)

『남명집』(남명)

『키루스의 교육』(크세노폰)

강대현(2008), 『시민교육과 사회과』, 한국학술정보.

교육부(2015), 『도덕과 교육과정』, 『사회과 교육과정』.

구정화·박윤경·설규주(2018), 『다문화교육의 이해와 실천』, 서울: 정민사.

권미정(2020), 「한나 아렌트 공적 영역의 시민교육적 함의」, 한국교원대학교 대학원 교육학박사 학위논문.

김상근(2016), 『군주의 거울: 키루스의 교육』, 경기: 21세기북스.

김경동(2019), 『사회적 가치: 문명론적 성찰과 비전』, 경기: 푸른사상.

김문용 외(2000), 『조선시대, 삶과 생각』, 고려대학교 민족문화연구원.

김민재(2014), 『학교 도덕교육의 탄생』, 서울: 케포이북스.

김상봉(2014), 「20세기 한국철학의 좌표계」, 『대동철학』 67집, 대동철학회.

_____(2007), 『서로주체성의 이념』, 서울: 한길사.

김상환(2010), 『근대적 세계관의 탄생』, 서울: 에피파니.

김성천 외(2019), 『학교, 민주시민교육을 만나다』, 서울: 맘에드림.

김성학(2013), 『한국 근대교육의 탄생』, 서울: 교육과학사.

김은미(2020), 「메를로퐁티 상호신체성의 도덕 교육론적 해석」, 한국교원대학교

대학원 교육학박사 학위논문.

김종영(2015), 『지배받는 지배자: 미국 유학과 한국엘리트의 탄생』, 서울: 돌베개.

김종태(2018), 『선진국의 탄생: 한국의 서구중심 담론과 발전의 계보학』, 서울: 돌베개.

김진경·김성근 외(2018), 『유령에게 말 걸기』, 문학동네.

김태완 외(2019), 『포용복지와 사회정책 방향』, 한국보건사회연구원 연구보고서 2019-01

김태웅(2006), 『우리 학생들이 나아가누나』, 서울: 서해문집.

모경환 외(2016), 『다문화 시대 사회통합을 위한 시민교육』, 서울: 집문당.

박맹수(2015), 『생명의 눈으로 보는 동학』, 서울: 모시는사람들.

박새롬(2016), 「사회과 프로젝트 학습을 통한 능동적 시민성 함양 방안 연구」, 서울대학교 대학원 교육학박사 학위논문.

_____(2016), 「정치수업에서 사회과 의사결정 모형의 활용 방안」, 『사회과 교육』 55(4), 한국사회과교육연구학회.

박병기(2018), 『우리는 어떤 삶을 선택할 수 있을까』, 경기: 인간사랑.

_____(2016), 『딸과 함께 철학자의 길을 걷다』, 서울: 작가와 비평.

_____(2013), 『동양 도덕교육론의 현대적 해석』, 경기: 인간사랑.

_____(2013), 『의미의 시대와 불교윤리』, 서울: 씨아이알.

_____(2003), 『우리 시대의 문화와 사회윤리』, 경기: 인간사랑.

박상준(2020), 『역사와 함께 읽는 민주주의』, 경기: 한울.

박성혁(2007), 『학생 자치법정의 이론과 실제』, 서울: 한국학술정보.

박해용(2001), 『아펠철학의 변형』, 울산: 울산대 출판부.

배영(2018), 『지금, 한국을 읽다: 빅데이터로 본 우리 마음의 궤적』, 서울: 아날로그.

백승종(2018), 『신사와 선비』, 서울: 사우.

3.1 운동백주년종교개혁연대 편(2019), 『3.1 운동 백주년과 한국 종교개혁』, 서울: 모시는사람들.

서현수(2019),『핀란드의 의회, 시민, 민주주의』, 서울: 빈빈책방.

설규주(2018),「민주시민교육을 위한 보이텔스바흐 합의의 관점에서 살펴본 2015 개정 사회과 교육과정」,『시민교육연구』50(3), 한국사회과교육학회.

손준종(2017),『한국교육의 사회적 풍경』, 서울: 학지사.

신두철 외(2010),『민주시민교육의 정석』, 서울: 오름.

심성보 외(2019),『학교 민주시민교육의 세계적 동향과 과제』, 서울: 살림터.

_____(2018),『보이텔스바흐 합의와 민주시민교육』, 서울: 북멘토.

안희경(2020),『오늘부터의 세계: 세계 석학 7인에게 코로나 이후 인류의 미래를 묻다』, 서울: 메디치.

윤평중(2019),「지난 백년, 다음 백년」,『철학과 현실』120호(2019년 봄호).

이기라(2012),「프랑스 교양교육의 역사와 이념-공교육을 통한 시민교육과 한국적 함의」『한국교양교육학회 학술대회 자료집』, 한국교양교육학회.

이기상(2003),『이 땅에서 우리말로 철학하기』, 서울: 살림.

이동수 편(2014),『시민학과 시민교육』, 경기: 인간사랑.

이상은 외(2018),『OECD 교육 2030 참여 연구: 역량의 교육정책적 적용 과제 탐색』, 한국교육개발원 연구보고 RR 2018-08.

이은선(2020),『사유하는 집사람의 논어 읽기』, 서울: 모시는사람들.

이이화(2020),『이이화의 동학농민혁명사1』, 서울: 교유서가.

이정배(2020),『유영모의 귀일신학: 팬데믹 이후 시대를 위한 '다석 강의' 다시 읽기』, 서울: 밀알북스.

이철승(2020),『우리 철학, 어떻게 할 것인가』, 경기: 학고방.

이혁규(2015),『한국의 교육생태계』, 서울: 교육공동체벗.

장은주(2017),『시민교육이 희망이다』, 서울: 피어나.

장하준·지승호(2008),『장하준, 한국경제를 말하다』, 서울: 시대의 창.

전치형·홍성욱(2019),『미래는 오지 않는다』, 서울: 문학과지성사.

정문성 외(2018),『학교 민주시민교육 개선을 위한 교육과정 개선방안 연구』, 교육부 위탁연구 보고서.

정용욱 외(2015), 『한국현대사와 민주주의』, 서울: 경인문화사.

정원규 외(2019), 『학교 민주시민교육의 기본 개념 및 추진원칙』, 교육부·성공회 대학교 민주주의연구소.

정원규(2016), 『공화민주주의』, 서울: 씨아이알.

조동일(2020), 「대등사회가 자랑스럽다: 대등사회론1」, 『대학지성 In&Out』 2020.3.29.

_____(2019), 『창조하는 학문의 길』, 서울: 지식산업사.

조성환(2018), 『한국 근대의 탄생』, 서울: 모시는사람들.

조영달 외(2020), 『학교 교육과정 개정의 성찰: 2015 교육과정 개정의 역학과 새로운 지향의 탐색』, 서울: 교육과학사.

진숙경 외(2018), 『프랑스, 왜 다시 시민교육인가?』, 경기도교육연구원 이슈페이퍼.

최영묵·김창남(2019), 『신영복 평전』, 서울: 돌베개.

최정규(2009), 『이타적 인간의 출현』, 서울: 뿌리와이파리.

최홍원(2019), 「역량에 대한 비판적 점검과 국어교육의 재구조화 가능성 탐색」, 『교육과정연구』 37권 1호, 한국교육과정학회

한용운, 이원섭 옮김(1992), 『조선불교유신론』, 서울: 운주사.

홍대용, 이숙경 외 옮김(2015), 『의산문답』, 서울: 파라북스.

황경식(1996), 『개방사회와 사회윤리』, 서울: 철학과현실사.

허영식(2004), 『민주시민교육론: 독일의 정치교육과 역사교육을 중심으로』, 서울: 배영사.

홍찬숙(2015), 『개인화: 해방과 위험의 양면성』, 서울: 서울대출판문화원.

가드너, 하워드, 김한영 옮김(2018), 『미래를 준비하는 다섯 가지 마음』, 서울: 사회평론.

_____, 류숙희 옮김(2019), 『인간은 어떻게 배우는가』, 서울: 사회평론.

나딩스, 넬, 브룩스, 로리, 정창우 옮김(2018), 『논쟁 수업으로 시작하는 민주시민

교육』, 서울: 풀빛.

누스바움, 마샤 씨, 한상연 옮김(2015),『역량의 창조』, 서울: 돌베개.

＿＿＿＿＿＿＿＿, 강동혁 옮김(2020),『세계시민주의』, 서울: 뿌리와이파리.

도프케, 마티아스, 질리보티, 파브리지오, 김승진 옮김(2020),『기울어진 교육: 부
　　모의 합리적 선택은 어떻게 불평등을 심화시키는가?』, 서울: 메디치.

듀이, 존, 홍남기 옮김(2010),『현대 민주주의와 정치주체의 문제』, 서울: 씨아이알.

디킨슨, 에드워드 로스, 정영은 옮김(2020),『21세기 최고의 세계사 수업』, 서울: 아
　　름다운사람들.

디턴, 앵거스, 이현정 옮김(2015),『위대한 탈출』, 서울: 한국경제신문사.

레비나스, 에마뉘엘, 김도형·문성원 옮김(2020),『타자성과 초월』, 서울: 그린비.

로렌츠, 케이, 강학순 옮김(1997),『오늘의 철학적 인간학』, 서울: 서광사.

로티, 리처드, 김동식·이유선 옮김(2020),『우연성, 아이러니, 연대』, 경기: 사월의책.

루카치, 게오르크, 김경식 외 편역(2019),『삶으로서의 사유』, 서울: 산지니.

마키아벨리, 니콜로, 강정인·김경희 옮김(2019),『로마사 논고』, 서울: 한길사.

머시, 비벡 에이치, 이주영 옮김(2020),『우리는 다시 연결되어야 한다』, 서울: 한국
　　경제신문.

무어, 매튜 제이., 박병기·이철훈 옮김(2020),『불교, 정치를 말하다』, 서울: 씨아이알.

버틀러, 쥬디스, 양효실 옮김(2019),『윤리적 폭력 비판』, 경기: 인간사랑.

베슐레르, 쟝., 최종철 옮김(2019),『왜 민주주의인가』. 서울: 진인진.

부버, 마틴, 표재명 옮김(2001),『나와 너』, 서울: 문예출판사.

센, 아마르티아, 이규원 옮김(2019),『정의의 아이디어』, 서울: 지식의 날개.

쉴레, 지그프리트·슈나이더, 헤르베르트 편찬(1996), 민주화운동기념사업회 옮
　　김(2009),『보이텔스바흐 협약은 충분한가?』,

스콧, 마이클, 홍지영 옮김(2018),『기원 전후 천년사, BC 508-AD415: 인간 문명의
　　방향을 설계하다』, 경기: 사계절.

싱어, 피터, 박세연 옮김(2017),『더 나은 세상』, 서울: 예문아카이브.

아널드, 매슈, 윤지관 옮김(2018), 『교양과 무질서』, 서울: 한길사.

알렉산더, 제시카 제이., 고병헌 옮김(2019), 『행복을 배우는 덴마크 학교 이야기』, 서울: 생각정원.

영국 시민교육자문위원회 편(1998), 민주화운동기념사업회(2008) 옮김, 『크릭 보고서: 학교 시민교육과 민주주의』.

이그나티에프, 마이클, 박중서 옮김(2018), 『평범한 미덕의 공동체』, 서울: 원더박스.

페팃, 필립, 곽준혁 외 옮김(2019), 『왜 다시 자유인가』, 서울: 한길사.

프린트, 머레이, 김국현 옮김(2020), 『시민교육과 정치교육: 참여하는 시민의 역량 발달』, 서울: 한국문화사.

플래나간, 오웬, 박병기 · 이슬비 옮김(2013), 『보살의 뇌』, 서울: 씨아이알.

플루켓 라베, 김경용 역주(2018), 『계몽시대 유럽사회 개혁론과 유교』, 서울: 박영스토리.

피터슨, 앤드류, 추병완 옮김(2020), 『시민 공화주의와 시민교육』, 서울: 하우.

카우치, 존 & 타운, 제이슨, 김영선 옮김(2020), 『교실이 없는 시대가 온다』, 서울: 어크로스.

콕스, 하비, 유강은 옮김(2018), 『신이 된 시장』, 서울: 문예출판사.

하버마스, 위르겐, 한승완 옮김(2004), 『공론장의 구조변동』, 서울: 나남.

하이트, 조너선, 왕수민 옮김(2014), 『바른 마음』, 서울: 웅진지식하우스.

하케, 악셀, 장윤경 옮김(2020), 『무례한 시대를 품위 있게 건너는 법』, 서울: 쌤앤파커스.

호네트, 악셀, 문성훈 외 옮김(2009), 『정의의 타자』, 서울: 나남.

휘터, 게랄트, 박여명 옮김(2018), 『존엄하게 산다는 것』, 서울: 인플루엔셜.

히터, 데릭 비., 김해성 옮김(2007), 『시민교육의 역사』, 경기: 한울.

Blanchard, Linda S.(2012), *Dependent Arising in Context*(Oxford: Narada Publication).

Bowles, C.(2018), *Future Ethics*(East Sussex: Nownext Press)

Campbell, David E.(eds.), *Making Civics Count: Citizenship Education for a New Generation* (Cambridge: Harvard Education Press).

Cicero, Marcus T.(trans. by Cliton W. Keyes, 1928), *On the Republic/On The Laws* (Cambridge: Harvard University).

Snow, Nancy E.(2010), *Virtue as Social Intelligence: An Empirically Grounded Theory*(New York: Routledge).

Thayer-Bacon, B.(2013), *Democracies Always in the Making: Historical and Current Philosophical Issues for Education*(Lanham: Rowman & Littlefield Publishers).

UNESCO(2014), *Teaching Respect for All*.

_____(2014), *The ABCs of Global Citizenship Education*.

http://www.unipress.co.kr/news/articlePrint.html/idxno=916/20200805 검색.

http://www.unipress.co.kr/news/articleView.html?idxno=1723/20200729 검색.

https://www.hankookilbo.com/News/Read/A2020072717400005104?did=NA/20200729 검색.

http://www.bigtanews.co.kr/news/articleView.html?idxno=2544/ 20190326 검색.

http://news.kbs.co.kr/news/view.do?ncd=4155945&ref=A/ 20190326 검색.

저자 소개

박병기(朴柄基, 한국교원대학교 교수)

서울대학교 윤리교육과를 졸업하고 같은 대학원에서 석사와 박사를 했다. 불교원전전문학림 삼학원(5년제)에서 수학했고, 전주교육대학교 교수(초등교육연구원장)를 거쳐 한국교원대학교 대학원장과 종합교육연수원장, 계간 『불교평론』 편집위원장, 정의평화불교연대 공동대표를 역임했다. 현재 한국교원대학교 윤리교육과 교수이자 교육부 민주시민교육자문위원장이다.

주요 저서로는 『윤리학과 도덕교육 1,2』(공저)와 『동양 도덕교육론의 현대적 해석』(문광부우수학술도서), 『의미의 시대와 불교윤리』(세종도서: 학술부문), 『딸과 함께 철학자의 길을 걷다』, 『우리는 어떤 삶을 선택할 수 있을까』 등이 있으며, 역서로 『윤리적 자연주의』, 『보살의 뇌』, 『불교, 정치를 말하다』(세종도서: 학술부문)가 있다.

우리 시민교육의 새로운 좌표

초판 발행 | 2020년 11월 23일
초판 2쇄 | 2022년 6월 20일

저자 | 박병기
펴낸이 | 김성배
펴낸곳 | 도서출판 씨아이알

책임편집 | 박영지
디자인 | 쿠담디자인, 박영지
제작책임 | 김문갑

등록번호 | 제2-3285호
등록일 | 2001년 3월 19일
주소 | (04626) 서울특별시 중구 필동로8길 43(예장동 1-151)
전화번호 | 02-2275-8603(대표)
팩스번호 | 02-2265-9394
홈페이지 | www.circom.co.kr

ISBN | 979-11-5610-900-6 (93370)
정가 | 18,000원